PHILOSOPHY

人民日报学术文库

本成果出版受教育部人文社会科学重点研究基地
中国人民大学新闻与社会发展研究中心资助

新闻史料与媒介记忆

主　编｜王润泽

副主编｜杨奇光　王　婉

人民日报出版社

北　京

图书在版编目（CIP）数据

新闻史料与媒介记忆／王润泽主编．—北京：人民日报出版社，2022.3
ISBN 978 - 7 - 5115 - 6623 - 2

Ⅰ.①新… Ⅱ.①王… Ⅲ.①新闻事业史—研究—中
国 Ⅳ.①G219.29

中国版本图书馆 CIP 数据核字（2022）第 031949 号

书　　名：新闻史料与媒介记忆
　　　　　XINWEN SHILIAO YU MEIJIE JIYI
主　　编：王润泽
副 主 编：杨奇光　王　婉

出 版 人：刘华新
责任编辑：梁雪云
封面设计：中联华文

出版发行：人民日报出版社
社　　址：北京金台西路 2 号
邮政编码：100733
发行热线：（010）65369509　65369527　65369846　65369512
邮购热线：（010）65369530　65363527
编辑热线：（010）65369526
网　　址：www.PeopledailyPress.com
经　　销：新华书店
印　　刷：三河市华东印刷有限公司
法律顾问：北京科宇律师事务所　　（010）83622312

开　　本：710mm×1000mm　1/16
字　　数：314 千字
印　　张：17.5
版次印次：2022 年 7 月第 1 版　　2022 年 7 月第 1 次印刷

书　　号：ISBN 978 - 7 - 5115 - 6623 - 2
定　　价：95.00 元

目 录
CONTENTS

新闻教育与学术概论

新闻媒介与社会生态

构建数据时代中国新闻传播史史料学体系

王润泽

摘要：中国新闻传播史史料学是具体的专史类史料学。其合法地位的确立不仅在于该专业独有的史料内容，更在于该史料整理研究中的专业化方法路径和问题意识。目前已经开始整理的文字史料是新闻传播史料学构建的基础，而专业意识导向是其进一步发展的方向，数据技术的发展又使得该史料学构建可以在一个开放和可持续建设的平台上进行，从而产生各种分类的史料成果。中国新闻传播史史料学的构建对打造具有中国特色和普遍意义的新闻学具有基础意义。

关键词：新闻传播史 史料学 数据技术

一、中国新闻传播史史料学属于具体的专史类史料学

（一）史料学的分类与争论

史料在中国历史学中渊源深远，关于史料和史料学的定义，目前学界有多种认识。笔者认为"史料是人们编撰历史和研究历史所采用的资料"，[1] 这一定义的概括性比较强。关于史料学的性质、地位和研究内容等目前学界也有不同意见，早年蔡元培提出的"史学本是史料学"以及傅斯年的"史学便是史料学"的观点被认为比较偏颇；而另一个已经被摒弃的观点是"史料学是历史学的辅助课目"。[2] 除此之外，大部分学者认为史料学地位合法并应大力发展，但

---

[1] 严昌洪：《中国近代史史料学》，北京：北京大学出版社，2011年版，第2页。

[2] 此看法来自苏联史学界，《苏联百科词典》（1953年版），但1980年的第二版已经修改了意见，认为史料学是一个历史学科。不认为史料学是独立学科地位的争议目前还存在，如乔治忠的《对"史料学"、历史文献学和史学史关系的探析》（《学术研究》2009年第9期）提到，所谓的"'史料学'不能自成一学，不可依赖"。但更多的学者认可史料学的独立学科性质。

他们对于史料学的基本内涵以及学科地位也有不同意见。一种观点认为史料学是搜集整理史料的学问，"是专门考察史料、研究史料的源流、价值和利用方法的一门学问"，其任务是"在历史唯物主义理论的指导下，对史料进行搜集、整理、校勘和考订工作"①，具体应该包括史料的辑佚、校勘、注释、补遗、辨伪、考订以及判定各种不同类型史料特性。而另一种观点则认为，史料学应分一般性史料学通论和具体的史料学：前者是研究如何搜集、鉴别和运用史料的一般性方法和规律，包括提供史料的来源、判断史料的价值、挖掘史料的意义等，如荣孟源的《史料与历史科学》；后者则是研究某个时期或某一史学领域史料的来源、价值和利用等，如陈恭禄的《中国近代史资料概述》、冯友兰的《中国哲学史史料学》等。

而关于具体史料学，也存在认识上的分歧，有人主张和通论性史料学分开，有人认为两者并无本质区别。实践证明，这部分史料的搜集、整理和利用规律与一般史料是有共性的，其任务"既包括确定史料的来源、可靠性、价值，也包括对史料进行分析批评和说明史料的利用方法"②。

目前关于史料和史料学的争论，都是在历史学的语境下展开的。而史料学的成果，多属历史学；即便具体的史料学成果，也多是围绕史料的年代或地域来进行划分的，如21世纪以来的具体史料学代表成果《先秦秦汉史史料学》③、《青海史史料学》④ 和再版的《唐史史料学》⑤ 等；以学科为区分的专史类史料学成果可谓凤毛麟角。

专史类史料学不为史学界重视，笔者认为原因也许在于中国千年来的历史学积累，使得史学界在厘清本学科的传统史料和史料学的既有问题上分身乏术，无暇顾及此类"新史料"的命运前景。当然专史类史料学在研究内容和方法上的专业性特征也阻隔了史学界的目光。因此专史类史料学能否成为独立的学科，主动权似乎属于每个独立的一级学科，但其要获得公认的地位和合法性，又不能绕开历史学的认可。

（二）新闻传播史史料学的内涵和方法

笔者认为，中国新闻传播史史料学是史料学的一种，隶属于具体的专史类史料学，是对新闻传播史料进行搜集、整理、考证、鉴定的科学。中国新闻传

---

① 张宪文：《中国现代史史料学》，山东：山东人民出版社，1985年版，第1-2页。
② 冯尔康：《清史史料学》，辽宁：沈阳出版社，2004年版，第19-20页。
③ 王晖：《先秦秦汉史史料学》，北京：中国社会科学出版社，2007年版。
④ 姚继荣、丁宏：《青海史史料学》，北京：西苑出版社，2007年版。
⑤ 黄永年：《唐史史料学》，上海：上海书店出版社，2002年版。

播史史料主要是指用于中国新闻传播史研究的各种材料，即新闻传播业发展过程中所遗留下来的帮助我们认识、解释和重现新闻传播业历史过程的所有客观事物，包括实物、文字、音像、网页、电子资料等。其中实物如报馆遗迹、印刷设备，以及电台电视台的各种采编、发射、接收机器等；文字如报刊原件、著作、文章、文件、档案、图片、口述资料等。

新闻传播史史料学的方法包括一般史料学的方法和新闻传播学专业的方法。中国新闻传播史史料形成的主体年代是清末以降，古代部分的史料相对较少，因此史料学中针对古代部分的辑佚、校勘、考古、辨伪等方法比较少，目前比较迫切的任务是搜集、整理、判定史料的性质价值和对史料进行专业性的解读。但并不是说本专业史料学就用不到历史学的相关辅助科学，就拿古代和近代的新闻史史料来说，考古鉴别虽不如中国历史学繁重，但目前市场上流传的各种古代邸报、古代文献中提到的新闻传播细节，还是需要进行专业的辨识鉴定和考察研究。如方汉奇教授对《开元杂报》《敦煌进奏院状》重要文献和史料的考察鉴定，研究认为唐朝是我国新闻事业开启年代，而在对前者的考察中更是使用了版本学、辨伪等相当专业的史料甄别方法。①笔者也曾提到新闻传播学史料解读有三层境界：第一层境界是对史料本身的直观描述；第二层是对史料小语境方面的解读，即该史料所呈现出来的专业内涵和价值方面的解读，这个层面的解读只要有一定的专业素养，都可以做到；第三层是大语境解读，所谓大语境解读，体现了一个史学家的最深功力，表现为对该史料相关背景知识的全方位掌握，其来龙去脉、史料背后呈现的政治环境、经济基础或技术呈现，甚至史料所针对的问题等，都能够有深刻而正确的理解，从而使该史料在本学科的研究价值最大化，同时还能惠及其他学科的建设。② 实际上第三层境界就是史学境界。

新闻传播史史料学的方法还包括利用本专业知识和问题意识对史料进行深度解读，发现史料特有价值的方法。作为报刊的史料常常出现在历史学研究中，但历史学对报刊史料的运用和解读是站在本学科角度上进行的。比如 1873 年前后《申报》上刊登的"杨月楼案件"，文化史、法律史、社会史都不约而同地用过，也都是通过本学科的视野对这部分史料进行解读，从而发现中国近代婚嫁制度、审判陋习、社会风俗等方面的问题。但如果从新闻传播学角度来看，

---

① 方汉奇：《跋〈开元杂报〉考》，见《方汉奇文集》，广东：汕头大学出版社，2003 年版，第 122-123 页。

② 王润泽：《方汉奇教授新闻史研究的史料观》，《新闻春秋》2017 年第 1 期。

我们则发现这是中国历史上第一次官方和民间进行的报刊舆论对抗。在对抗过程中，民间舆论第一次获得合法的表达途径，近代报纸中立的立场和舆论平台的观念在官民双方舆论冲突中建立起来，公正、客观和平衡的报道理念开始萌芽，官方对待新媒体的态度也逐渐成熟……总之通过新闻传播学的专业视角和知识，同样的史料焕发了不一样的意义。这种专业的解读相信对历史学也有新启发①。

　　因此，从史料学的角度看，建立独立的中国新闻传播史史料学是完全可行并合法的。而从新闻传播学的角度来审视，建立本学科独立的史料学更是学科重新发展的基础。

二、构建中国新闻传播史史料学的基础

　　新闻传播史史料学的基础在于目前学界已经整理和掌握的史料群集和未来可以深入挖掘和开拓的史料群集，而已经出版成果的自然分类也初步提出了新闻传播史史料学的分类标准和类型。应该指出的是，与浩如烟海、源远流长的中国史史料整理的状况不同，中国新闻史学的起步甚晚。如果以1917年姚公鹤的《上海报纸小史》为中国新闻史学之开端，以戈公振的1927年《中国报学史》作为中国新闻史学正式诞生的标志，则中国新闻史学诞生不超过一个世纪。由于学科建立时间相对短暂，史料的整理还刚刚起步。不过，在学界和业界的共同努力下，尤其是最近几年在新技术的带动下，按照学科特点进行的史料整理工作取得了不小成绩，基础性工作已经奠定。

　　（一）已经出版的新闻传播史史料成果类型

　　1. 大型阶段性的报刊名录索引

　　民国时期就有过陆续的整理，但并不全面。中华人民共和国成立后，全国第一中心图书馆委员会，全国图书联合目录编辑组曾经对全国各个图书馆收藏的新中国成立前报刊进行过一次大规模摸底行动，并于1961年出版《（1833—1949）全国中文期刊联合目录》（北京图书馆出版），1981年经过增补，由书目文献出版社出版《（1833—1949）全国中文期刊联合目录》（增订本），该书收录了全国50所图书馆在1957年底以前所藏新中国成立前国内外出版的中文期刊近2万种；其补编本——《（1833—1949）全国中文期刊联合目录》（补编本）（北京图书馆、上海图书馆编著，书目文献出版社1994年版），补收清末至民国时期期刊16400种，两者相加，成为国内最早、最具权威的新中国成立前报刊

---

　　①　王润泽：《官方与民间：晚清报刊舆论的首次抗争》，《社会科学战线》2017年第3期。

目录索引。而 2005 年开始启动的"国家清史编撰工程",设"报刊表"子项目,在世界范围内收集清代创办出版的所有报刊的名目、创办时间、创办人等基本信息,共收录清代出版的各种报刊 2678 种,成为目前该时期报刊最全面的名录表。其他各大图书馆自己印制的馆藏期刊目录也是此类史料整理的亮点,如《上海图书馆馆藏中文报纸目录(1862—1949)》(1982 年 12 月出版)等。这成为中国新闻传播史研究的基础史料资源和线索。

2. 原报原刊的影印出版

原报原刊影印版能最大限度地反映报刊原貌,成为目前新闻传播史料中最普遍和出版最多的一种形态。目前影印出版的报刊一般集中在历史悠久(很多是清末开始出版)、出版时间长、影响深远的报刊,如上海《申报》《时报》《东方杂志》《大公报》,天津《益世报》《国闻周报》等。早期一批重要的近代报刊,虽然出版短,但历史地位重要,也有大量影印出版,如《察世俗每月统记传》《外交公报》《镜海丛报》《临时公报》等,另外诸如《晋绥日报》、《红色中华报》、福建《人民日报》等民国期间各类报纸影印版也很多。台湾地区的报刊如《台湾府城教会报》、《台湾日日新报》、《台湾民报》系列、《台湾新生报》等均已经出版影印版。目前此类出版物有百余种之多。

除单个报刊影印出版外,还有按照类别结集出版的,如《辛亥革命时期期刊汇编》(全 100 册)。特别值得一提的是,针对民国期间出版物纸质、印刷、装订等的脆弱状况,2007 年 8 月成立的"国家图书馆民国文献资料编纂出版委员会",由馆长周和平担任主编,对民国文献统一规划整合出版。截至目前,《民国文献资料丛编》出版三十余种,七百余册,其中涉及新闻传播学的有《五四时期重要期刊汇编》(全二十册)、《民国时期佛教资料汇编》(全十六册)、《内务公报》(全十八册)、《申报年鉴全编》(全十四册)、《国立北平图书馆英文期刊汇编》(全六册)、《中德学志》(全六册)、《近代著名大学英文学术期刊汇编·辅仁英文学志》,成为民国时期文献资料出版的一大集成,目前该项目还在不断出版成果中。

3. 专业性或专题性史料类汇编

新闻传播学史料包括作品类、人物类、社史类、教育类、法规类、学术类等。目前史料汇编比较多的是作品类,如《季鸾文存》《穆青文集》等,历史上著名报人、记者、新闻制作单位等留存下来的文章(包括广播和电视作品)结集出版的有百余种之多;而各种文体(如通讯、评论等)之代表作也汇集了部分史料。法规类的汇编目前较成熟,例如,倪延年教授著述的 8 卷本《中国新闻法制通史》(古代卷、近代卷、现代卷、港澳台卷、史料 2 卷、年表卷和索引卷，共计 400 余万字），堪称该领域的代表性成果。

重要报刊内容索引也是非常重要的史料线索。这项工作于民国时期开始，1925 年《时报》出版内容索引，为中国报纸之首家。进入 21 世纪后，尤其是最近几年，关于报纸史料的汇编工作开始比较成规模，先是有《〈益世报〉天津资料点校汇编》（一、二、三）出版（天津市地方志编修委员会办公室、天津图书馆编，天津社会科学院出版社，2001 年 12 月）。2008 年《申报索引》（1919—1949）历经 20 年编撰出齐，《申报索引》分类齐全，条目丰富，翻检方便，称得上是中国近代史一部百科全书式的工具书，是开启中国近现代史资料宝库的一把金钥匙。《东方杂志》的内容索引也已经存在。重要报刊的内容索引成为研究包括中国新闻传播史在内的各种历史研究的重要史料来源。

4. 新闻本体史史料的整理汇编

涉及新闻业本体发展和内部发展的史料汇编近年来开始受到重视，这已经接近新闻传播史史料的重点和核心区域。早期史料汇编以单本著作为主，内容比较少，比如有《上海新闻事业史料辑要》（天一出版社，未见出版年月，哈佛大学燕京图书馆复印资料收藏）、《中国近代报刊史参考资料》（上下册，中国人民大学新闻系 1980 年，内部资料）、《中国报刊工作文集》（上下册，中国人民大学新闻系 1962 年，内部资料）、王文彬编著的《中国现代报史资料汇辑》（重庆出版社，1996 年）等；另外，中国近代报刊出版和书籍出版有很多重叠之处，部分史料见于张静庐辑注的《中国近现代出版史料（7 编）》（上海书店出版社，2011 年）。1979 年开始，中国社科院新闻研究所创刊《新闻研究资料》，发表了大量关于新闻史的回忆、史料整理和研究文章，历经十余年，共出版 60 辑，成为研究新闻史的重要参考书目。另外还有一些重要报刊的发刊词、创刊号等史料整理的单本作品，史料价值也比较高。

2011 年开始，方汉奇和笔者与国家图书馆出版社合作，先后整理出版了《民国时期新闻史料汇编》（全 16 册）、《中国人民大学新闻学院藏稀见民国新闻史料汇编》（全 29 册）、《中国人民大学图书馆藏燕京大学新闻系毕业论文汇编》（全 34 册）以及《民国时期新闻史料续编》（全 32 册）。这些大型专业史料的汇编出版，对深入研究中国新闻业发展的内部历史有重要价值和意义。

另外，在部分档案整理出版过程中，也有涉及中国新闻史的部分。如中国第二历史档案馆编《中华民国史档案资料汇编》①，其第 3 辑文化部分，就收录

---

① 中国第二历史档案馆编：《中华民国史档案资料汇编（第 3 辑）文化》，南京：江苏古籍出版社，1991 年版。

了大量该时期新闻史方面的档案资料。

除以上传统纸质出版物外，一些出版社还出版过微缩胶片。缩微文献是用缩微照相的方式将原始文献缩小若干比例存储在感光材料上，并借助专用阅读器而使用的文献。缩微文献容量大、便于保存、节约空间，缺点是成本较高，需要专业的设备查阅和使用，不是很方便。

（二）数据化的史料成果

数据库是按照数据结构来组织、存储和管理数据的仓库，以容量大、便于永久保存、检索使用方便著称，21世纪以来越来越成为史料搜集和整理的通用方式。目前中国新闻史料的数据库分为综合类期刊数据库和重要报刊数据库。综合类比较著名的有大成老旧刊全文数据库（清末—1949）、晚清期刊全文数据库（1833—1911）、民国时期期刊全文数据库（1911—1949）、万方数据资源系统—数据化期刊全文库、中国期刊全文数据库（1911至今）、全国报刊索引数据库（1833至今）、博看网期刊杂志数据库（收录2200种6万余本期刊，分10个子数据库）等，这类数据库以收集清末至今不同时期出版的各类期刊，包罗万象，为学术研究提供非常便捷和全面的资料供应。重要报纸期刊数据库有《申报》全文检索数据库、《东方杂志》全文检索数据库、人民日报系统的"人民数据报刊资料库"、中国报纸资源全文数据库、中国重要报纸全文数据库（中国知网）等。中国台湾、香港、澳门及部分海外汉学研究中心的相关数据库建设也颇有成效。对新闻史资料的数据化整理，在学界方兴未艾，实践效果也比较好。

（三）新闻传播史史料搜集整理的创新与突破

相对于浩若烟海的中国史史料，中国新闻传播史史料的整理还有很大的突破和创新空间。

1. 突破原报原刊的史料搜集范围

报刊史料是新闻传播史史料的重要组成部分，同时也是历史史料的组成部分，对研究社会史、政治史、经济史、思想史、军事史、出版史、文化史等，甚至某个事件的历史，具有一定参考价值。但新闻传播史史料不仅仅是原报原刊的报道和发表文章，新闻传播史史料的涵盖范围应当更加广泛，学术研究专著、本行业介绍文章、报人日记、大报馆内部通讯、会议记录、报人或记者的口述历史、针对本行业或本单位的管理文件等，都应该是新闻传播史史料的内容。此外，从媒介形态的角度而言，目前的搜集主要集中于报纸和期刊等纸质媒介，关于广播、电视、互联网等相对较新的媒介史料搜集整理还远远不够。

2. 建立以新闻传播本体史为核心的史料意识

目前新闻传播史史料的关键问题是缺乏深入的直接反映新闻传播学各个方面发展演变的史料。原报原刊的内容，对于新闻传播史研究来说，是"面"上史料。以往我们以此为主要研究材料，多能对新闻媒体发展演变做面上的描述和阐释，无法推测出媒体内部的运作、价值观念的演变、读者的反应、新闻管理、与社会互动等深层问题，这对深入了解中国新闻传播业发展演变规律和动因、探寻新闻传播业在中国的发展变化特点等，是一个缺憾。因此，必须加强和推进新闻传播史史料的拓展和深入发掘工作，整理出更多深入而核心的新闻传播史史料。

散布在中国各地图书馆里的相关资料、档案馆里的相关记录，文史资料中的回忆、专业期刊中关于新闻传播业的各种记录和研究，新中国成立后各种有关新闻传播史的文章文献等，这部分涉及新闻传播本体发展的史料，将大大拓展史料搜集整理的范围，增加史料搜集整理的种类和深度，这对于新闻史研究的创新和突破，新闻传播学科整体学术水平的提升，功德无量。例如，南京第二历史档案馆里涉及国民党新闻宣传会议的记录、东北各地图书馆馆藏南满株式会社对中国媒体的秘密调查报告、海外图书馆珍藏的如国民党宣传部会议资料等珍贵资料，都没有归类整理，而这些涉及新闻传播业本体研究的史料正是新闻传播史研究创新和突破的基础。

三、新技术条件下中国新闻传播史史料学学科体系建设

建立一个新的专门史史料学学科，必须有完善的学科体系，不能仅仅停留在史料的堆砌、简单的介绍叙述层面，而是要界定关于新闻传播史史料学的概念、地位、任务、对象，构建好史料的整理分类，提供研究史料的一般原则与具体方法。其中整理分类是关键，要按照严格的专业体系，构建一个合乎学术逻辑分类、能体现学科内部分支以及史料之间有机联系的整体。

借鉴以往传统史料学的整理与分类成果，新闻传播史史料学可以按照时间、地域、史料性质等进行分类。如唐代新闻史、宋代新闻史，或者上海新闻史、四川新闻史，或者报刊史、广播电视史、新闻教育史，等等。

不过，数据库等新技术的兴起，对传统史料学冲击很大，"史料的储存、保管、呈现以及检索都发生了根本性的变化，在数据化技术的冲击下，传统史料学面临巨大挑战和变革"；甚至"受此影响，进入新世纪后，史料学研究相对沉

寂"。① 但对于刚刚兴起的新闻传播史史料搜集整理，这恰恰是一个机会。正在从粗疏杂糅到专业精细方向进行的史料学构建，能否借助数字化技术，运用数据库等先进的史料搜集整理和储存方式，在形式上跳过史料学的传统分类模式，直接构建起以书籍、报刊文章、档案文献为史料主体的、以新闻传播各学科领域为专业分类的、多层次数字化立体的史料学体系，成为新闻传播史史料学构建的思考起点。这样可以完全突破传统史料学单体成果只能按照一种分类方法呈现的平面化模式。数字化的新闻史史料体系是可以根据研究问题的不同，随时生成按照各种分类标准要求的史料集群。比如针对某个研究主题生成的某个时段，包括书籍、报刊资料、档案、图片甚至口述资料等电子资料在内的各种类型的史料集群。

数字化的技术基础就是建立中国新闻史的数字史料库，中国新闻史史料数据库可以按照以下三维结构构建：第一维，按照史料性质分类，如书籍、报纸文章、期刊文章、档案文件、图片、广告、口述史料等；第二维，按媒体性质分为报纸、期刊、广播电视、互联网新媒体等几大主要分区；第三维，按史料的学术领域进行分类，如新闻传播概述、新闻理论、新闻史、法规伦理、传播技术、新闻业务、新闻团体、经营管理、新闻事件、新闻人物、新闻学术教育等。同时对每一份史料标注出版时间、出版地点、关键词等，建立方便快捷的文献搜索窗口，方便使用者调阅相关史料文献。

以数据库的形式进行史料学构建，将会是个开放的可持续发展的平台。所谓开放，即针对单个史料，从技术手段上实现随时发现随时补充的搜集模式；所谓可持续发展，即针对新类型的史料，从技术上实现随时添加新的史料类型目录的模式，而不必重新解构原有史料分类标准，从而实现史料的搜集和整理分类不断细化完善，随时根据新闻传播学的发展而调整，构建"理想的史料体系"的目标。这是对传统史料学研究方式和成果呈现的彻底扬弃。

（原载《新闻大学》2018年第2期）

---

① 刘萍：《建国以来史料学的理论探讨》，《四川师范大学学报》2017年第5期。

《戊戌政变记》与政变图像建构：
从个体想象到集体记忆

王润泽　谭泽明

摘要：关于戊戌政变的历史，既有史家的严肃考证版本，也有社会形成的集体记忆版本。梁启超的《戊戌政变记》是一个主观性的历史故事，而非客观性的历史记录。本着政治宣传的目的，梁启超将丰富的个体想象融入作品中，创造了一个奸臣当道、忠臣含冤的曲折历史故事。出人意料的是，这个文本建构了一个普遍性认识的记忆图像，成为近代中国关于戊戌政变集体记忆的重要蓝本，深刻影响了戊戌政变的历史图像建构。在这个集体记忆形成的历史中，文本作者、媒介、政治家和受众在集体记忆形成的不同阶段，不同程度地发挥了相应作用，而尤其值得注意的是，清末报刊正悄然改变着传统中国的社会交往模式。包括语言、文字、报刊等在内的各种媒介形态，不断地与中国传统政治和文化进行融合，被赋予政治教化等功能，并发展成为一种新的权力代理人，推动了近代中国的现代化进程。

关键词：戊戌政变　梁启超　个体想象　集体记忆　共同记忆

维新变法是近代中国历史上一次重要的社会改革，是清政府主动变法自强的一次大胆尝试。由于复杂的政治、社会和文化等因素制约，维新变法在戊戌政变中戛然而止，最终以"六君子"喋血菜市口而告终。康有为、梁启超等自此踏上了海外流亡之路，兴办报纸，组织保皇会，转向保皇立宪的政治宣传①活动，公开与慈禧太后等清室顽固势力做斗争。

流亡海外的康、梁，利用变法局内人身份，对整个维新变法运动进行了梳

---

① 当时还未出现"宣传"这个概念，而是将类似活动主要称为"鼓吹"。刘海龙认为："梁启超早年没有明确的宣传概念，他一直将宣传与教育、新闻报道相混淆。"见刘海龙：《宣传：观念、话语及其正当化》，北京：中国大百科全书出版社，2013年，第142页。

理，以康有为领导维新变法为主线，建构了一种政变历史，梁启超的《戊戌政变记》（以下简称《政变记》）正是这种建构的成果。该作品连同《清议报》，被宣称是"戊戌政变之信史"，① 最初刊载于报刊，后结集广泛流布于社会，诞生了"戊戌政变"这一历史专业术语。渐渐地，梁氏的"戊戌政变"历史成为中国社会的普遍性集体记忆。

客观地说，《政变记》并非一部严肃的历史学著作，文本呈现有创作者刻意加工的痕迹，想象、隐喻、臆想与历史事实杂糅并存，是一个文艺与历史区分不明显的作品。如今，经过史学家们的不懈努力，戊戌政变的图景已经能够比较真实地呈现于世人面前。真实的政变史是一个复杂、曲折而非人力主观推动的历史过程。正如房德邻所说："政变经历了一个过程，其间事机杂出，几个看似偶然实则互相关联的事件促成了政变的发生和升级，使不必流血的训政变成了流血的政变。"② 茅海建也认为："戊戌政变是一个过程，是由相关的诸多事件组成的。"③ 然而，相比于史学家们的研究硕果，社会集体的认识仍未超出《政变记》的叙述框架，每一个政变细节似乎都能在《政变记》中找到相关的印记。

于是，问题就出现了：《政变记》为什么就能成为社会的共同记忆呢？《政变记》对政变图景的构建显示了什么样的历史学研究问题呢？近代报刊扮演了什么角色和发挥了何种功能呢？本文无意深入探究历史过程的戊戌政变，而是关注社会普遍认同的戊戌政变知识。历史过程的政变已经被史学方家们反复勘察，硕果累累。本文重新审视这个文本，期冀发现戊戌政变集体记忆的形成过程，从中窥探媒介，特别是报刊这种当时的新式媒介，在前现代中国的独特价值和作用。

一、集体记忆的戊戌政变

我们知道，史学是一门探究历史演变的学问，"它考察发生了什么事情以及所发生的事情是如何传给我们的"，④ 是"历史学家与历史事实之间连续不断

_____

① 《重印〈清议报全编〉广告》说："谓本报为戊戌政变之信史可也，谓为己亥立储之信史可也，谓为庚子国难之信史可也。"见《重印清议报全编广告》，《新民丛报》第46、47、48号，1904年2月14日。
② 房德邻：《戊戌政变之真相》，《清史研究》2000年第2期。
③ 茅海建：《戊戌变法史事考二集》，北京：生活·读书·新知三联书店，2011年版，第161页。
④ ［德］哈拉尔德·韦尔策：《社会回忆：历史、回忆、传承》，季斌、王立君、白锡堃译，北京：北京大学出版社，2007年版，第31页。

的、互为作用的过程"，① 能够帮助人们接近准确了解和认识过往社会经验的生成与传承状况。史学的研究对象是历史事实，"史学的对象是史料"。② 与史学研究不同，社会记忆却是个现象学的问题，是社会群体的一种整体性思维活动，而"群体往往不会深思熟虑"。③ 人们对某事某物具有知觉和记忆，"从心理学角度讲，几乎完全是一种兴趣作用"。④ 兴趣在集体记忆形成中发挥着关键作用。因此，集体记忆与历史研究不完全是一回事，虽然，"自有历史学以来，历史与人们关于社会的记忆总是处在即分即合的关系之中"，⑤ 但是集体记忆有其独特的形成过程，是一个社会共同体重要的认知构成成分。

　　发生于 1898 年秋天的戊戌政变，距离今天并不久远。然而，假如进行审慎的回顾，我们就不难发现，中国社会关于戊戌政变的记忆比较整齐划一，与史家认识有所不同。这段整齐划一的记忆由明君与贼后、贤臣与奸相、进步与顽固等多个对立鲜明的意象构成，如同一幕戏剧。

　　这些共同记忆的片段包括：康梁维新势力发动"公车上书"，领导变法运动；光绪皇帝英明决断，依靠康有为等人立志革新，颁布诏令变法；慈禧太后和荣禄等守旧势力反对变法，百般阻挠；光绪皇帝下密诏，谭嗣同游说袁世凯勤王；袁世凯向荣禄告密，慈禧重新训政，发动政变，捕杀"戊戌六君子"；康梁遁走；光绪被慈禧太后软禁于瀛台；康梁发起保皇运动。时人孙宝瑄在日记中这样写道："盖先欲剪除太后党羽，故撰密旨，令袁世凯擒荣禄，即以新军入都移宫。袁不从，以告荣禄。荣密奏太后。太后震怒，故降旨严拿。"⑥ 这个推测符合人类记忆的思维规律，也与社会普遍的戊戌政变知识相吻合。这是一种蒙太奇式的记忆画面，人物具有典型的形象特征，情节演变呈现故事化倾向，宣传"正义"被"顽固"扼杀的历史悲剧，处处彰显康有为是维新运动领袖的宗旨。

　　这个记忆对后世的影响可谓深远。以袁世凯"告密"问题为例，至少在民国初年，社会公众就已经开始将变法失败的直接原因归罪到袁世凯头上。《大公

---

① ［英］卡尔著：《历史是什么？》，陈恒译，北京：商务印书馆，2007 年版，第 115 页。

② 傅斯年：《史学方法导论：傅斯年史学文辑》，雷颐点校，北京：中国人民大学出版社，2004 年版，第 2 页。

③ ［法］古斯塔夫·庞勒：《乌合之众：大众心理研究》，宇琦译，长沙：湖南文艺出版社，2011 年版，第 19 页。

④ ［英］弗雷德里克·C.巴特莱特（Bartlett, F. C.）：《记忆：一个实验的和社会的心理学研究》，黎炜译，杭州：浙江教育出版社，1998 年版，第 32 页。

⑤ 孔德忠：《社会记忆论》，武汉：湖北人民出版社，2006 年版，第 115 页。

⑥ 中华书局编辑部：《孙宝瑄日记》，北京：中华书局，2015 年版，第 284 页。

报》评论不无遗憾地指出:"设非袁世凯节变于中途,则中国今日当为世界上之第一等国矣。今中国不能与各国比肩,袁世凯迟之也。"① 在另一题为《袁公项城之略史》的材料中,作者说:"戊戌康梁等变法,因倚项城以锄旧党,乃由德宗特进其官阶为侍郎,项城竟泄其谋,遂有戊戌八月之政变。"② 媒体使用了"节变""竟泄其谋"这种贬义色彩明显的表述,将袁世凯的行为列为祸变之由。袁很不幸地成了变法失败的"背锅侠",坐实了"告密者"的身份,直至被定性为"出卖维新派"。③ 1908 年,当袁世凯在清廷命途几不保全时,他曾秘密差人散布《戊戌日记》(即《戊戌记略》,文后有《自书戊戌记略后》一文)小册子,为其戊戌年的行为辩护。在《清代通史》中,萧一山也受到这一约定俗成观点的影响。萧公权治《中国政治思想史》,直接援引《政变记》原文,如:"大学士翁同龢言于德宗,谓'有为之才过臣百倍'。"④ 今天,许多戊戌政变史著作,特别是历史教科书,进一步强化了戊戌政变的普遍性认识,依然在重复着这个叙述框架。其中,最为典型的莫过于描述谭嗣同死如归的那段文字。汤志钧在其新修《戊戌变法史》中写道:"政变发生后,有人劝谭嗣同逃亡日本,谭嗣同说:'各国变法,无不从流血而成;今中国未闻有因变法而流血者,此国之所以不昌也。有之,请自嗣同始!'"⑤ 日本学者对此也有大致类似看法,如:"谭嗣同也认同日本志士所倡导侠义精神,认为为了改革有必要作出'牺牲'。"⑥ 孙宝瑄在谭嗣同被杀后曾作挽诗两首,并无具体描写,后来则在此日的日记中增补几句文字:"复生被逮时,有外国使馆人来,言可以保护。复生慨然曰:丈夫不作事则已,作事则磊磊落落,一死何足惜。且外国变法无不流血者,中国变法流血,请自谭嗣同始。"⑦ 这些批注并非日记正文,疑为后来依据某种材料填补而为。《政变记》的嫌疑是最大的。

历史事实是一个碎片化的构成,充满了各种不可预测的因素,因果关系常常并非清晰而直白,远因与近因并存,间接原因与直接原因同在。那么,这个人物形象鲜明、故事逻辑顺畅、剧情跌宕起伏的集体记忆,显然与真实的历史史实难言尽同。为了更加全面地挖掘历史真相,我们必须尽可能多地占有历史

---

① 言论:《对于政府退袁宫保之确评》,天津《大公报》1909 年 1 月 16 日,第 2 版。
② 《袁公项城之略史》,天津《大公报》1916 年 6 月 8 日,第 6 版。
③ 李宗一:《袁世凯传》,北京:国际文化出版公司,2006 年版,第 66-67 页。
④ 萧公权:《中国政治思想史》,北京:商务印书馆,2017 年版,第 670 页。
⑤ 汤志钧:《戊戌变法史》,上海:上海社会科学院出版社,2015 年版,第 376 页。
⑥ [日]菊池秀明:《末代王朝与近代中国:清末中华民国》,马晓娟译,桂林:广西师范大学出版社,2014 年版,第 97 页。
⑦ 中华书局编辑部编:《孙宝瑄日记》,北京:中华书局,2015 年版,第 286 页。

史料，尽可能多地获得不同的局内人、局外人的个体记忆，才有可能更加准确地复原历史场景，无限地接近史实真相。

二、其他文本史料中的戊戌政变

文字在延续社会记忆方面显示了巨大的魅力，"文字不仅是永生的媒介，而且是记忆的支撑"。① 分析研究关于戊戌政变的不同文本记录史料，有助于我们厘清集体记忆形成的脉络，这些文本包括变法活动局内人的日记、回忆录、传记等，以及流传下来的非常宝贵的新闻报道和时事评论。维新变法过程中，张荫桓、翁同龢、张之洞等局内人的日记和奏折等档案材料，一些当事人的回忆、日记等文献材料都是现今宝贵的资料。《申报》《大公报》《字林西报》等报纸也留下了宝贵的新闻报道，历史地记录了戊戌政变的点点滴滴，记录了集体记忆发生和形成的蛛丝马迹。只有把这些材料综合起来，我们才可能比较清晰地了解变法的大致过程和政变发生的前因后果。

据不完全统计，戊戌政变前后，许多局内人和局外人直接留下的文字记载超过 17 种（见《戊戌政变记忆文本资料》）。然而，除梁启超的《政变记》外，其他的历史记载均不同程度地在社会记忆中消失不见了，甚至包括梁启超本人写的《戊戌政变纪事本末》也是很少有人问津。这是一个非常有趣的现象，个中缘由值得分析和探讨。

这些记忆文本材料，大致可以分为三类：

一类是政变局内人的材料，包括翁同龢、张荫桓、袁世凯、康有为、梁启超、毕永年等人。维新变法活动期间，翁同龢和张荫桓都是朝廷中主张变法的重要大臣，也是维新运动的当事人，他们的日记反映了朝廷决策层推进变法的权力斗争情况。康有为和袁世凯都在变法活动中扮演着关键角色，他们留下的材料对我们了解政变发生有重要价值。梁启超留下的文字材料最为丰富，实际上构成了普遍性集体记忆的主要内容。

一类是政变局外人的旁证，包括王闿运、郑孝胥、苏继祖、胡思敬等。他们大多属于士林阶层，并且属于士林上层人物，交游朝廷重臣，有些还有幕僚身份背景。他们洞悉一些朝廷变法内幕，留下的文字材料可能反映了朝廷政局的变化情况。

一类是后人回述，例如，《记戊戌庚子死事诸人纪念会中广东某君之演说》

---

① ［德］阿莱达·阿斯曼：《回忆空间：文化记忆的形式和变迁》，潘璐译，北京：北京大学出版社，2016 年版，第 206 页。

以《戊戌政变信史》为名被革命派流传;袁世凯的儿子袁克文,在 1922 年于《半月》杂志连载《洹上私乘》,① 其中讲述了袁世凯在戊戌政变中的一些情节。

通过对比,我们不难发现,梁启超留下的文本最为丰富。而其他人虽然流传下来不少日记材料,但记录的内容过于碎片化。

《政变记》是最早记述了政变完整过程的,内容最为详细,同时也是最早公布于众的文本。"在《清议报》发表以前 12 天,日本东亚同文会的机关报《东亚时报》半月刊就开始登载了。"② 此后,《政变记》也是最早结集出版的,时间约在 1899 年 5 月。政变后不到三个月,逃亡在日本的梁启超就着手创办横滨《清议报》,并在第 1 期登载了《政变前记》,之后陆续连载。根据日本学者的考证,梁启超于 1898 年底完成《政变记》构想,在中途中断连载后于翌年 5 月作为 9 卷本刊行,1903 年春又出版了订正 9 卷本,1907 年左右进一步订正而出版了 8 卷本。③ 后来,这个 8 卷本就成了通行的版本,直至今日。关于政变的详细经过,梁启超根据自己的理解,饱含情感,富有文采,非常详尽地在《政变记》中进行了绘述。这样一个杂糅了感情与想象的作品,既有报章性质,也有史料性质,还富有文学气息。陈寅恪评论认为:"此记先生作于情感愤激之时,所言不尽实录。"④ 后来,梁启超自己也承认:"不免将真迹放大也。"⑤ 然而,这是对政变的最早阐述文本,揭开了一些不为人知的政变内幕,借助报刊之力,受到留日学生的广泛追捧,并很快流传到国内。

局外人的私家日记大多比较简略,只言片语,没能成为有效的集体记忆素材。这受到一些客观因素的制约。许多日记材料问世较晚,基本上是在集体记忆内容定型之后才陆续刊行于世。此外,日记这种体裁有其自身的劣势,记录事件比较零碎,不成体系,同时缺少文学性和戏剧性,缺乏阅读乐趣。这些日记因其直观、真实而成为史学工作者的重要研究参考,是揭开戊戌政变真相的史料根据。然而,它们却在集体记忆中消失了,没有发挥明显的效用。

在上述文本史料中,梁启超分别留下了《政变记》和《戊戌政变纪事本

---

① 袁克文的《洹上私乘》记述了袁世凯告密事件,为袁做了无辜辩护。袁克文的辩护并非完全出于为尊者讳的目的。史学界已经证实,袁世凯的"告密"并非政变发生的直接原因。袁克文的论述见袁寒云:《洹上私乘》,上海:上海大东书局,1926 年版,第 3 页,或袁克文:《洹上私乘》,《半月》1922 年第 1 卷第 13 期。

② 汤志钧:《近代史研究和版本校勘、档案求索——〈戊戌政变记〉最早刊发的两种期刊》,《历史档案》2006 年第 2 期。

③ [日] 狭间直树:《梁启超〈戊戌政变记〉成书考》,《近代史研究》1997 年第 4 期。

④ 陈寅恪:《寒柳堂集》,北京:生活·读书·新知三联书店,2001 年版,第 166 页。

⑤ 梁启超:《中国历史研究法》,北京:人民出版社,2008 年版,第 83 页。

末》两个文本。在这里，我们需要留意"记"和"纪"的区别，虽然只是一字之差，但写作标准却有很大不同。根据《说文解字》的解释，"记，疏也"，① 即"疏通"，去掉阻塞使通畅的意思；"纪，丝别也"，② 是"分解""拆解"之意。从本意上看，"记"侧重于行为主体对事件的疏通，就是"把话说圆了"，而"纪"则侧重于对事件的客观拆解，并不要求行为主体进行润色、疏通。在我国古代的文本典籍中，两者的使用场合有着明确的区分。《史记》的"记"是"究天人之际，通古今之变，成一家之言"的疏通工作，其中的"本纪"文体，则是帝王活动的纪要。在中国古代，历代宫廷都曾有"大事纪"一类的文本。后来，"记"多用于文学作品，如《石头记》《官场现形记》《老残游记》等，体现了创作者的融会贯通水平。梁启超的《政变记》和《戊戌政变纪事本末》就体现了两种文体不同。然而，《戊戌政变纪事本末》虽然比较客观地记录了戊戌政变历史事件，却并未在社会记忆活动中发挥主要作用，其影响远远不及前者。换句话说，在集体记忆的建构上，客观的文字记录输给了声情并茂的文学创作。

综上，我们不难发现，除了最具感情色彩的《政变记》外，其他记忆的文本均未在社会记忆中发挥有效的作用，并且只有《政变记》和袁世凯的《戊戌日记》登过报，其他篇章均鲜见诸报端。戊戌政变发生后，《政变记》以最全面的叙述、最曲折的故事和最富感情的诉说，借助报刊的强力鼓吹，在近代中国历史上产生了深刻影响。

三、《政变记》建构的"个体想象"与复杂的历史真实

《政变记》先定性后描绘，"经过作者的刻意安排"，③ 讲述了一个完整的戊戌变法故事。在梁启超笔下，历史人物栩栩如生，变法过程跌宕起伏，变法故事充满了悬疑、感情和忠奸势不两立的道德准则。梁氏制造了"想象图像"，既得助于心理学上的首因效应，也形成了一个不易改变的刻板印象，最终完成了康梁维新变法运动的合法化图像建构。

在政变发生前，突出表现变法维新的正义性。《政变记》通过大量时代危机的铺陈，营造了一个维新变法势在必行的氛围，进而重点推出变法的主体力量，即康有为和他的弟子们。在文本中，康有为被塑造成一个前无古人、后也难有

---

① 许慎：《说文解字》，徐铉校定，北京：中华书局，2013 年版，第 48 页。
② 许慎：《说文解字》，徐铉校定，北京：中华书局，2013 年版，第 272 页。
③ 戚学民：《〈戊戌政变记〉的主题及其与时事的关系》，《近代史研究》2001 年第 6 期。

来者的"教主"形象。例如，梁启超运用侧面烘托的文学手法，通过翁同龢来放大康有为的形象。他这样写道："时翁与康尚未识面，先是康有为于十四年奏言日人变法自强，将窥朝鲜及辽台，及甲午大验，翁同龢乃悔当时不用康有为言，面谢之。"① 在这里，梁启超巧妙地以翁同龢之"悔"表现康的先见之明。他还写道："翁同龢复面荐于上，谓康有为之才，过臣百倍，请皇上举国以听，自此倾心向用矣。"② 这些"过臣百倍""请皇上举国以听"的言辞，似乎与翁同龢这个持重老臣的身份不相称。翁同龢贵为帝师，参与军机，位高权重，怎会轻易荐举一个并不熟识的新人呢？同时这也与当时社会的举荐常理不合。退一步假设，即使是翁同龢真的向皇上讲了一些过分夸张的话，梁启超又是通过何种渠道获知的呢？然而，这种故事可以用笔墨绘制，不须拘泥于历史真实。梁启超通过这些富有感情和传奇色彩的绘述，把变法的正义性体现得淋漓尽致，把康有为的中心地位巧妙地凸显了出来。

在维新变法活动中，竭力渲染康梁维新的领导力。梁启超的着墨点是康有为指导"军机四卿"擘画变法大计的活动，进而创造了一个变法自强运动的精神导师形象。"军机四卿"俨然就是康门的变法代言人。梁启超在文中不无夸张地认为："参预新政者，实为宰相矣。"③ 然而，实际历史却是另一番情形。光绪皇帝擢升四卿的标准绝非因为他们都是康有为的弟子，否则的话，康梁更有理由直接得到擢升。"军机四卿"分属于不同的势力派别。林旭是沈葆桢的孙婿，曾被荣禄在福建将军任上招至麾下；刘光第在京为官多年，受陈宝箴举荐参与军机；杨锐是张之洞的得意门生和心腹爱将，是张安插在京城的重要线报人员；谭嗣同来自湖南，父亲是湖北巡抚谭继洵。从皇帝任命"军机四卿"的排名顺序来看，杨锐排在第一位，刘光第、林旭、谭嗣同依次在后。在一个重视阶序差别的社会里，杨锐排名居首的情况表明，他在四人中的地位要稍高一些。然而，梁启超在《政变记》中将好友谭嗣同排在第一位，并且着墨最多。梁启超的排序也成为集体记忆的一个排序，是《政变记》成为集体记忆蓝本的证据之一。梁在渲染他们功绩的同时，重点烘托康有为的领导作用，对他们政坛势力代表的隐性事实一概抹杀了。甚至，梁启超还把一个与变法运动没有任

① 梁启超：《戊戌政变记（外一种）》，上海：上海古籍出版社，2014年版，第4页。
② 梁启超：《戊戌政变记（外一种）》，上海：上海古籍出版社，2014年版，第12页。
③ 梁启超：《戊戌政变记·光绪圣德记》，《清议报》1899年第9期。

何瓜葛的深宫太监寇连材，打扮成了"烈宦"。① 这些简单化的处理，给人一种假象，即被杀的"戊戌六君子"都是康党的人。梁启超刻意拔高了康有为的政治地位，忽视了真实复杂的变法过程。

在戊戌政变发生后，炮制衣带诏宣扬政治地位的合法性。政变发生后，康有为侥幸得以脱身，在国外势力保护下抵达香港，接受境外媒体采访时，大肆宣扬其杜撰的"密诏"，诋毁慈禧太后，主观制造帝后矛盾，置光绪于危险境地而不顾。康有为的这个"衣带诏"从未以实物示人。王照直书："今康刊刻露布之密诏，非皇上之真密诏，乃康所伪作也。"② 逃亡日本后，康梁在《清议报》上更是连篇累牍地宣传"逆后贼臣"③ 不义之举，扮出一副忠臣的样子，"孤臣辜负传衣带，碧海波涛夜夜心"。④ 他们一面宣扬自己的忠心，表现出忠贞不贰的形象；一面又将光绪皇帝往火坑里推，在海外华侨华人中间募集政治活动资金。唐德刚称康梁的行为是"个人英雄的'单干户'和'个体户'"。⑤ 史家评论认为，康梁的不成熟做法完全不计后果，直接加剧了光绪和慈禧的隔阂，陷光绪帝于不利境地。茅海建评价指出："这是康自我发展的政治需要，也是其政治经验幼稚的表现。"⑥

《政变记》加入了写作者个人的观念、想象、意识和立场，是梁启超创作的一个基于戊戌变法历史的"作品"，是个体想象的政变图像。这个故事的重要特征就是：非客观，不完全真实，文学的笔法，单方面渲染。对此，《戊戌政变述闻》点出一些历史细节："《戊戌政变记》一书所纪尤多不实"，戊戌六君子中，"惟林旭在监曾索纸笔作字，所书亦非诗词"。⑦ 据此不难得出谭嗣同《狱中题壁》诗的真伪问题，《政变记》中《谭嗣同传》的真实性值得细考。与康梁一同逃亡到日本的王照，在书信中道出了另一些具体隐情：

> 任公带有李端棻（梁之妻兄）所赠赤金二百两，立即于横滨创办《清议

---

① 学者马忠文认为：寇连材的"事迹"和"烈宦"形象以及其他许多生动的细节和"事实"，很大程度上都是在他死后被人们构建出来的。"烈宦"诞生的背后，隐藏着他人不同的政治诉求和利益取向，人们心目中的寇连材是被"打扮"出来的。见马忠文：《寇连材之死与"烈宦"的诞生》，《清华大学学报（哲学社会科学版）》2012年第3期。

② 王照：《关于戊戌政变之新史料》，天津《大公报》1936年7月24日，第11版。

③ 任公（梁启超）：《清议报》1898年第1期。

④ 更生（康有为）：《戊戌八月国变纪事八首》，《清议报》1898年第5期。

⑤ 唐德刚：《从晚清到民国》，北京：中国文史出版社，2015年版，第171页。

⑥ 茅海建：《从甲午到戊戌：康有为〈我史〉鉴注》，北京：生活·读书·新知三联书店，2009年版，第742页。

⑦ 《戊戌政变述闻》，《消闲录》（《同文沪报》附属刊）1903年第12期。

报》，大放厥词，实多巧为附会（如制造谭复生血书一事，余所居仅与隔一纸楠扇，夜中梁与唐才常、毕永年三人谋之，余属耳闻之甚悉，然佯为睡熟，不管他）。毁誉任情，令人不觉，因揭宫闱秘事，大半捏造……①

张之洞对康梁的诋毁也是耿耿于怀："康党专欲与鄙人为难，……康党所开之日本《清议报》、新加坡《天南新报》、澳门《知新报》三种，猖獗已极，专以诋毁慈圣及鄙人为事。"② 梁启超以文本的方式，赋予政变以故事感，形成了一幅有意义的、符合政治家宣传需要的想象图像，"实为康梁应急的政治宣传品，而非纪实的信史"③。在这幅图像中，失败的维新派被凝结成一股完整的政治势力，并发展成为保皇力量，具有了政治上的领导力和组织上的象征意义，获得了合法性地位。

近年来，对戊戌政变的历史研究取得了丰硕成果，基本上廓清了政变中的一些重要问题。如"围园劫后""戊戌密谋"等事件④。茅海建教授通过详细的档案分析，勘正了戊戌政变前后的诸多历史细节，从微观的角度梳理了戊戌政变的来龙去脉。⑤

简要来说，经过甲午战争的惨败，晚清帝国上下一致呼吁变法自强，即使是荣禄也没有反对变法，"只不过不赞成康梁的变法，遵循的是另一条变法思路"。⑥ 变法是大势所趋，是保国保种的迫切需要，是朝廷上下的共识。但对于如何变法、变哪些法的问题，各方势力分歧严重，互不妥协。

就意识形态层而言，整个维新变法运动始终没有形成一个统一的指导思想。光绪皇帝谕令大臣们签阅冯桂芬的《校邠庐抗议》，要求"各衙门，悉心覆看，逐条签出，各注简明论说，分别可行不可行，限十日咨送军机处"，⑦ 企图统一变法的认识。康有为极力鼓吹"托古改制"说，数次上书，呈进《孔子改制考》，宣扬"三世说"，以之作为变法的理论根据。张之洞等洋务派重臣则针锋

---

① 王照：《复江翔云兼谢丁文江书》，见中国史学会编：《中国近代史资料丛刊·戊戌变法》（第二册），上海：神州国光社，1953 年版，第 575 页。

② 张之洞：《张文襄公全集》（第四册），北京：中国书店，1990 年版，第 25 页。

③ 戚学民：《〈戊戌政变记〉的主题及其与时事的关系》，《近代史研究》2001 年第 6 期。

④ 参见《康有为谋围颐和园捕杀西太后确证》《康有为"戊戌密谋"补正》《毕永年生平事迹钩沉》等文章。杨天石：《晚清史事》，北京：中国人民大学出版社，2007 年版。

⑤ 参见茅海建《戊戌变法史事考初集》《戊戌变法史事考二集》《戊戌变法的另面："张之洞档案"阅读笔记》等著作。

⑥ 冯永亮：《荣禄与戊戌变法》，《清华大学学报（哲学社会科学版）》1998 年第 3 期。

⑦ 中国第一历史档案馆编：《光绪宣统两朝上谕档》（第 24 册），桂林：广西师范大学出版社，1996 年版，第 254 页。

相对，固守"中学为体，西学为用"之说。张之洞呈进《劝学篇》，明确提出"辟邪说""正人心""开风气"，矛头直指康有为。更有众多守旧的贵族大臣，强调"祖宗之法不可变"。虽然变法成为主流共识，但如何变法的指导方针却是莫衷一是，混乱不堪。

就实践层面而言，维新变法可以说是一场光绪皇帝由内到外都无法驾驭的政治活动。在宫廷内部，光绪皇帝完全受制于慈禧太后，没有实质性的权力。在朝廷上，于诸大臣之间，年轻的他也缺乏必要的政治智慧和政治经验，无法获得对朝堂的绝对控制力。大量的上谕档记录显示，光绪皇帝批示最多的用语是"知道了"，而很少有具体的施政方略，其缺乏运筹帷幄能力和气魄的事实可见一斑。甚至，光绪对康梁他们也没有能力掌控。康有为曾在变法前（1898年春）对人说："此时若有人带兵八千人，即可围颐和园，逼胁皇太后，并逼胁皇上，勒令变法，中国即可自强。"① 是年秋天，正值变法关键时期，他果然策划了"围园劫后"，"乃属谭复生入袁世凯所寓，说袁勤王，率死士数百扶上登午门，而杀荣禄，除旧党"。② 此外，谭嗣同也在暗地里准备了几十名义士，以图挟天子号令天下。光绪皇帝对这些"图谋不轨"之事居然完全不知情。康梁事后认定，"政变的起因是袁世凯的告密，致使转变中国命运的改良不幸夭折"，成为一个"极具戏剧性的说法"。③ 因此，后人有评论认为："虽无太后之阻挠，亦无成功之把握也。"④

真实的历史事实告诉我们，维新变法运动最终归于失败，是综合因素造成的，最终由慈禧太后完成了这个历史行动，"野蛮地谋杀了他的第一批爱国青年"⑤。以康梁为代表的维新力量仅是变法势力中的一支，并且是势单力薄的那支，不足以扭转清王朝大厦将倾的局势。然而，在《政变记》中，康有为被描绘成一个几乎无所不能的、擘画维新政治的唯一领袖。《政变记》没有告诉读者全部的变法实情，并且在某种程度上歪曲了变法的实际情形。然而，集体记忆却不总是以事实为准绳，故事性和趣味性相比来说更易发挥关键作用。这正如人们普遍相信曹操是"奸雄"（《三国演义》塑造）的演义之说，而较少接受曹

---

① 梁鼎芬：《康有为事实》，见汤志钧：《乘桴新获》，南京：江苏古籍出版社，1990年版，第63页。

② 康有为：《康南海自编年谱（外二种）》，北京：中华书局，1992年版，第59页。

③ 茅海建：《戊戌政变的时间、过程与原委——先前研究各说的认知、补证、修正（一）》，《近代史研究》2002年第4期。

④ 彭方志：《戊戌政变之解剖》，《海滨月刊》1936年第9、10期。

⑤ 《政变对维新》，《字林西报》周刊，见杨家骆主编：《戊戌变法文献汇编》（第三册），台北：鼎文书局，1973年版，第492页。

操是"杰出政治家和诗人"(《三国志》记载)的历史事实。

虽然真实的历史情形可以大致绘制,但社会的共同记忆却难以改变,人们对戊戌政变的普遍认识仍旧难以超出《政变记》的框架。问题的关键不在于《政变记》到底向社会公众讲述了一个什么样的故事,而是这种记述缘何成为近代中国社会广泛认同的一种"信史"。这个并不严谨的文本,建构了人们对戊戌政变的整体图像,进而形成社会的集体记忆,正是本文试图探究的一个历史现象。

四、政变集体记忆的形成脉络

作为专有名词,"戊戌政变"专指慈禧太后捕杀"戊戌六君子"、推翻变法新政的历史事件。追寻这个专有名词的形成过程,我们能够发现政变集体记忆的形成脉络。实际上,戊戌政变的集体记忆并不产生于政变发生时,也不是立刻出现在政变之后,而是自《政变记》问世以后,经康梁的推广、媒介的传播、大众的接受,才逐渐成为社会共同记忆的。从时间的角度来看,它经过了酝酿、生产、普及和定型的过程。

(一)酝酿阶段

政变发生时,当时的《申报》对事件进行了跟踪报道,除了"本馆接奉电音"和"京报全录"外,相关新闻信息有10多篇。① 所有的文稿中,均未包含"戊戌政变"这一名词,报道的数量也不是很大。此时,《申报》与清政府的官方口径没有多大出入,由最初的"不知其因何得罪"② 到"康党祸起",③ 都没有"政变"一说。由此可见,戊戌政变在当时并未产生巨大的社会影响和社会动荡,更没有达到"政变"的级别。

政变发生后,梁启超得到日本领事馆的协助,亡命东瀛,化名"吉田晋"。此时,梁启超从"万无生理"中奇迹脱险,虽然落魄,但也坚信"患难之事,古之豪杰无不备尝,惟庸人乃多庸福耳"。④ 当此之时,梁启超构思完成了《政变记》。

(二)生产阶段

政变3个月后,即1898年底,《清议报》在日本横滨创刊,第一期即刊载

---

① 查阅《申报》1898 年 9 月 28 日至 10 月 12 日的新闻报道,共刊登"上谕恭录"2 道、"本馆接奉电音"7 封电报、"西报述国事要闻"1 篇、"京友述国事要闻"3 篇、"津友述国事要闻"6 篇等。参见《申报》1898 年 9 月 28 日至 10 月 12 日。

② 《京友述国事要闻》,《申报》1898 年 9 月 28 日,第 2 版。

③ 《犯党琐述》,《申报》1898 年 10 月 17 日,第 2 版。

④ 丁文江、赵丰田编:《梁启超年谱长编》,上海:上海人民出版社,1983 年版。

了《政变前记》。梁启超题记称："政变记凡八篇，卷帙太繁，今先将第四篇登于报中。"① 《政变记》在《清议报》上连载到第 10 期，后结集 9 卷出版。《清议报》主要在日本发行，其流通范围主要在留日知识分子中间。也就是说，"戊戌政变"这一符号最早在 1898 年底至 1899 年初开始进入人们的阅读视野，但主要局限于海外华人群体。这种影响不容小觑。在日留洋分子总体上是一群具有救国理想的青年爱国群体，不全是鲁迅笔下头上顶个"富士山"帽子的迂腐之徒。他们对清廷自强的期待值正在降低，对现代政治满怀憧憬，对国内政治的关心格外热切，对戊戌维新失败的兴趣格外浓厚。

除《政变记》外，《清议报》还在"诗文辞随录"栏目发表《戊戌政变》《戊戌政变感赋》《戊戌政变后由都至鄂感事答友人》等大量诗文，进一步强化了"戊戌政变"的符号概念及政治意义。

（三）普及阶段

约在政变一年后，《政变记》开始登陆口岸，逐渐从海外流入国内，"戊戌政变"一词第一次出现在国内报刊媒介上。1899 年 11 月，《申报》公开刊载了一则寄售广告，内容是：戊戌八月之变，为中国存亡绝大关系，惟其事之本末，层累曲折，知之者少。今有局中某君，将事之源委编辑成书，托本馆代售，全书分九卷，记载详尽，议论精明，将中国将来之局言之，了如指掌，有心人不可不阅之书也，全部装订三本，定价实洋八角，来书无多，如欲购者，请速至上海北京路，商务印书馆。②

1900 年初，上海游戏报馆开始代理《政变记》在国内的销售，连续在《申报》上登载销售广告："《戊戌政变记》，每部三本，大洋八角。"③ 隔天刊发一次，共 8 次，至当年 1 月 18 日止。根据书商何擎一的统计，"己庚之间已销流两千部"④，即 1899—1900 年，《政变记》在国内已经销售了两千部。考虑到当时国民的识字率，这已经是一个相当可观的图书销售量。

《政变记》在国内公开发售，很快招致了清政府的打压。朝廷著令南方各省督抚悬赏缉拿康梁。因为无法冻结口岸租界的出版活动，清政府只能命令地方官员从阅读终端入手，"如有购阅……一体严拿惩办""使购阅无人"⑤。这时，

---

① 任公（梁启超）：《戊戌政变记·政变前记》，《清议报》1898 年第 1 期。
② 《寄售戊戌政变记》，《申报》1899 年 11 月 11 日，第 4 版。
③ 《上海游戏报馆发售》，《申报》1900 年 1 月 4 日，第 8 版。上海《游戏报》是一份消闲性小报，主笔李宝嘉，字伯元，是《官场现形记》的作者，清末讽刺小说家。
④ 丁文江、赵丰田编：《梁启超年谱长编》，上海：上海人民出版社，1983 年版，第 172 页。
⑤ 中国第一历史档案馆编：《光绪宣统两朝上谕档》（第 26 册），桂林：广西师范大学出版社，1996 年版，第 22 页。

"戊戌政变"的符号首次出现在新闻报道中。《申报》在 1900 年 1 月转引《汇报》消息称：刚子良中堂入京复命时，呈进叛犯梁启超所作《清议报》及《戊戌政变记》等书，历陈康梁二逆煽惑情形。并称，近日康又遨游列国，若不使其根株尽绝，则星星之火终致燎原。皇太后览书，大怒。①

1903 年，张之洞就《政变记》等出版物向日本政府提出外交交涉，认为这类书籍"流衍遍于寰区"，"明明来自彼国，断非中土市肆所敢刊行"。②

然而，清政府的举动不仅没能杜绝该书的传播，反而在无形中起了推波助澜的作用，造成禁而不止的局面，"戊戌政变"转变成为一个没有政治忌讳的社会用语。1902 年 8 月 6 日，《大公报》发表了一篇题目为《戊戌政变说》的文章，第一次在新闻标题中使用"戊戌政变"一词。作者"津门清醒居士"写道："戊戌之变法，中国之福也。"③ 此后，《大公报》还有"自戊戌政变后，而满人又多握枢要，失势之汉人因之不平"④ 的评论。此时，慈禧太后仍然在世，"戊戌政变"之说却未招致灾祸。自此以后，"戊戌政变"便作为专有名词常见于报端。这表明，社会已经接纳了《政变记》的故事。至此，梁启超的"个体想象"传递到社会集体的记忆中，具有普遍性认识的政变集体记忆便基本形成了。

（四）定型阶段

辛亥革命胜利后，先前的保皇派和立宪派人士纷纷组建了各自的政党，热情参与到民初的政党活动中，戊戌六君子也被奉为革命先烈。民国二年（1913年）年初，四川民政厅首次呈请民国政府给予"戊戌六君子"抚恤。对此，时任内阁总理熊希龄批示为："交内务部从优奖恤，以昭激励。并由该部分令湖南、福建、山西、广东各省民政长，迅即造具谭嗣同、林旭、杨深秀、康广仁各事实清册，并予矜恤，表示崇德报功之意。此批。"⑤ 1916 年，国会议员黎尚雯甚至提出："建议政府为'戊戌六君子'立传建祠。"⑥ 戊戌政变的集体记忆由民间上升到官方，完成了其合法化过程。如果没有这一步，《政变记》的历史细节只能算是野史，而难成为正史，更不可能产生如此深远的广泛影响。

经过这样一个渐变的过程，由量变而到质变，梁启超的个体想象升格为近

① 《天威震怒》，《申报》1900 年 1 月 8 日，第 2 版。
② 《读鄂督张宫保所订禁约留学日本诸生章程率抒鄙见》，《申报》1903 年 11 月 21 日，第 1 版。
③ 津门清醒居士：《戊戌政变说》，《大公报》（天津）1902 年 8 月 6 日，第 3 版。
④ 《合群以御外侮说》，《大公报》（天津）1903 年 11 月 26 日。
⑤ 《政府公报》1914 年 1 月 28 日，第 622 号，第 14 页。
⑥ 《参议院公报》1916 年第 2 期，第 19 册。

代中国社会的集体记忆。《政变记》历史地成为戊戌政变集体记忆的蓝本，被奉为历史经典读物，一直影响到今天。

五、媒介在集体记忆中的意义

历史研究工作的一个重要目标就是还原历史真相，然而，集体记忆是一种社会群体的思维活动，却不完全将真实列为首要目标。社群记忆事件，经过当事人、传播者、接受者的层层加工和传播，有意识或无意识的主观创造会附着在真相之上，与历史真相难言一致。但研究者必须清楚，这些附着了个体想象的"后历史事实"不是没有价值，相反是同样具有历史价值的。它反映了群体记忆民族历史的具体状况，反映了群体的特殊价值选择。因此，历史研究不仅要努力还原最初的、最原始的真相，还应该还原包含真相和想象的集体记忆的形成过程。只有这样，历史研究的过程才算更加完整。

通过挖掘《政变记》成为集体记忆蓝本的历史过程，我们可以窥见媒介建构社会共同记忆的功能，语言文字、书籍、报刊等媒介被不同程度地赋予了其他意义。

首先，语言文字具有独特的传播功能，特别是汉语和汉字，在表意、表象方面显示出突出的优势。

语言是最重要的人际交往媒介，文字则延长了语言保存的时间，同时发展了人类的思维，丰富了人类的想象力。汉语建立在声音和象形的基础上，在表意和表象方面显示出意义格外丰富的特征。例如，一个"仁"字，就可以将古今中国不同时代的文化记忆连贯起来。

作为近代中国转型时代的重要人物，梁启超的思想具有"复杂性和'多变'中的诚实性"① 的特征，既受船山之学滋润，又颇具开放胸怀，勇于拥抱外来思想，其独创的"报章体"脍炙人口，鼓舞了数代中国人。胡适就曾回忆说："这时代（19 世纪末 20 世纪初——作者注）是梁先生的文章最有势力的时代。"② 梁氏作文，饱含感情，文白夹杂，自成气势，将汉语言表达发挥到了极致。《政变记》传播的时代，正是中国汉语语言表达发生革命性变化的时代，文言文逐渐过渡到白话文。《政变记》是那个特殊年代的汉语言文本，承上启下。该文本既有历史事实，也充满了新旧斗争故事，在完成政治宣传的同时，也满足了读者的八卦需求，满足了各学识层次群体的想象空间。哈布瓦赫指出："对

---

① ［日］狭间直树：《梁启超笔下的谭嗣同——关于〈仁学〉的刊行与梁撰〈谭嗣同传〉》，《文史哲》2004 年第 1 期。

② 胡适：《四十自述》，北京：民主与建设出版社，2015 年版，第 58 页。

于个体而言，的确有大量事实以及某些事实的许多细节，如果没有别人保持对它们鲜活的记忆，个体就会忘掉它们。"① 显而易见的是，《政变记》大量鲜活的故事吸引了读者兴趣，保持了戊戌政变历史的鲜活性，以致能促进一个普遍性的戊戌政变集体记忆。在一个民智待解放的时代，梁启超的文字为近代中国的现代化做出了巨大贡献。

其次，近代中国报刊被赋予传统的政治教化功能，在集体记忆建构中发挥了凝聚意识和传承文化的作用。

19世纪末和20世纪初，席卷全球的大众传播时代正在到来，包括报纸、杂志在内的印刷出版物迅速占据人们的阅读空间。新的传播媒介所带来的革命性变化，颠覆了中国传统社会的交流模式，打破了宗法伦理一统天下的局面。近代媒体融入中国社会，掀起了一场前所未有的"认识革命"，中国人获取信息的渠道发生了巨大变化。在此之前，中国社会主要通过口口相传或者文字训导，是一种基于"礼"的由上至下传导模式。报刊媒介的到来打破了原有的沟通格局，一种基于报刊的社会交流模式渐渐流行起来，在很大程度上削弱了传统的交流模式。

近代中国报刊是历史的"新媒体"，在许多人眼中，它们并非纯粹意义上的媒介，而被主体赋予实际需要的功能。正所谓："权衡在我，取舍从心。"② 在梁启超那里，报纸有"耳目喉舌之用"，③ 是"政本之本，而教师之师也"，④ 被定义成为具有传统政治教化功能的中介。《政变记》正是这种报刊思想的一个文字产品。它是第一个全面回顾维新变法活动的文本，并且在相当长的一段时间内没有替代者⑤出现，对建构戊戌政变集体记忆的意义是不言而喻的。这种类型的集体记忆是建构现代民族共同体的重要内容。报刊在戊戌政变集体记忆中发挥了凝聚民族国家概念和意识的作用，且具有传承文化的社会功能。

---

① ［法］莫里斯·哈布瓦赫：《论集体记忆》，毕然、郭金华译，上海：上海人民出版社，2002年版，第303页。

② 萧公权：《中国政治思想史》，北京：商务印书馆，2017年版，第15页。

③ 梁启超：《论报馆有益于国事》，《时务报》1896年第1期。

④ 任公（梁启超）：《清议报一百册祝辞并论报馆之责任及本馆之经历》，《清议报》1901年第100期。

⑤ 1906年，日本社会上出现一本《戊戌政变信史》的小册子，正文内容为《民报》第一期的《记戊戌庚子死事诸人纪念会中广东某君之演说》（日本东京秀光社印行），《序言》中，编者自陈："仆为前日保皇会中人。仆前此为康梁所欺，种种播弄，不堪言述。自见此文，乃如拨云雾而见青天。"此文及此书的历史影响仍需有关史料加以佐证。见《记戊戌庚子死事诸人纪念会中广东某君之演说》，《民报》1905年第1期；《戊戌政变信史》，东京：秀光社，1906年版。

最后，媒介在近代中国历史建构中的意义亟待重新认识，它们不仅是一种媒介形态，更是一种工具，一种权力。

清帝国早中期的统治者，励精图治，积极学习和融入汉学，康雍乾三帝都可称得上造诣深厚的汉学专家。同时，他们还实施了主动的文化政策，对语言文字、书籍、出版机构等实行了强有力的官方引导和管制。《古今图书集成》、《康熙字典》、"文字狱"、《四库全书》等具体措施，在巩固清帝国专制统治上不可谓不成功。然而，到了帝国的中晚期，过度的专制统治反而导致了积重难返的境地，在外来文明的冲击中失去了政治上的主动权。清帝国晚期的统治者缺乏足够高超的政治智慧，面对"三千年未有之变局"，裹足不前，没有主动去学习和吸收外来文明的先进成果，在"新媒体"管理问题上失控了。于是，我们看到，社会上兴起了白话文写作，受众群体出现扩大化；报刊借助租界、现代化出版等便利，如星火燎原。在这些重要的媒介变革面前，清政府的有效作为却乏善可陈。

《政变记》是新的政治力量借助传统媒介（文字和书籍等）与现代媒介（报刊等）进行的政治宣传，使保皇党迅速发展成为清末的一股重要政坛势力。在《政变记》中，以慈禧太后为首的一部分清贵族被描绘成顽固守旧、阻碍社会进步的落后力量。这种观念被越来越多的受众接受，是推翻清专制的正当性理由。从戊戌政变的集体记忆可以看出，媒介在建构社会记忆中，逐步瓦解了近代中国社会的专制权力体制，并成为权力的新一极。因此，媒介对于近代中国历史的意义，不仅仅是构成社会的一种媒介，更应被视为一种与中国传统政治文化结合而生成的新权力，或者说是权力的"代理人"。

学者赵汀阳说："真相、假象以及想象都一起服从于某种精神追求而一起建构了历史，建构了某个国家和民族需要自我肯定的形象、经验、忠告、情感和记忆。"①《政变记》服务于政治的诉求，将梁启超的个体想象融入了近代中国的集体记忆。这个过程表明，近代中国志士试图改变落后现状的精神需求，促使人们相信清帝国里面存在着大奸、大恶之徒，并需要这种记忆，为最终推翻清政府觅得了合理化和合法化的借口。从这个意义上讲，《政变记》建构的戊戌政变集体记忆，具有民族志的性质。

结论与启示

《政变记》是梁启超在日本撰写的一种政治宣传品，最早刊登于《清议报》

① 赵汀阳：《历史观：一种文化还是一种历史知识?》，《新疆师范大学学报》（哲学社会科学版）2017 年第 1 期。

等报纸上，并刊印成书籍，多次印刷，多版印刷，广泛流传，成为社会公众回看 1898 年维新变法活动的历史文本。《政变记》并非严肃的历史纪传文字，充满了八卦故事和文学想象，人物塑造脸谱化，故事情节戏剧化，模糊了复杂的历史真相，拉近了与读者的距离，建构了社会公众关于戊戌政变的历史记忆。梁启超借助报纸这种新式媒体，借助印刷出版物，完成了一次成功的政治宣教。实际上，在掌握和充分利用传播媒介的基础上，这种由个体想象演变为集体记忆的案例，在近现代中国历史中并不鲜见。例如，李鸿章卖国、袁世凯窃取革命果实等。这种状况反映了近代中国新闻业与政治和社会无法截然分开的历史事实。

辛亥革命胜利后，1912 年 10 月，孙中山在上海说："革命成功，全仗报界鼓吹之力。"① 同月，从日本归来的梁启超在北京各界的欢迎会上发表《鄙人对于言论界之过去及将来》的演说，认为国内革命斗争能够取得如此成功，"则报馆鼓吹之功最高，此天下公言也"。② 两位时代伟人都不约而同地强调了现代媒介在推翻清政府中的巨大作用，绝非偶然。换句话说，他们都看到了媒介宣传在建构社会中的功能，敏锐地觉察到新式媒体在现代化进程中的巨大作用。

柯林武德说："一切历史都是理解现在的努力。"③ 今天，社交媒体变得日益发达，严肃而复杂的历史事实和真相越来越难以掌握，那些想象丰富、语言优美、八卦趣味十足的故事，似乎更容易捕获读者。诚然，读者在选择和取舍方面占有主动权，但创作者和传播者的思想动机也很重要。如何在尊重历史真相和建构共同记忆上取得平衡，似乎成了一个难以调和的问题，却是历史研究者必须严肃面对的重要课题。唯有如此，我们才能更好地凭借过往的经验来认识社会，创新知识，从而更好地服务人类社会的发展。

（原载《新闻与传播研究》2018 年第 8 期）

---

① 中国社会科学院近代史研究所中华民国史研究室等合编：《孙中山全集》（第二卷），北京：中华书局，1982 年版，第 495 页。
② 梁启超：《饮冰室合集·文集之二十八》，北京：中华书局，1989 年版，第 1 页。
③ ［英］柯林武德：《历史的观念》（增补版），［荷］杜森编，何兆武、张文杰、陈新译，北京：北京大学出版社，2010 年版，第 360 页。

官方与民间：晚清报刊舆论的首次抗争

王润泽

摘要：上海《申报》创刊后，采用独立于政府的西式报道立场，对时政进行批评。"杨月楼案"中的舆论表达引领中国近代第一场报刊舆论战。案子结束后，应战的一方强势创办《汇报》（后改名《彙报》《益报》），继续在其他领域与《申报》进行舆论对抗。其间《申报》运用西方较为专业的新闻评论与报道规律和规则作为武器，站在民间的立场，对《彙报》进行挑战。在新式报刊这一"新媒体"的介入下，中国传统社会舆论的呈现方式和内容发生着微妙的变化。民间舆论终于有了合法途径来展示，官方舆论也开始学会慎重利用"新媒体"，两个舆论场借助"新媒体"出现了，舆论中涉及的"公"与"私"的内容复杂性也开始展现。而官方对待新媒体的态度值得反思。

关键词：舆论场　杨月楼案　申报　汇报　新媒体

杨月楼是 19 世纪 70 年代的京剧演员，在上海地区颇有名气。《申报》自 1872 年创办到杨案爆发前，一年半中曾多次报道杨月楼，刊登过吹捧他的诗词："金桂何如丹桂优，佳人各个懒勾留；一般京调非偏爱，只为贪看杨月楼。"① 广东富商之女韦阿宝在看戏的过程中对杨月楼心生爱慕，几经周折，经韦母同意欲与之结为良缘。而古代的良民分为士、农、工、商四个阶层，杨月楼虽为有名的京剧演员，收入不菲，但按当时的社会身份，他属于贱籍。《大清律例·户律·婚姻》中明文规定，良贱不可通婚，儒家的传统礼教强调身份的卑尊与等级关系在当时还颇有市场。但随着上海开埠，民间社会只要父母同意，与族人商议妥当，一般不会有人来管。孰料两人的姻缘并未获得族人同意，韦阿宝族叔韦氏激烈反对，他在与韦母沟通不果后，寻求同乡组织广肇会馆同人支持，

---

① 《续沪北竹枝词》，《申报》1872 年 5 月 18 日。这是杨月楼在《申报》上第一篇被关注的文字。

会馆董事认为此事有损同乡声誉，于是向会审公廨的地方法院陈司马请愿，指控杨月楼涉嫌诱拐。在案件审查中，陈司马断定案子超出会审公廨司法权范围，于是向上海县知县发出广肇公所指控书。时任上海县知县叶廷眷，正是广东香山人，与韦氏家族属同乡。为了整治上海地方"道德败坏"、维护法统秩序，叶知县认定杨月楼有罪，并在第一次审讯时对杨月楼和韦阿宝施以重刑。

一、舆论发布：新式媒体平台《申报》及其与官方的对抗

这件事很快引发民众关注，街谈巷议颇多，形成与官方不一致的意见，引发官民舆论对抗。在没有大众媒体的时代，什么能充当民众舆论的媒体呢？托夫勒曾经将"人群"作为"短期性的传播媒介"，这种理念非常适合事件性的舆论传播。在本案中，广东人群是较为"显见"的群体，代表舆论一方，他们以地域结合为纽带，为了维护本地本族声誉，主张对杨月楼等施以重刑。另一个"人群"比较隐秘，其地域特征和职业构成相对复杂，但有共同的意见主张——同情杨月楼。

不过在案件判决刚出来的时候，同情杨月楼的人群是用传统的"揭帖"来表达意见、对抗官府"判决"的——杨月楼和韦阿宝在县衙被施重刑，杨被"敲打其胫骨百五"，韦女阿宝因当庭坚持嫁给杨月楼无怨无悔而被"嘴二百"。反对官府判决的"匿名揭帖遍贴于法租界内"，而揭帖的矛头同时指向了对该案进行过"不实"报道的《申报》："或谓敝馆受韦姓贿属或谓敝馆受韦党情托持平子之书所作也。"[1] 揭帖类似小字报，是中国古代民间表达意见的主要形式，林语堂先生曾认为这是中国民间舆论的主要载体。

介入此案的《申报》1872 年 4 月 30 日创办，虽为英国人所有，但实为"中国人创办的报纸"，在"一切可惊可愕可喜之事，足以新人听闻者，靡不毕载"的报道原则下，该报从 1873 年 12 月 23 日跟进此案，当天以《杨月楼诱拐卷逃案发》为题，按伤风败俗的社会新闻处理，接着又发表《拐犯杨月楼送县》一文。文章虽然使用大众喜闻乐见的类似笔记小说体对事件进行叙述，但基本事实和立场都是官方的，叙事中充满了对杨月楼的贬低："杨月楼不过春台班一伶人耳，不列士农工商、齐同皂隶娼优、良贱攸分、尊卑个别，……眼光如豆、嗜痂逐臭、掀浪随波、而金玉其外败絮其中者，花天酒地亦居然自命为裙屐少年焉，恶贯满盈而遂发拐盗一案……"这与其说是《申报》立场问题，不如说是新闻来源使然。《申报》创办初期，此类新闻大部分是"官署之书役人等承

---

① 《本馆复广东同人书》，《申报》1874 年 1 月 16 日，第 1 版。

充，即非书役，亦必与书役等相稳者为之"①。

《申报》的"不实"报道很快使之成为舆论对抗的焦点，当指责《申报》接受原告"韦党"贿赂的揭帖出现在报馆所在的法租界时，该报敏感意识到这场事件中民间舆论的力量和走向，开始调整报道策略。

12月29日，即第一篇报道6天后，同情杨月楼②的舆论——"持平子"千言文字《持平子致本馆论杨月楼事书》在第一版发布，明确表达此案量刑不当，不该以"诱拐和奸"处理，更不该用重刑，言辞中有对官方的不满和批评。有人认为"持平子"就是《申报》主笔，但该报并没有承认，不论"持平子"是否主笔，这篇文章的确代表《申报》立场转变了。其后《申报》又刊登了几篇关于该案进展和来龙去脉的深度报道。

1月5日，《申报》自撰评论《中西问答》，亮明观点，称有西人到本馆说官府要捉拿报馆主笔和"持平子"，报馆表明不惧怕报复，并援引英国等都"不加刑"司法规则，中国良官应该"体皇上好生之德、慎刑之意"，历史上的那些酷吏如周兴、来俊臣等"未闻其得令终有善报也"，"由是观之，其为酷吏，使万世唾骂，何如为循良，使万世钦仰乎"，这种用历史上的酷吏来影射上海知县叶廷眷的手法，明显是站在同情派的立场上，对官员的不恭敬跃然纸上，而在当时公然批评官员是比较危险的行为，但《申报》既是英国报纸，又身处租界，地方政府无法法办它。

1月6日，该报发表《禁止妇女看戏论》，认为官府不去抓那些"广东咸水妹"却禁止妇女看戏，实在不妥。1月7日，严惩派人物"不平父"致《申报》，首次利用报纸替官方发声，当天报馆则借《邑尊据秉严禁妇女看戏告示》承前一天的立场。

由此舆论对抗双方在《申报》上开始交锋，整个1月份《申报》集中发布关于杨案的各种评论，甚至有时一天两篇，观点对立。这种方式明确告知读者，《申报》虽自己同情杨月楼，但并不禁止严惩派的言论。《申报》从内容观点提供者扩展到意见平台的建设，这是《申报》成熟的标志，体现了客观和平衡的现代媒体立场和原则。

5月，《申报》掀起报道该事件的另一个高潮。由于杨月楼被送省郡再审，有翻案机会，杨虽在庭上陈述自己是屈打成招，但还是被太守加刑200大板不

---

① 《本馆告白》，《申报》1872年4月30日，第1版。
② 在关于本案的研究中，一般将同情杨月楼的人群简称为"同情派"，而以叶廷眷和韦氏家族为代表的主张严惩杨月楼的简称为"严惩派"，本文沿用此种称谓。

许翻案而告终，再度引发民间抗议。而那时又传出香山籍的上海知县叶廷眷要联合乡人共同创办一份新报以对抗《申报》。《申报》转而开始关注这份新报的动态。

我们可以从表1中看出《申报》在此次舆论对抗中的主要文字表现①：

表1　《申报》关于杨月楼案件发表的主要文章

时间，版次	题目	作者	主要内容和关键话语	属性、态度
1873.12.23, 02	杨月楼诱拐卷逃案发	本报	介绍案情	新闻、严惩
1873.12.24, 02	拐犯杨月楼送县	本报	介绍案情	新闻、严惩
1873.12.25, 02	杨月楼拐盗收外监	本报	介绍案情	新闻、严惩
1873.12.29, 01	**持平子致本馆论杨月楼事书**	**持平子②**	**从法律角度阐述办理此案的荒谬性**	**同情**
1874.01.05, 01	**中西问答**	**本报**	**从德政与酷吏的角度批评政府用法不当**	**同情**
1874.01.07, 01	不平父论杨月楼事	不平父	持平子"逞如簧如流之口，作夸张为幻之论"；杨月楼"不过挟演剧之末技，悦人耳目，至微至贱，固何足道""良贱不婚""今粤人不肯辱没乡亲"……	严惩

---

① 其中黑体加粗字代表同情派和公平客观的意见；正常字体代表的是官方严惩派的意见和观点。

② 在《广东同人公至本馆书》中，投稿人曾明确指出"持平子"等为《申报》主笔，《申报》在《本馆复广东同人书》中并没有回应此事，笔者查阅《申报》，发现署此笔名的文章，最早一篇为1873年7月3日《书西字日报后》，除杨月楼案其用此名投书一篇外，在1879年11月16日发表《英界工部局科捐改章末议》，1881年12月28日发表《论焚寺罹刑事》等，最后一篇为1908年12月10日《持平子来函》。从几篇投稿中似乎可以推测如果此人是同一个人的话，这个作者具有西方法律意识，多从法律平等、法律制定之现代化方面有意见和建议。但是不是申报主笔，还不能确定。

时间，版次	题目	作者	主要内容和关键话语	属性、态度
1984.01.09，01—02	公道老人劝息政论（上）	公道老人	"贤父子亦知谤毁两字之意否乎，无其事而诬之可以谓之谤毁，有其事而言之，仅能谓之议论也。议论国事尚无严禁，况县令乎？"	同情
1874.01.10，02	公道老人劝息政论（下）	公道老人	"至言街谈巷议尚干例禁，此例不知何朝所制，此禁不知何典所出。吾但闻赵高为相，禁止民间偶语以致秦一世年余亡国，高亦戮死，其他未闻有此虐政。贤父子有志欲学赵高乎？"	同情
1874.01.10，04	海上平话道人稿	—	谩骂同情派 "竟有戏弄文墨下贱之士每日在申报内煽惑愚鄙不觉可笑"	严惩
1874.01.12，01	劝惜字说	本报讯	讥讽不平父文章中说的 "红楼绣阁亦愿奉箕帚吁此"，反问道 "他人妇女闺内事" "不平父岂身历其境"	同情
1874.01.12，03	新西旁观冷眼人致贵馆书	—	发短文感慨	严惩
1874.01.13，02	劝持平子息事论	阳江散人	讥讽谩骂持平子	严惩
1874.01.14，01	广东同人公至本馆书	广东四直州二直厅七州七十七县同人	通篇是要和香山县人撇清关系 "盖粤人所称为糠摆渡俗名买办细崽、广东咸水妹者均系香山一县男女也，生无耻之乡，习不堪之业，在粤已不齿之于人……并非粤人尽属无耻不堪之辈也，此案在事之人皆香山人也……先生笔下超生，恕我众人无通称之曰粤人也……"	地域文化
1874.01.15，03	书持平子公道老人后	公平老老祖	谩骂	严惩
1874.01.16，01	本馆复广东同人书	—	详述申报馆刊登各方来信的原因	中立
1874.01.16，02	杨月楼案内韦王氏已死	—		客观报道

时间，版次	题目	作者	主要内容和关键话语	属性、态度
1874.01.19	论粤东香山县民事后	赴粤宦客呈稿	对不平父、老老祖等笔名鞭挞"不必辨其论说之是与否，仅观其称呼之骄与谦，虽未谋半面之缘"	同情
1874.01.21，01	本馆劝慰香山人论	一	对日前有人攻击香山县人做辩驳，职业分工不同，且对国家有贡献	中立，对香山县人公平评价
1874.01.21，01	劝息争歌	西冷一笑生戏草	一	无聊派
1874.01.23，02	目笑过容书奉	读者佚名	认为"不平父一论词严义正、众目共赏""所谓持平子、沧桑道人、公道老人、赴粤宦客并揑广东同人公启其理逆其言，强似皆持平子一人之手。想其受贿优伶，自愧独立，故必假揑多名以誑众听……"	严惩派，多谩骂诬陷持平子之词
1874.02.02，01	韦女发落	本报	一	客观信息
1874.04.23，01	杨月楼翻供	本报	一	一句话新闻
1874.05.20，02	记杨月楼发郡复审一案	本报	在松郡又被加刑二百板，不许翻供。最后一句"叶邑尊之筹设新报馆意由杨月楼议案所基，新报将取公报之名，公字其尚可存欤"	客观信息
1874.05.22，02	英报论杨月楼事	本报	指出中国司法之"残惨备至"已经让西国对中国"无不憾然非之"	消息来源是通文馆新报
1874.05.23，01	论杨月楼发郡复审一案	本报	指出杨案的意义已经不在于本案自身，已经影响到国内民众和国际社会对中国的看法	
1874.05.27，01	杨月楼解审情形	一	一	简短新闻
1874.05.27，01	英京新报论杨月楼事	一	"上海民间风传"知县被贿赂二万银，要置杨月楼于死地	消息来源《泰晤士报》
1874.05.29，01	记杨月楼在省翻供事	苏台八十四稿	一	简短新闻

《申报》的介入，使官方和民间两个舆论场第一次在近代报纸上交锋，长期处于"隐"地位的民间舆论，此次有了合法的宣达途径。虽然当时《申报》发行量仅有 600 余份，但考虑到上海市人口总量和各阶层分布情况，这个发行量可以辐射的阶层与人口已经比较可观。① 此次舆论交锋有以下特点：

1. 双方舆论的武器均为道德，指责对方德行有亏，将其贴上道德品质败坏的标签，这是在中国文化背景下，对一个人或机构最有力的舆论打击。官方舆论立场是维护正统，内容主要有"良贱不可通婚"、依"大清律例"应该尊重邑尊的判决，强调应理解广东香山韦氏家族为名誉而采取的措施，并指责称杨月楼之前在"小东门押店与戏班滋事被控"②，此人"不安分"和"流品极贱"。但在具体发布舆论的过程中，只有一些署名"不平父""持平子""公平老老祖"的文章；言语中说理不多，谩骂毁谤较多（可参见表中言语），首先在舆论对抗的技术层面就已经失掉了"理智"二字。与官方舆论一致的民间基础主要是广东香山县人群（这一群体在当时上海社会地位的确立和变迁详见第二部分）。

2. 民间舆论以普通市民为主，"持平子"和"公道老人"为核心。此二人虽只各发表一篇文章，但构成民间舆论的重要支柱，相对于官方的呆板和严厉，民间舆论充满了人性的温情、公平执法的呼吁和言论自由的坚持等，站在了道德和社会发展的进步层面。而在论述的技巧上则古今中外、旁征博引，较为灵巧。按照时间来看，同情派舆论以以下立场递进：定罪"诱拐和奸"不合适；官府"滥刑""酷刑""刑罚不中"；"言禁"错误③；涉及泰西诸国对中国的评价，影响到国际形象等。仅举几例如下：

1873 年 12 月 29 日的《持平子致本馆论杨月楼事书》说，"以合省正人而公诉一优伶一奔女，何异以泰山之尊重而压一卵，以狮象之全力而博一兔，胜之亦觉之不武"。1874 年 1 月 5 日的《中西问答》写道："周兴来俊臣之徒大肆罗织，较之郅都宁城辈更甚焉，使后世皆詈骂为酷吏。究竟历来酷吏未闻其得令终有善报也，由是观之与其为酷吏，使万世唾骂，何如为循良，使万世钦仰乎。"1874 年 1 月 9、10 日连载的《公道老人劝息政论》说："贤父子亦知谤毁

---

① 1870 年上海租界有 8 万左右的中国人口，1500 左右的外国人，国人中有相当比例是为外国人服务的。按照当时的阅读习惯，600 多的发行量可以辐射的人口在 4000 左右。
② 《记杨月楼在省翻供事》，《申报》1874 年 5 月 29 日，第 1 版。
③ 关于司法讨论，详见赵春燕《对清末杨月楼一案的法理学分析》，《江苏警官学院学报》2007 年第 11 期。

两字之意否乎，无其事而诬之可以谓之谤毁，有其事而言之，仅能谓之议论也。议论国事尚无严禁，况县令乎？至言街谈巷议尚干例禁，此例不知何朝所制，此禁不知何典所出。吾但闻赵高为相，禁止民间偶语以致秦一世年余亡国，高亦戮死，其他未闻有此虐政。贤父子有志欲学赵高乎？"每每站在道德制高点进行论辩。

1874 年 5 月 20 日的《论杨月楼发郡复审一案》认为，杨案"为当今之大事也，固不以杨月楼一人之所干而论也，以兆民之得失、国家之尊严两者所关系而论之耳；此案也非上海一隅之人所共位称论者耳，是在中国十八省传扬已编（应为'遍'）矣；非为中华一国内之人所谈论，经英京伦敦大新报名代墨士（即泰晤士）亦为传论，几于天下士人无一人不知悉"，"中国县官其肆私以残民私刑以随私意而索其供，其可忍乎，县官挺逆舆论违背上意"，"月楼之罪为重否，须只念上海既极残刑以所供，至郡内又加刑，以逼迫此人不使翻其前供也，审人莫有不公于此，残忍之事从未闻有如此之甚也"，引入了国际舆论作为支持。

3.《申报》后来虽然成为各方舆论意见发布的平台，但时人对此并不买账，甚至一度被认为是对方的人，受到双方的反对。《申报》借《本馆复广东同人书》一文痛说无奈，历数"被迫卷入"这场舆论争执的心路历程。因为"韦党传语邑侯必欲得持平子与弊馆主笔人而甘心焉，故又有中西问答一则，诚恐邑侯无法严办，因导以周来罗织之术，否则何以痛诋酷吏乎？后见邑侯全无举动，于是不平父子群起而攻之，此亦韦党势所必至也。敝馆本欲无复与较，乃西人见骈首乱伦斩决等例，纷纷下问中国如此不通之礼何人所定，如此非理之例何人所颁……事关贻笑外国，更不可不为中国洗清。故公道老人所以有劝息争一论。盖因韦党不谅敝馆大肆詈骂，所以敝馆不愿韦党与之辩驳也。嗣后韦党所来各件愈趋愈下至圣所谓其余不足观也矣""又况公道老人一论义正辞严不遗余议……再赘一言恐蹈狗尾续貂画蛇添足之诮，是以为之搁笔。想诸君子断不笑其江淹才尽也。至于韦党所做各件，来必代为刊列，其语言太缪者少为辩驳数语，有识者必能辩之"。总之，"敝馆若不抛砖安能引玉"。另外西人到馆内纷纷质问中国如此"不通之礼何人所定，如此非理之例何人所颁"等，为自己刊登各方言论做解释。

从这篇文章还可以看出一个细节，就是西人在《申报》日常报道中所起的作用，有时是线索的提供者，有时是话题的引领者，《申报》坚持司法公允、废除酷刑逼供以及言论自由的立场，也不排除西人影响。

4. 在此案中，《申报》及时灵活的舆论处理机制，显示出较为成熟的现代媒介理念。作为舆论平台，《申报》并没有对来稿全录照登，它是有删减和选择的，如《中西问答》中《申报》说，昨天看了西字报纸，才发现"责邑侯者尚不止此君，已将其过甚之言删去大半"。而有些话虽然不想刊登，但因为投书报馆的"诸君子来函既未书姓名又未详住址，上书谢罪无由送呈，故仍刊诸申报"（见《本馆复广东同人书》）。

另外，《申报》言论亦有不妥之处，不过在被人指出后，马上能承认错误。如未能避免当时普遍存在的地域歧视，将本案所涉人员所在的人群——香山县人、粤人统统置于道德审判之下，引发粤人和香山县人的不满。1月14日署名为"广东四直州二直厅七州七十七县同人"的《广东同人公至本馆书》，客气地指出香山人不能等同于粤人，"盖粤人所称为糠摆渡俗名买办细崽、广东咸水妹者均系香山一县男女也，生无耻之乡、习不堪之业，在粤人已不齿之于人……并非粤人尽属无耻不堪之辈也，此案在事之人皆香山人也……先生笔下超生，恕我众人无通称之曰粤人也……"《申报》在16日公开回复说自己"死罪死罪"，向粤人道歉，但却未意识到攻击香山县人群也是不对的，香山县人直接冲击报馆。21日，《申报》再次公开发文《本馆劝慰香山人论》，弥补之前议论过失，认为大家职业分工不同，对国家均有贡献，"香山人自为商贾者已属多处，即如中国四方茶叶生意大宗皆香山商人操之。……天下各县之人若能如香山人大奏功效是中国之大幸矣"。

在整个事件中，双方都使用过一些似是而非的消息诽谤对方，而作为媒体的《申报》也刊登过道听途说的假消息，有悖于新闻真实客观的标准。知县公开发布公告指责《申报》受贿。《申报》则引用外报披露未经核实的消息，如叶廷眷受贿两万白银的传闻来打击对手。《申报》敢这样做，关键在于该报的身份，"上海报纸，于不受政治暴力之外，尤得有一大助力。则取材于本埠外报是也……转载外报，既得消息之灵便，又不负法律之责任，其为华报之助力者大矣"①。

本案从《申报》报道看，似乎民间舆论更有力，但判决结果并没有改变，杨月楼依然依诱拐律被判有罪并受"军遣"；后逢同治驾崩光绪继位，慈禧四十寿诞，大赦天下而被释放。阿宝则被发到善育堂择配了一个七旬老翁。

黑格尔说，"找出其（指舆论——笔者注）中的真理乃是伟大人物的事。谁道出了他那个时代的意志，把它告诉他那个时代并使之现实，他就是他那个时

① 姚公鹤：《上海闲话》，上海：上海古籍出版社，1989年版，第130页。

代的伟大人物。他做的是时代的内心东西和本质，他使时代现代化"①。《申报》在寻找这时代进步的"意志"上，文明执法，开放言路，甚至恋爱自由等都是清末社会并不具备的现代价值。这也许就是这场舆论战中《申报》所取得的胜利和意义所在。

但舆论并不仅仅存在于媒体报道中。

二、舆论的背后：上海的移民、新社会阶层与传统社会组织

清末社会婚姻虽讲究"门当户对"，但良贱通婚也不少见。就在杨案前后，浙东地区发生类似事件，最后以女方当事人改名换姓被逐出家族而结束；还有一起《瞿茂和诱拐小金珠案》，仅仅被判责打100板。那为何杨月楼案件引起如此大的舆论对抗呢？除因当事人杨月楼比较知名外，其实也和当时开埠后上海社会风气转变关系重大。

1842年《南京条约》签订后，上海作为条约口岸被迫开放，外国人口逐渐增多。1848年租界人口数百，其中外国人100左右，其余多是为外国人服务的杂役和买办中国人等。到1870年代，《申报》和《汇报》创办的时期，租界的中国人在8万以上，而外国人也达到1673人（1876年数据）②，经过多年发展，上海租界居住人口急剧增加。60年代初（即同治初年），上海已经是国内唯一的富丽繁华、应有尽有的大都市③。

移民成为这个新开埠城市的重要特征。移民社会既有本组织内部传统的思维行为模式，也形成彼此之间新的冲突和矛盾。19世纪后半期的上海移民，有两个新的重要部分，一个是商人阶层，另一个是士绅阶层。

前者的崛起可以追溯到第一次鸦片战争结束上海开埠，在与外商进行贸易过程中涌现的。由于历史上中国对外贸易地域集中，商人阶层主要来自广东、福建和宁波（浙江）。地域结盟是当时国人在各个领域根深蒂固的习惯，不同地域群体之间为了本地本族利益彼此竞争。19世纪40年代后期，清政府为了"以商治夷"，倚重一直和洋人有商业往来的广东人参与制定外交方略。这样一来"地方各派势力的脆弱平衡和结合终结了，广东商人的势力渐渐占了绝对优势"④。从1847年到1854年，上海三任道台在重商和办理洋务的政治目标下，

① ［德］黑格尔，《法哲学原理》，范扬、张企泰译，北京：商务印书馆译本，1961年版，第334页。
② 上海通社编：《上海研究资料》，上海：上海书店，1984年版，第139页。
③ 马彦祥：《清末之上海戏剧》，《东方杂志》1936年第33卷第7期。
④ 梁元生：《上海道台研究》，上海：上海古籍出版社，2003年版，第135页。

洋务经验丰富的广东人在上海的政治影响力达到了顶峰，他们顺势在政治上开始有更多的涉足和要求。但1855年的小刀会，由于广东人错误地支持小刀会和刘丽川，使宁波人有机会取代广东人成为政治核心的人群，甚至可以将会馆建在离市中心比较近的地方，而那些处于边缘的地域人群，其会馆则只能建在城外。

士绅阶层的出现源于太平天国占领南京，迫使那里的士绅阶层避难到上海，也带来重要的政治资源，"这些士绅领袖与北京及其他权力中心有着密切的联系，还由于他们的声望、家庭背景和他们的行政经验，因此上海道台及其下属倾向于和这一新的政治力量结盟"①。

但不论是商人阶层还是士绅阶层，受传统地域文化和利益驱使，庇护原则下的地域观念非常重，以地域结盟为基础的商业利益在当时是普遍现象，比如上海的茶叶生意主要掌握在广东香山县人群手中，药材和衣料生意则以宁波人为主。不同商人群体在政治上的崛起和要求，实际上是清末新兴社会阶层带来的新变革，保守势力本能地对此警惕与对抗。上海地方政府重点解决的新问题集中在"地域结盟和追逐利润的商业倾向"。但这种现象并不违法，因此和清末政治领域一样，道德问题成为各派在政治舞台上角逐的最有力武器。

商业兴起后带来的道德败坏现象在上海尤为突出。就在案发前不久，《申报》发表文章《申江陋习 海上看洋十九年客》称，"从来习俗之美恶关乎风气之盛衰，近日风气之坏推上海为最"，上海时人"一耻衣服之不华也""一耻不乘肩撵也""一耻狎么二妓也""一耻肴馔之小贵也""一耻坐双轮小车也""一耻无顶戴也""一耻戏园末座也"，并指出，当时上海"身家不清不为耻、品行不端不为耻、目不识丁不为耻、口不谈文不为耻，而独耻此数端，可谓是非颠倒、黑白混淆"。② 这样的观察显示上海在外来文化的冲击下，已经开始对"身家"高贵、"品行端正"等传统道德判断标准进行消解。这直接威胁到传统社会道德的稳固和地方官员的政绩评估。因此道德问题成为新旧势力对抗的突出地带。

上海地方官员所重视并希望促进的道德观念还是传统的孝顺、节俭、（妇女的）贞洁、忠义等。广东籍的丁日昌道台在任职期间（1864—1865）发起"禁止运动"，责令关闭赌场、捣毁烟窟、收容流浪者和妓女；他还把广东籍里的流

① 梁元生：《上海道台研究》，上海：上海古籍出版社，2003年版，第141页。
② 《申江陋习 海上看洋十九年客》，《申报》1873年4月7日，第2版。文章还称上海市民"一耻衣服之不华也""一耻不乘肩撵也""一耻狎么二妓也""一耻肴馔之小贵也""一耻坐双轮小车也""一耻无顶戴也""一耻戏园末座也"。

氓和道德败坏者大批遣返回广东；1877 年到 1882 年的上海道台刘瑞芬也公开斥责地方政治中的地域结盟和偏袒行为。但西风渐进，道德判断的标准已经在上海悄然变化了，具体到本案，虽然中国古代的婚配制度比较严格，有很多反人性内容，但戏曲中表达的对两情相悦以及忠贞不渝的爱情因为顺应了人性而在民间流传颇广，颇有基础；上海开埠带来西方较为新鲜的人权法治观念也有不少拥趸。

严格捍卫婚配观念的组织是家族同乡。"同乡会"是中国地域观念的重要组织基础，尤其在移民集中的上海。公所、会馆等同乡团体是当时上海新移民的重要自治组织。李维清在《上海乡土志》中提道："上海五方杂处，侨寓之民实多于土著。故各地之旅沪者，皆以会馆以通声气。宁波人最多，所立者为四明公所；粤人次之，所立者为广肇山庄……"① 广肇公所是 1872 年时任怡和洋行买办的广东香山县唐廷枢与同乡徐润、叶廷眷等倡议成立，徐润在倡议成立广肇公所缘起中提道："先时余与叶顾之、潘爵臣两观察合买二摆渡地方吴宅一所，计地基十亩，价银三万一千两。未几，诸同乡创议公所，时叶顾之观察权知上海县事，同与是议。先四叔荣村公、唐景星诸公创捐集款，设席于余之宝源祥号，是晚诸同乡颇赞成叶公建议，将余三人合置吴宅产业照原价出作公益之用。……此后凡广肇两府之事，俱归公所经理，联乡里而御外侮，公益诚非浅焉。"② 据记载，广肇公所一共有 24 位董事，全都是广东商人、买办或在上海出任公职的官员，"翁"和"董事"作为会馆领导人会定期在会馆的中厅讨论各种递交给他们处理的问题，讨论的范围非常广泛，诸如个人争端、商业债务、侮辱冒犯朋友和团体以及其他广东旅居者、公司股东的安排等③。

族人和公所会对威胁家乡荣誉的事务十分敏感，"强调同乡群体的纯洁性、整体性和界限清晰。在这方面，会馆十分看重同乡妇女的清白和名声"④。这就是为什么韦氏家族强烈反对韦阿宝下嫁杨月楼的原因。而广肇公所就是后来杨月楼案中的原告，这也揭示了同为香山籍的叶廷眷知县对杨月楼和韦阿宝如此痛恨的原因——既要维护同乡声誉，也有政治的考量，"奸拐各案层出不穷，叶

① 转引自［美］顾德曼著：《家乡、城市和国家——上海的地缘网络与认同，1853—1937》，宋钻友译，上海：上海古籍出版社，2004 年版，第 1 页。

② 《徐润年谱》，第 16-17 页，转引自汪敬虞：《唐廷枢研究》，北京：中国社会科学出版社，1983 年版，第 172 页。

③ ［美］顾德曼著：《家乡、城市和国家——上海的地缘网络与认同，1853—1937》，宋钻友译，上海：上海古籍出版社，2004 年版，第 62-63 页。

④ ［美］顾德曼著：《家乡、城市和国家——上海的地缘网络与认同，1853—1937》，宋钻友译，上海：上海古籍出版社，2004 年版，第 76 页。

邑尊嫉恶如仇"①,叶县令迅速肃清此案,以提高广东香山人群的社会声望;更能理解为何"广东四直州二直厅七州七十七县同人"致信《申报》,彻底无情地撇清与香山县人士的关系。

但全体广东人还是备受打击,1874年1月29日,《北华捷报》报道,被激怒的广东人两次冲击道台衙门,威胁如果道台不采取行动就焚毁《申报》馆,杀死《申报》编辑。②县令叶廷眷"……邑尊又出告示毁谤本馆以受贿等语,欲图坏本馆之名……"③

《申报》为英人所有,受租界保护,清官方对其没有办法约束。清末"新媒体"崛起,成为一股影响社会的重要力量,而这种力量却不受官方控制,让官方很受震动。

三、引导舆论的"新媒体"——《汇报》的创办及其命运

"国家清议之权……不能操之庶民"④ 是中国政治传统,连香港《循环日报》都认可,社会遵循"在上者以安静为务,在下者以缄默为高"的行为原则,而"新媒体"随意"指斥官员"、"妄议朝政"、左右舆论,不仅违背传统,而且依律可以治罪。在《申报》创办后不久(1873年),上海道台即致函英国驻上海领事馆要求查封《申报》,理由如下:

查上海英国租界由英商美查于上年创设申报馆,所刊之报,皆系汉文,并无洋字。其初原为贸易起见,迨后将无关贸易之事逐渐列入,妄论是非,谬加毁誉,甚至捏造谣言,煽惑人心,又复纵谈官事,横加谤议,即经职道函致英领事饬禁,未允照办。⑤

其中所说"纵谈官事,横加谤议"就有当年《申报》指责叶廷眷主审"徐壬癸案",对徐施以重刑,批评官员轻易动怒,素质低劣。但英领事拒绝惩罚《申报》。转年杨月楼案中,《申报》再次批评叶氏,并以酷吏做比,并连带香山县人、粤人亦受攻击。叶廷眷深受"新媒体"挑战,其传统的"反击武器"——政府文告又无法到租界内张贴,新报却能突破租界到华人区域发行,

① 《瞿茂和诱拐小金珠案》,《申报》1874年1月7日,第3版。
② [美]顾德曼著:《家乡、城市和国家——上海的地缘网络与认同,1853—1937》,宋钻友译,上海:上海古籍出版社,2004年版,第78页。
③ 《上海日报之事》,《申报》1874年5月12日。
④ 《论汇报改革 录循环日报》,《汇报》第24号,1874年9月28日,第4版。
⑤ 转引自卢宁:《早期〈申报〉与晚清政府》,上海:上海科学技术文献出版社,2012年版,第14-15页。

因此创办一份报纸是叶廷眷和粤人"联乡里而御外侮"的不二选择。

1874 年 6 月 16 日《汇报》创刊，新闻史将之认定为上海第一份国人自办商业报刊，由广肇公所四位香山县籍领导人参与创办：上海轮船招商局总办唐廷枢、上海县知县叶廷眷发起，郑观应仿照上海轮船招商局章程为《汇报》撰写了报纸章程，中国第一个赴美留学生容闳给予支持①。

《汇报》在中国第一次采用股份制运营，以官民集资入股的方式招募资金，招募了 1 万两白银，同时期的《申报》在创办之初仅有 1600 两银子。关于《汇报》的创办背景，郑观应在《创办上海汇报章程并序》中写道：

"盖闻西洋向有新报馆之设，原以励风俗、宣教化，俾善者劝而恶者惩，兼之采朝野之新闻，穷格致之物理，下及舟楫留行、市廛货价灿然备列，流遍寰区，扩充见闻，增长神智，自非妄谈国政空论是非者比，其有益于民生国计、世道人心岂浅鲜哉！若夫遐迩名流才智之士，苟有鸿词伟论，发人深警，自当亟为登录，庶知我中国人才有高出寻常万万者。窃思上海为华祥辐辏之区，事赜人稠，足资观感，拟欲仿照泰西新报，兼议洋文传述中外风土人情、格致功用，既可维持风教，又堪裨益民生，夙志未果，心甚惜之，兹集同人共襄美举，纠合千股，汇成万金，兴创大局，比期先定格式，俾各循矩蹈规，以垂久远。所有公议章程胪列于后，海内诸君如有卓见，随时增入，以期尽善，是所厚望。"②

从创刊序言来看，报纸创办的初衷是仿照泰西信报，强调报纸励风俗、宣教化，裨益民生的功能，但话中有话的"自非妄谈国政空论是非者比"，指向《申报》。该报日出两张八版，报纸内容分为"京报全录栏""中外近事栏"和"告白栏"三大栏目。

这份欲建立正统舆论的新报创办后，一年半左右的时间里，与民间新报进行了论辩和竞争。它想代表官方发言，也站在官方立场上发言，但却不为官方所认可。随后它又想借洋人主办洗白自己官报的身份，也不甚成功；身份的尴尬，导致最后只剩下对《申报》攻击谩骂而黯然收场。两报在其下一些方面多有交锋，各有高下。

---

① 《论新闻日报馆事》（《申报》1874 年 3 月 12 日）记载"机器铅字，皆容君所承办也"。容闳长期生活在国外，他曾受曾国藩的委派，于 1865 年将 100 多台从美国购买到的配套齐全、功能先进的机器运抵上海，并请来相关技术人员安装，在这基础上建立了江南制造总局。（见黄晓东：《论容闳的科教思想及实践》，《苏州大学学报（哲学社会科学版）》2009 年第 1 期，第 109 页）

② 夏东元编：《郑观应集·盛世危言后编 四》，北京：中华书局，2013 年版，第 1439 页。

（一）官报身份的合法性

《汇报》来势汹汹，《申报》奋起反击，它抓住《汇报》官方背景大做文章。当时国人办报没有保障，触犯很多政治禁忌，官员办报尤其敏感，一旦谈论国事不当，不仅自己面临政治风险，在清朝政治庇护原则下，甚至牵连上级。《汇报》主办者均有官方背景，叶廷眷有明确的官方身份，郑观应和唐廷枢都是在19世纪后半叶对上海地方政府的经济政策和近代化规划产生过积极影响的商人，唐廷枢"久贾而官"，参加洋务派的官僚企业之后由同知升为道台，甚至得到"堪备各国使臣"的保举；郑观应也有士绅的身份。他们背后是李鸿章的势力。因此，只要抓住新报的官方背景，就可以让它投鼠忌器、困难重重，主持《申报》的江浙秀才们自然不会放过。

"叶君则上海邑侯，唐君则招商局总办，其余亦皆有财有势。开设之后，即有得罪他人之处，谁敢与官长为难？……但谚有云，花无百日红，倘叶君一旦升迁去任，另易他省之人，无宁则已，不幸有事，吾亦将为主笔之人危矣。前车已覆，后车当鉴。"①

官员办报，官方背景，逻辑顺序就是欺压民众，堵塞民口，借助新报，变公论为私论，《申报》在这方面着墨颇多：

查本馆之所以特启官之嫌怨者，盖于杨月楼一案。以为问官应当依照大清律例惩办，似不应于未断之先而加惨酷之严刑也，且其言固出自各处人民之公论，亦非本馆之私议而云然也。然本馆因列其论于报中，而官宪遂于本馆而生嫌，与粤人会议另设官报馆以图灭制计，而不使民人复为乡校之清议……夫另设日报，使为民间所设固美举也，如欲设官报以灭民报，亦如塞众口而独逞己志矣。则善善恶恶之意，其何在乎……粤人之在上海者此举固甚左耳，夫官之在堂上审案，而堂下听审之人何地无之？今日或沪人，明日或粤人，固不能一概而论也。而新报之申怨不求公而已，即彼此措词偶尔歧异亦不过细微之事耳，夫民固可操纵议之权，能纵议即为护民之举，倘因一时之议论两不相合而欲使中国公论之报尽归诸各官私论之言，此行也，不但背于众理，而亦失舆论之公矣。②

《申报》对《汇报》的戒备和担心不是杞人忧天。从1873年上海道台对《申报》的指责即可看出官方对其违法的认定，"妄论是非，谬加毁誉，甚至捏造谣言，煽惑人心，又复纵谈官事，横加谤议"，这些指控是严厉的。另外，

---

① 《论新闻日报馆事》，《申报》1874年3月12日。
② 《上海日报之事》，《申报》1874年5月12日。

《申报》虽然创办，但核心新闻来源还是《京报》等官方消息，营业艰难，民间报纸的生命力还是很脆弱的。虽有英人作为后盾，但如果真和一份有官方支持的报纸竞争，胜算并不大。因此攻击其官方背景，质疑其合法性，既可以从正面打击对手，也可以提醒对新报怀有偏见的清廷上级官员，从内部施压，造成其困难。最终《申报》还是成功了。不过有意思的是，《汇报》出刊后第二天，《申报》还照当时沪上规矩发文祝贺，"昨日上海始出汇报之元章，本馆批阅之余不胜嘉贺。盖以上海一埠而仅得一日报，未免孤陋寡闻，今得雅附同舟，各抒所见，俾阅者得赏心豁目、恢扩见闻，将何乐如之"。①

果然不到三个月，在上级干预下，同年9月1日，报纸转由英国人葛里出面主持并担任主笔，改名为《汇报》，期数另起。"启者兹承受汇报局生意及印字机器铅字，一切什物定于华七月二十一日，即泰西九月一号，局名改用汇报，以便外阜来信及本处刊登告白者易于访寻。凡报价与告白，价目一概照旧，此报以每晨早六七点钟分送，除礼拜日不计。"②

据香港《循环日报》报道，是上级禁止了该报，"汇报倡始诸君子悉已自辞厥事，昆陵管君才叔本位主笔，亦已辞退……其公启所云，今蒙宪谕禁止"，而《汇报》在西文报纸上承认此事。但相对开明的香港报人对此颇不以为意，"日报一道盛行于泰西，其始亦有所忌讳，至今日几于家喻户晓，未闻有以私意取咎者也。我国家清议之权，虽不能操之庶民，而遮拾迩闻、网罗近事，藉以恢张草野之耳目，俾人忠君亲上之心，油然以生，或亦不可竟废者欤"③。

但《申报》依然抓住《汇报》的官方背景不放，屡次攻击。"……吾曰汇报即汇报也，不过改其名而已，盖股份人仍然也，不过名谓授诸西人，即初延请翻译西报之西人代为出名总笔而已。其出入各银仍为旧股份人担任，以汇报在西字报内所登印告白而有凭可据也……吾曰上海上下各官皆有股份，而华商少敢与预者，故实不可算民报也。"④

1874年11月20日，《申报》在报道《书〈汇报〉陈利弊及有备无患各论后来信》中再次攻击《汇报》虽有官方背景，但徒有空言，无实际行动。"连读近日《汇报》，议论指陈，侃侃而道，或则留心于民生国计，或则加意于吏治官方，与利除弊之言振作奋兴之气，戛足以震耀邻邦，奔走国人者矣。吾盖一读而额手称庆，再读而又扼腕与嗟也。盖华人之相忍为国也久矣，在上者以安

---

① 《上海添设汇报》，《申报》1874年6月17日，第2版。
② 《汇报》第1号，第1版，目录，1874年9月1日。
③ 《论汇报改革 录循环日报》，《汇报》第24号，1874年9月28日，第4版。
④ 《报馆更名》，《申报》1874年9月9日。

静为务，在下者以缄默为智，若指斥利弊盼望振兴之说乃从前所相戒不敢道一字者，而今竟货筐倒箧而出之振聩发矇以药之意者，向来忌讳之习其遂可以大乎？虽然以官场银款设此新报，与其胪陈此等情节，无宁自行整顿其政治乎？与其指点此等弊病，无宁尽心参究其根原乎，夫彙报之为官场创设也，人人而知之矣。以官场之言考官场之寔，则亦何必徒讬空言乎？"

翌日，《申报》登《书墨痴生来信后》继续追击："盖彙报之设，实基于以绅控优一案而已。当时因本馆指陈刑讯之惨，以故地方官挟怒而另设一报以谋抗我也。"甚至有些牵强地议论说，"西报之设亦有官与其间者，但西国官与之报，其报纸所录兴利除弊之言，皆经此官所曾经躬行者，并非尽讬空言也。今《彙报》之异于西报者，报虽官设而所陈之利弊皆似与己无干者，不但不能先行后言，并且不能坐言起行，与书生所作制艺，皆属空谈帝德王政而已。然则《彙报》亦仅有虚言而无实行，其无权亦与《申报》等耳，中国又安赖有一彙报之设哉"。

对此《彙报》并没有进行针锋相对的辩论，虽然《申报》所说部分属实，但在当时民报未兴之时，官报也须有一定地位，《申报》立论并非完全成立。只是由于当时清廷消极抵制包括新报在内的西洋事物，唐廷枢、徐润等与官方联系紧密，甚至后来也为官从政，在他们创办和利用新报的行为有一定政治风险，处理不好，甚至会成为政治生涯中的败笔，因此《彙报》主持者只好对此三缄其口，也并不和《申报》在这些事情上纠缠。只是在一些国家大事等方面阐述自己的观点，偶尔在论述过程的字里行间，或者通过读者来信、转发他刊的方式隐忍反驳，不咸不淡地说句"本局创业之意初非与申报馆争道而驰"。① 相对于民间《申报》的咄咄逼人，《汇报》的确因官方背景而掣肘。

有意思的是《申报》一方面忌惮《汇报》的竞争，另一方面，却也希望新报得到官方的鼓励。因此当《汇报》被上级禁止之后，《申报》又说，"兹闻彙报实在未蒙宪恩准新闻纸放笔直论，则本馆亦有失望，盖新报之兴旺实于此相维系也"。② 显示了刚刚诞生的中国近代报刊的软弱和矛盾。

《彙报》的命运还真像《申报》最初所预言的，"倘叶君一旦升迁去任，……吾亦将为主笔之人危矣"。1875 年 3 月 25 日，"上海县叶廷眷捐升遗缺以直隶州松亭署理"③，同年 5 月 14 日，《彙报》在《本报预启》一文中写道

---

① 《彙报》，1874 年 9 月 18 日，第 1 版。
② 《官宪实未准新报改例》，《申报》1874 年 9 月 18 日，第 2 版。
③ 《苏省抚辕事宜》，《申报》1875 年 3 月 25 日。

"……近缘择吉迁居，清理账目，深恐事忙有误报务，因拟于本月十五日暂停送报一次，俟移居妥当后，仍照常派送，先此布闻"。虽然只提到暂停送报一次，然而现在能看到的最后一期《汇报》就停留在了5月14日。两月余后，《益报》于7月16日创刊，朱逢甲任主笔，同年12月4日，该报登出《本馆广告》，称主笔朱逢甲"另有正事"，不再主持该报，该报就此停刊。

（二）国政利弊之争

在国计民生等事情上，两报常常站在各自立场进行争论。涉及国际事务时，《申报》自然偏向英国等西方国家，但纯粹国内事务时，也能代表在野的士绅观点和民众思想。其中比较重要的议题有中东战事议和问题、修建铁路、向西方购买机械军备，甚至对左宗棠西征新疆等问题，最引人注意的是《申报》对唐廷枢等所掌管的上海轮船招商局的攻击和对中国自主水路营运的批评等。其中复杂的态度转变显示出中国现代化过程中，官方背景媒体和民间媒体的对抗心态，既有两方面就事论事的客观态度，也有彼此泄私愤的故意抹黑。《汇报》等有呆板和守旧的一面，《申报》也有受英国资本影响的狭隘和蛮横。

关于修建"淞沪铁路"的问题。"淞沪铁路"是由英商怡和洋行在未经中国当局同意下私自修筑的，侵犯了国家主权，《申报》受出资者影响，倾向英商立场，仅一味强调铁路在物质和经济等方面对中国"大有益之事"。《汇报》则持谨慎的反对立场，但它并没有在坚持维护中国主权的角度进行说理，虽然在《火轮车路辩书后》一文中，对铁路未经中国当局同意这一重要反驳依据有所提及，"如果尽属己地便可随意开设，不必禀请于上而后行，此说尤令人不解，抑何不细加详察遂形诸楮墨之。开查西国向例，无论何处开路，均先奉准朝命，如邻近皆以为可，固属可行，设以为有碍而阻止之，则亦未尝不可。查英例既地面复奉朝命，然苟有旧路于前，则不得更创新路于后，且开路必遵朝命，比户无不周知，然申报反以朝命为等间，只云业主有地仅可随意开设，又何其背谬之甚耶？"[①] 但之后的辩论则着重在西方因火车引起的伤亡数据、报道一些因为火车而受伤或者死亡的个案，来说明"火车失事之常闻""火车泛捷，行人路遇难于趋避""火轮车路一举为害于国"[②]。《申报》用数据和事实反驳《汇报》，证明火车对国家民生经济的贡献，"西人亦经用心将所格马车及乘船楫受伤者与搭火车受伤者互相考较，而火车受伤者实少七倍，此事系国家考究入册，有凭可据"。"在美国车路有在旷野无人居宅之处，故车路两边尚无栅栏以藩篱

---

① 《火轮车路辩书后》，《汇报》1874年9月11日。
② 详见《火轮车路贻患续述》《轮路贻患续述》《轮路贻患续纪》等文章。

之。若美国及欧罗巴有人迹之地，每路必护以栅栏而不准越入。遇有横出路径，视火轮车路之高低或以桥跨之，或以桥穿其下，而车路使附地相平经过之人实又稀，于火车路两边设门派人管守，行人欲走过时代开两门，使于火车已过，未来之间而过焉"①，之后《汇报》则刊登《轮路便于行兵论》的文章，认为"然轮路虽有弊端，亦大有裨益于国"②，但仍坚持开办铁路在行车安全和大批人员暂时失业无法安置等细节上进行反对。纠缠于细节，使得《汇报》丧失了舆论战中的高点，《申报》却坚持已见，丝毫不让。《汇报》本可以代表中国立场发出正义的声音，占据舆论的更高地位，却因为时人国家观念不强、立论琐碎而处于被动。

关于购买外国军舰问题，《申报》主张应该从西方购买，《汇报》从国家安全角度考虑，据理力争，坚持应该自己研发。面对《汇报》义正词严的指责，《申报》坦然表示"本馆前日论及中国应行购办铁甲船一事，持论之间竟大失于筹划，盖既劝中国须办此项铁船，而尽忘劝中国须自行制造也。今汇报特指其失，本馆不胜佩服之至，故兹急行自承不逮惟望诸君共谅焉。汇报筹计是事周备若此，岂不令人俯首赞叹"③。《申报》灵活的态度，确实比官方讨巧很多。

而在关于轮船招商局的问题上，由于力主者为李鸿章，而粤人为民间最大投资者，总办唐廷枢、会办徐润等多与之关系密切。《申报》对轮船招商局多有非难，认为轮船招商局为朝廷所设，受朝廷保护，运费比外国公司高，这是对人民的变相盘剥，因此应该限制招商局的规模，甚至建言让中国的轮船招商局只保留 4 艘轮船，每年营业 3 个月，即可以获利，剩下的让英国等外国公司来运货即可。为此《汇报》直言《申报》做此文"疑为西人轮船公司授意而作也"，"申报苟为华人所设也者，则是论为忘本辱国、舍己徇人，申报若为西人所设也者，是论为藉词寄意、利己损人"。④ 轮船招商局是李鸿章主办，对抗当时垄断中国漕运的外国公司，不仅对交通发展、保障经济作用积极，而且在战时也能参与到军事运输等方面，直接关乎国家安全和经济命脉。招商局采用官督商办、朝廷扶持的手段在当时也是进步之举。《申报》与《汇报》之间在这个话题上的争论并不占优势。

其实《申报》在涉及中英利益的时候，的确站在英人立场，并不代表中国

---

① 《火轮车路辩》，《申报》1874 年 8 月 26 日。
② 《轮路便于行兵论》，《汇报》1874 年 9 月 28 日。
③ 《书汇报论铁甲船后》，《申报》1874 年 10 月 15 日。
④ 《书申报旗昌运漕论后》，《汇报》1875 年 3 月 18 日，第 1 版。

利益，这一点在涉及新疆问题上尤为突出①；但《申报》又常常能站在客观立场上发表意见，这是《彙报》所欠缺的。比如在外轮营运问题上，《申报》曾明确反对当时中国最大的轮船公司美国旗昌公司（此公司中国湖州丝客投资最多）在新增运力时，不用先进的铁船而继续增加已经落后的木船，势必在竞争中退步。② 的确，评论发表一年多时间，该公司经营困难被轮船招商局并购。

公共话题是舆论介入的对象，具有公共性的私人话题也能进入公共舆论。在申、汇对抗中，容闳的婚姻一度被涉及。1875 年初，容闳与美国女子凯乐结婚。《彙报》首先发表评论，称"传闻李相爵知其行聘一事亦为之欣然"，《申报》则针锋相对称"即行改装剃去辫发并易外国服式，拟定长居美国不回祖地云云，余……见之实为愧甚"③。这种私人事务进入公共舆论领域的，古代也有，因为中国传统社会是以"道德"和"声望"为官场重要考核象征，一切有关官员私人道德的事宜都是御史大夫和社会舆论监察的对象。尤其是这种私人事务能够影响公务时，更成为官方和民间舆论关注的焦点。但原来舆论表达主要以邸报为媒介，因此从本质上说传播范围仅限于统治者内部，顶多扩展到候补统治阶层（即读书人范围）。而现在通过大众媒体，这种传播无疑被放大了。

（三）新闻业务之争

从业务操作层面看，《申报》因有英国老师在背后，新闻采编手段娴熟，新闻观念也比较成熟，常常借机批评和攻击《汇报》等在新闻专业上的错误。1874 年 7 月 18 日，《申报》在《更正讹传》一文中指出，《汇报》曾报道"有船一艘约载兵士五六百名驶至台湾被风撞礁沉溺，得生者不过数十人。……台湾所屯驻之华兵内，有二千余系由天津调赴"，而《申报》对于这两件事进行了核实，"兵士沉溺者，本馆细为探问，并未尝有其事，至于天津军士调赴台湾亦系讹传……此两事诚汇报未经检及，故本馆不惮齿及耳"。《申报》文末提到《汇报》没有对事实进行核实就报道，而《申报》经调查证实《汇报》所报道之事为讹传，批评《汇报》新闻不真实。

另外，清末社会，受认知局限，报纸上关于奇闻逸事的报道很多。《申报》曾在《记龙过南汇城事》中报道了一条关于龙现的奇闻，文中十分详细地描述了龙的外形、颜色等，"……龙之长约五丈余，最粗处如人家储水之牛腿缸，白

---

① 详见刘增合：《"舆论干政"：〈申报〉与同光之际的西征西藏举债》，《新闻与传播研究》2015 年第 7 期。
② 《论旗昌轮船公司事》，《申报》1875 年 3 月 13 日，第 1 版。
③ 《基氏吴天水评论容闳娶妻事》，《申报》1875 年 1 月 13 日，第 3 版。

如匹练而全身悉见，并云相随，惟周身有濛濛之白气包裹，如人之裸体而披以纱绫之衣，虽不能细睹鳞鬣，而日照其上，色白如银，盖即龙之鳞也。其首上阔下狭，大如石缸，因有白气环绕，故头角不露，约略其形如牛马之首焉。其四足皆在前半身，相离甚近，与世俗之绘者迥殊，四足皆长三尺余，爪则模糊不辨，颈与尾皆略细，而腹则独粗，约计颈一丈，腹二丈，尾则三丈余也。四足在颈后腹下之粗处，故知后足之外皆龙尾……"①

《彙报》看后指责该报道是虚假的，认为该条奇闻题材荒诞，属于神奇光怪之言，强调"夫新闻之设，诚如所谓宣政令，通民情，伸公议"。"至于神奇光怪之言，天下之大，容成有之，老庄杨列不少寓言，搜神齐谐编在秘籍，使必求其真实，则数千百年前之书，尽在不论不议之列，又何能以贵局为口实乎?"②

《申报》在回应中详细解释了目击者如何看到龙的情形，强调这则新闻是一位亲历者亲自到报馆讲述，"……梅史既幸目睹是龙，以为其形甚异，与世所绘画之形状不同，故即细描其状以代画图，庶不虚此一睹，实书所见不如修饰，故琐琐碎碎鄙俗不文也。至七月初十，梅史由家到馆，谈及龙现一事，而沪上之人均尚未知，因思如此奇观，岂可听其湮没，故将所记之稿送至申报馆也。南汇濒海，龙现时有，唯得如是之清楚耳"，还提到有许多人都见到了这条龙"被惊者初亦逢人必告，数日复亦无谈及之者，盖目所共睹，无庸多谈"③。不仅如此，《申报》还刊登了目击者吴梅史本人对《彙报》质疑进行回应的文章。且不论这个传闻是否真实，《申报》在报道中强调目击者的在场观察，有明确的人证来支撑报道，从技术层面确保真实的合法性，再加上当时国人确信有龙这种神物存在，《申报》在这方面又胜一筹。

有趣的是，《彙报》也时常刊登一些奇闻。例如9月18日刊登过《僵尸被焚》，"前宵有村人回家，过迟月黑枫林陡遇一物，腥风骚骚助响，悚动毛发，其人入村走避，物追逐之，乃大声喊救，一时惊吠。村民颇疑贼至，主伯亚旅群起捕之，见物犹踉跄逐人，同人急步追获，物亦不知畏。惟连击以棍始仆于地，其声吱吱然，举火烛之则以骷髅，即俗所谓僵尸也。抵晓乡人寻得其棺，并焚之以绝后患，而送被逐者归，粤人陆某亲观之"④。文中并无关于目击者的

---

① 《记龙过南汇城事》，《申报》1874年8月28日。
② 《横严小隐为汇报主人答嘲》，转引自刘丽：《从一则奇闻看近代中文报刊新闻理念的分歧》，《今传媒》2014年第5期。
③ 《南汇龙现非谬》，《申报》1873年10月12日。
④ 《僵尸被焚》，《彙报》1874年9月18日。

任何说明，只在最后提到是陆某亲眼观之，显然没有《申报》采用实名人证讲述的报道，以及刊登目击者亲自撰稿回应质疑的文章可信度高。

虽然从现在看两报在此类社会新闻报道中，均有不实之处，尤其《申报》，存世时间长，此类内容比比皆是，但《申报》在真实的技术层面有标准，重视新闻来源，加上当时社会科技不发达，迷信思想泛滥朝野，颇有市场，因此靠着更加成熟的新闻处理技术获得社会认可。而《汇报》没有系统的新闻观念，也不重视信源，新闻处理技术比较粗糙，逊色不少。

（四）作为装点的股份制

对比《汇报》章程和轮船招商局的章程和局规可以发现，《汇报》章程除了少数内容是结合报馆情况拟写以外，其他基本照搬或稍加修改轮船招商局的条文。可见《汇报》采用股份制经营的方式，并没有考虑新闻产业生存的真实环境，更没有考察其股份制实施的可行性。

一般认为，商品经济和社会化大生产的发展，是股份公司产生存在的基本条件，大量闲置的货币资本和高度发达的信用经济，是股份公司产生的两个直接前提。① 1872 年，轮船招商局作为我国第一个尝试股份制的企业在上海创立，虽然当时的经济情况和社会环境并不具备上述股份公司产生的条件，但当时政府对公司采用特许方式，实行"官督商办"制度，客观上保护了股份制的存在。

而《汇报》虽有官员的股份，仍属民办，显然没有轮船招商局的地位，不仅没有政府特许，反受上级反对。受制于媒体发展大环境，其企业和经济属性基本被忽略。再加上该报常常处于舆论风口，与中国官场社会中奉行的"在上者以安静为尊，在下者以缄默为智"的行为准则不符，在一些国家大事面前，又不能不顾及清廷内部的意见分歧。该报主持者多属李鸿章阵营，前文提到的左宗棠对新疆借款用兵之事，《申报》站在英国人立场反对，李鸿章也反对，但此事对国家安全至关重要，《汇报》就三缄其口，避而不谈。

综合说来，《汇报》是第一家采用股份制运营的报馆，自然有着重要的意义，但就当时的情况来看，无论是报纸自身还是整体的环境，都无法给股份制提供生存的土壤。

《汇报》停刊后，转而出《益报》，到这个时期，与《申报》只有"横驳肆骂、且每报一张而骂至一、二、三者甚至四篇不等"。如此谩骂的风格，已经尽失舆论之基础，只是为了"负气"。《申报》（1875 年 11 月 19 日）对此发表了《猪连生》对《益报》主笔朱莲生进行人身攻击和谩骂，十多天后（12 月 4 日）

---

① 杨在军：《晚清公司与公司治理》，北京：商务印刷馆，2006 年版，第 73 页。

《益报》停刊。

总的来说，《汇报》作为近代官报萌芽，虽然在资金和设备等硬件设施上有一定优势，但它作为一种舆论斗争工具出现，忽略新闻纸最基本的功能。从具体业务操作来看，在新闻真实性和评论客观公正性上有所欠缺，业务能力薄弱；从报馆经营来看，虽然股份制是一大创新，但受内外发展所限，无法获得股份制的经营优势，最终导致这份为了舆论对抗而出版的官报，一年半即停刊，并未探得更有效发布官方舆论的新媒体路径和方式，不能不说是一种遗憾。

结语

从申、汇两报对抗过程看，其既有代表上海开埠以来越来越多的西方文化精神和中国传统社会的对抗，如现代与传统司法精神和实践的对抗、官方舆论与民间舆论的对抗，也有中国地域间群体利益之间的纠葛，甚至有中国官方利用新式媒体抢夺舆论话语权的第一次尝试。而新媒体舆论也需要有一定的话语规则，同时也受发布介质——新式媒体的新闻观念与业务能力的左右，不遵从话语规则、业务能力差的一方就有被淘汰的危险。

林语堂曾经总结，从中国古代开始，表达人民声音和意见的法律途径就是缺失的。不论是歌谣、揭帖还是太学生的请愿，从内容和语气上都是鼓动性质的，其影响在于一时，并不能形成理性之舆论。而此次中国官方与民间的第一次舆论在近代媒体上的对抗，则给予了民间充分表达意见的合法途径，因为虽然彼此舆论抗争中都有谩骂和诋毁，但毕竟理性的声音和进步的理念有了合法的扩音器，得以在民间放大，中国舆论生态从此为之一变。

（原载《社会科学战线》2017 年第 3 期）

奉系军阀对东北日人报刊的限制

王 健

摘要：奉系军阀统治时期的东北，因开辟较晚，文化草莱，接壤强邻，招致觊觎，坐使日人报刊纷驰。这些报刊在东三省风行，使之文化侵略野心膨胀。奉系军阀在强大帝国势力面前对日人报刊虽有宽松一面，但当日人报刊侵犯东省主权，摧残金融，挑拨是非，颠倒黑白，肆意造乱之时，奉系军阀也会对日人报刊加以干涉限制、禁阅查封，甚至会支持奉系羽翼下的东北报刊与日人报刊进行笔力角逐，以维护东北的主权和民众利益不受侵犯。

关键词：奉系军阀 日人报刊 限制

奉系军阀统治时期，东北因开辟较晚，文化草莱，接壤强邻，招致觊觎，坐使日人报刊纷驰，在东三省风行，使之文化侵略野心得以膨胀。其中有奉系军阀为自身发展依靠日本的野心而予以的维护，也有夹在帝国势力之间的无奈，更有对侵略领土痛心之后的无计可施，所以奉系军阀在强大的帝国势力面前，对日人报刊的态度也是一分为二的，既有较为宽松的一面，也有干涉限制，甚至禁阅查封的一面。当日人报刊侵犯东省主权，摧残金融，挑拨是非，颠倒黑白，肆意造乱，东北国人直接或间接受其重大打击，诚不可纪极矣，利害所关，兴亡所系，不容漠视，为此奉系军阀会对日人报刊加以干涉限制，禁阅查封，还会支持奉系羽翼下的东北国人报刊与日人报刊的维权笔战。

一、奉系军阀统治时期东北日人报刊宣传之势

关于日本对东北的侵略，国人分析得很透彻。侵略势力已深入东北的日人，伴随着政治、经济的侵略，文化势力开始扩展。1929 年 1 月在沈阳创刊的《辽宁教育月刊》第一卷第一期刊登的文章《列强对华的文化侵略政策》把列强侵略归为六类："（一）武力的侵略政策；（二）政治的侵略政策；（三）外交的侵略政策；（四）经济的侵略政策（殖民政策、投资政策、交通政策、商业贩卖、

工业的资源、矿业的采掘、农产的吸收）；（五）文化的侵略政策（宗教的诱惑、教育的同化、新闻的扰害、文化的笼络）；（六）慈善的感化政策（医院、各种慈善事业）。"① 日本对东北的侵略尽在以上六类中，而无论哪种侵略皆以新闻报纸作为先锋队、侦探队、精神灭国的远征队。日本军阀及政客则将报刊视为侵略满蒙的无上劲旅，拥护扶植，不遗余力。日本依靠新闻报刊对东北的侵略更是具有柔和性、同化性、迷惑性、麻醉性、阴毒性、危险性等特征，浸润东北人的身心于无形中，危害不浅且难以估量。自日人"定居"东北以来，创办的中文报纸有《盛京时报》《辽东新报》《满洲日日新闻》《泰东日报》《辽鞍每日新闻》《大连新闻》《满洲报》《关东报》《宽城时报》《长春商业时报》《长春实业新闻》《大北新报》《哈尔滨日日新闻（日文）》等。日人在东北创办的大量报刊，表面上以"开通民智""联络邦交"为名义，实际上以文化侵略为目的，主要是为日本企图侵占东北制造新闻舆论。这些报纸在日人力量支持下，"完全不受我国政府限制，且不计销路，不计盈亏，专门从事各种歪曲事实，挑拨离间的宣传，因其新闻有内幕，并富刺激性，因此与国人所办报纸相形之下，大有喧宾夺主之势"。② 瑞士《江户报》（Taulnalde Geneve）的马丁（W. Martin）对日人在国联宣传的评论中有"愚弄国联，乱人耳目，使应付者，刚柔俱失其宜"之语，③ 这篇登在《时报》上的欧洲通讯，与国人登在《晨报》上的文章《某外人》中所阐述的"世界耳目将为日本制造空气所蔽""日本利用新闻政策，宣传各种混淆视听之消息，以蒙骗世界"类同。④

二、奉系军阀对东北日人报刊的限制

奉系军阀统治时期，由于东北自发报刊处于萌芽、不成熟状态，因此东北各地的日人报纸做了东北的政治及文化的宣传机关，且常有反宣传的文字。奉天《盛京时报》为日人机关报，1906 年创刊以来，每月由日本外务省奉天日总领事馆东满铁道会社等机关津贴，以作经费。"日本在奉天的《盛京时报》，他能猜出中国人的心理，将内容形式处处都迎合着中国人的心理而编辑，所以就是中国人自己亦往往不知读的是外国报。"⑤ 该报在奉天除对日问题助日本，为人民所反对外，对于中国政局，颇有敢言之目。故东三省当局，恨之者颇为不

---

① 姜长喜、谌纪平：《辽宁老期刊图录》，沈阳：辽宁人民出版社，2008 年版，第 35 页。
② 曾虚白：《中国新闻史》，台北：政治大学新闻研究所，1973 年版，第 524 页。
③ 任白涛：《日本对华的宣传政策》，上海：商务印书馆，1940 年版，第 117 页。
④ 《某外人》，《晨报》1921 年 9 月 15 日。
⑤ 蒋国珍：《中国新闻发达史》，上海：世界书局，1927 年版，第 66 页。

少。对于《盛京时报》的言论，奉系有时是默许盲从，但多数时候是限禁和抵制的。戈公振曾揭露："《盛京时报》借外交之后盾，为离间我国人之手段。夫报纸自攻击其政府与国民可也，彼报之攻击我政府与国民亦可也，今彼报代表其政府，以我国之文字与我国人之口吻，而攻击我政府与国民，斯可忍，孰不可忍！"[①] 有些报道明显触犯了国家和地方利益，奉系政军当局予以取缔并出面交涉，"盛京时报，向来取缔甚严"。其干涉限制与禁阅，可由 1919 年的蒙文报纸事件、1924 年的封禁《东报》事件及 1924 年至 1929 年的多次禁阅窥见。

　　蒙文报纸事件。《盛京时报》所办蒙文报纸发布言论鼓吹蒙人革命，日本又指使库布人巴得马热夫，著文《蒙古问题》，用俄蒙文印刷传布煽惑蒙人，扰乱蒙疆治安。当时奉系张作霖正受北京政府命令，治理蒙疆，得报有蒙文报由奉天寄来，内容多鼓吹蒙人革命，恐系日人所为，即多次通令东省及蒙疆各处，严密查禁蒙文报纸，以杜乱萌。为此，吉林省长公署先后发布三道训令，查封《盛京时报》所办的蒙文报纸。第 51 号训令："日前俄领携蒙文报一纸交阅云，系由奉寄来，内多鼓吹蒙人革命之语，恐系日人所为……遵照转饬所属一体严密查禁，勿稍玩忽切切，此令。"第 55 号训令令警务处"查蒙文报纸如果有鼓吹革命之语，实于蒙疆治安大有关系，亟应切实查禁以固边防"。第 59 号训令密令警务处"在库布人巴得马热夫受日官指使，近著一论文名曰蒙古问题，用俄蒙文印刷传布煽惑蒙人，诚恐散布内蒙各处，请饬严重查禁，系通饬所属严重查禁以遏乱萌"。蒙文报纸为沈阳《盛京时报》所办，经过奉系军阀交涉后，1919 年 7 月 26 日日使小幡答应电达日本驻奉领事，查明并取缔《盛京时报》所发行之蒙文报纸。

　　封禁《东报》事件。《东报》乃民人张煊 1922 年 10 月 20 日在奉天创刊，日出两张，冀以辅助社会，教育提高人民知识，造成正当舆论。奉天省长王永江为《东报》创刊撰写祝词，"觥觥大报，崛起东方，舆论泰斗，民智梯航。白山屹屹，黑水汤汤。前途发展，山高水长"。发刊一周年时奉天省长王永江再撰文："东报出刊周岁，万里风烟接素秋，蒸黎未又总殷爱，愿君更厉千秋业，与尔同销万古愁。"得到奉天省长如此器重的报纸，为东三省杰出之报纸。1923 年，日人在东省组织赛马公司、国际银公司，贩卖枪弹、吗啡、鸦片等，曾为《东报》揭破内幕。1924 年 4 月 14 日，《东报》刊登时评《是亦儿戏焉耳》一篇，完全仿效《盛京时报》的《儿戏焉耳》篇。时值奉天省人民运动收回南满铁路沿线教育权，驻奉天日领事怕此事为《东报》鼓吹所成，于是借口《东

---

　　①　戈公振：《中国报学史》，上海：商务印书馆，1928 年版，第 91-92 页。

报》有排日论调，采取先发制人之策，在省教育会未开会之前，于 4 月 21 日驻奉日本总领事船津赴大帅府晋谒张作霖，言《东报》刊《是亦儿戏焉耳》有侮辱外国元首之意，要求封禁，声明"盛京时报先语侵中国当局，奉天东报答复亦语侵日当局，要求停止奉天东报发刊，作为交换条件，该国亦停办盛京时报"。《东报》发表停刊宣言，向社会表白此次停刊经过："本报自开办以来，对于某国人在奉之一切非法行动，欺侮华人之事实，本有闻必录之义，不肯为之隐饰。本意原欲促起觉悟，以造成真正之两国亲善，迺某国人非特不知自反，屡次要求我国当局取缔，本社受警政当局之劝告，亦会忍耐一时。"①

自《东报》停刊消息传播后，奉天人民闻讯，异常愤激，多次预备声援，并函电纷驰，要求张作霖速复《东报》原状，以重舆情。至报界方面，由《醒时报》发起联合各报代表，向奉天当局提出疑问，并请加以保护。《东报》亦具呈请求警务处允予复业，呈"敝报自蒙钧处传谕停刊，当即停止刊布。……况日本报纸，淆乱我国政体，侮辱我国家之记载甚多，该国亦并未惩办或取缔，何对于我国报纸，即任意要求？敝报不足惜，但是使全国舆论界寒心。今敝报既已受过重之罚，同人等不敢静默，致影响全国言论界及治外法权。为此恳请钧处早日解禁"。经过奉天人民的"启迪"，张作霖深知取缔《盛京时报》，实属受到日方愚弄，于是再次交涉，解聘了一个做警事间谍的"警事顾问"，之后，《东报》复刊。

然而怀着宣传鬼胎的《盛京时报》，没有改变其造谣捣乱的作风。1924 年 8 月 5 日其揭载奉系内部军政两派冲突，奉天当局禁止人民购读。② 1926 年 6 月 10 日，因其批评张作霖，奉天当局又一次禁止该报在满铁附属地之外发售。③ 1927 年 6 月 16 日，奉天省因"《盛京时报》造谣惑众，敝署已奉总司令电，严行禁阅"，吉林省长公署也指令警务处、各镇守使、道尹、县知事、警察厅"密奉安国军总司令电开，查近日盛京时报记载种种谰言，谬妄已极，实属淆人听闻，扰乱治安，且于战事关系尤巨，亟应施以相当办法：（一）饬邮政局对于该报停止寄送；（二）饬军警随时查禁，不准人民购阅，如有故意违犯者，处以相当惩罚，此事期在必行，仰即分别遵照办理，如因此事发生交涉，本总司令自有办法，毋须顾虑，倘办理不力，惟各该主管是问，并将遵办情形，具报总司令"。为此，7 月 23 日，驻奉总领事吉田茂约见奉天省省长莫德惠，对禁售

---

① 《奉天东报被查封后之呼吁》，《申报》1924 年 4 月 28 日。

② 胡玉海、里蓉：《奉系军阀大事记（1894—1931）》，沈阳：辽宁民族出版社，2005 年版，第 367 页。

③ 佟冬：《中国东北史》，长春：吉林文史出版社，1998 年版，第 1134 页。

《盛京时报》提出交涉。1929 年 10 月，在东省发生"吉党员因《满洲报》《盛京时报》淆乱是非，为反动宣传，有害党国，特发传单劝国民拒读"的事情。

奉系军阀禁售《盛京时报》后的弛禁过程也颇为复杂。其被查禁后，仍贴邮票自行寄送，而各地邮局一经查出，如数扣留；即便有弛禁公启，没有收到上级指令，当地警察局也决不弛禁。有档案记载了弛禁交涉过程：1928 年 2 月，《盛京时报》双城分社对报纸已奉令弛禁，呈报馆公启给当地警察局，"各分管、代派处执事先生钧鉴，本报现经省当局于一月三十一日通告弛禁，准人民自由购阅，贵分馆及代派处每日须多少份足资分配，希即来函告知营业部，以便照数邮寄……专此布告……盛京时报社启"。双城县警察局以"弛禁购阅盛京时报，并未奉有明令，是否属实，殊难揣测，当令将报暂时缓向各分户分发，一面派员到邮局调查"。邮局回复"盛京时报，未在弛禁以前，均系自贴邮票邮寄，一经敝局查出，即如数扣留，现下寄来之报，盖有邮务总局利权戳记，其为弛禁可知，未便再为扣留"，双城警察局认为当局对《盛京时报》向来取缔甚严，未便据其一面之词，通过县知事呈文吉林省长公署"查禁阅盛京时报，功令森严，是否弛禁，现未奉有命令，殊难悬揣，理合检同公启一份，备文呈请核示等情据此，查该报是否弛禁，未奉明令，除转饬听候外，理合检同原启备文呈请钧署，鉴核令遵谨呈吉林省长公署"。

三、奉系军阀羽翼下国人报刊对日人报刊的论战

奉系军阀统治时期，东北国人报刊对日人报刊的攻击，比比皆是，既有官办报刊，也有民办报刊；既有军阀报刊，也有共产党报刊，这里主要分析军阀张作霖羽翼下报刊对日人报刊的声讨。奉系军阀统治时期，对日人报刊的政策相对宽松，各种史料有张作霖勾结日本、对其趋炎附势之说，但从东北国人报刊对日人报刊的攻击上，可以看出张作霖"英雄思想甚强，故不肯示弱"，所以其对日本的所有要求或"诺而不践"或"避而不与之谈"。[1]

《东三省民报》1922 年 10 月 20 日在沈阳创刊，由东三省民治俱进会组设东三省民报馆，开办后"每月由军署军需处拨给补助经费大洋三千元，后改由省署政务厅派员到馆监视发行报纸，由省署通令各县派销"。[2] 张作霖在第一次直奉战争失败后，宣布在三省实行"联省自治"，组织成立东三省民治俱进会，宗

---

① 高崇民：《高崇民传》，北京：人民日报出版社，1991 年版，第 33 页。

② 王树楠、吴廷燮、金毓黻：《奉天通志（144）》，东北文史丛书编辑委员会，1983 年版，第 3306 页。

旨是："促进民主，唤醒民众，团结东三省爱国志士，共同为反日救国而奋斗。"① 高崇民任总会长，《东三省民报》就是他领导创办的，后来由张作霖的秘书罗廷栋（志超）② 继任社长。

《东三省民报》创刊伊始，即配合民治俱进会开展的收回旅顺、大连群众运动，刊载文章揭露日本与袁世凯秘密换文，提出旨在灭亡中国的"二十一条"中将旅大租期延至99年，要求废除之，按期于1923年归还旅顺、大连。③ 这个运动在东北的影响很大，三省大中城市都举行过集会游行，要求"取消二十一条""收回旅大"。为此，1923年1月北京参议院通过有关议案，3月外交部正式要求取消"二十一条"，按期归还旅大。

日本侵华势力由此将《东三省民报》视为"排日"报纸，经常刁难该报。1924年4月14日，《盛京时报》"抗议"《东三省民报》刊载所谓"对日皇不敬"的消息，随后日本领事馆谒见张作霖，要求《东三省民报》停刊。张作霖于23日勒令该报停刊1周。4月30日，民报复刊，载文支持收回"满铁"附属地教育权，④ 支持奉天教育会收回我国在满铁附属地教育权的倡议。日文《盛京时报》又刊文对民报予以还击，日领又照会要求查封该报。日方的蛮横激起民报的抗争。1924年9月20日，日本在东三省使用朝鲜银行纸币鲜银券，各地反对，《东三省民报》就此问题连载长文，反对日本经济文化侵略。⑤ 1924年11月10日，《东三省民报》发起反对日本侵略的征文，其在读者中的影响越来越大。但因驻奉天日本总领事"抗议"，次年2月19日被迫停止连载《日本侵华史》。⑥ 11月10日，民报又举办征文，专门向读者征集反对日本侵略的文章。⑦ 1925年6月9日至8月18日，日本驻奉领事数次照会奉天交涉署，要求

① 高崇民：《高崇民传》，北京：人民日报出版社，1991年版，第15页。
② 黑龙江日报社新闻志编辑室：《东北新闻史（1899—1949）》，哈尔滨：黑龙江人民出版社，2001年版，第125页。
③ 高崇民：《高崇民传》，北京：人民日报出版社，1991年版，第17页。
④ 胡玉海、里蓉：《奉系军阀大事记（1894—1931）》，沈阳：辽宁民族出版社，2005年版，第357页。
⑤ 胡玉海、里蓉：《奉系军阀大事记（1894—1931）》，沈阳：辽宁民族出版社，2005年版，第371页。
⑥ 胡玉海、里蓉.：《奉系军阀大事记（1894—1931）》，沈阳：辽宁民族出版社，2005年版，第377页。
⑦ 李鸿文、张本政：《东北大事记（下卷）》，长春：吉林文史出版社，1987年版，第23页。

取缔《东三省民报》关于沪案之报道。① 1927年5月11日,《东三省公报》《东三省民报》《醒时报》联名发表拒绝日本在临江设领声明。② 1928年2月,日本单方面提出将正在修建的吉敦铁路延长至图们,或借款修筑长春至大赉的铁路,以此作为中国修建吉海铁路的交换条件。《盛京时报》妄称,吉海铁路是南满铁路之平行线,影响日本的利益,延长吉敦是日本经济发展之必需。张作霖看出日本的侵略野心毕露,拒绝其要求。③ 当时东北报纸对日本的蛮横干涉和无理要求进行了有力驳斥,特别是《东北商工日报》在高崇民主持下,全力以赴,与《盛京时报》笔战,对日方刺激甚大。

历数《东三省民报》抗日行为,实际也是奉系军阀张作霖对日本侵略的反抗:"不肯以祖宗庐墓让与异族""张氏之与东北,处不可为之地,当不可为之时,犹能支持挣扎至二十余年,亦可谓功过参半,而其过且在于不知。故其遇害也。东三省无论男妇老幼,无党派恩然,莫不悲悼。噫! 张亦人杰也哉!"④

(原载《编辑之友》2016年第12期)

---

① 胡玉海、里蓉:《奉系军阀大事记(1894—1931)》,沈阳:辽宁民族出版社,2005年版,第393页。

② 胡玉海、里蓉:《奉系军阀大事记(1894—1931)》,沈阳:辽宁民族出版社,2005年版,第447页。

③ 高崇民:《高崇民传》,北京:人民日报出版社,1991年版,第31页。

④ 高崇民:《高崇民传》,北京:人民日报出版社,1991年版,第33页。

1932 年《申报》禁邮的直接诱因与解禁考

刘继忠

摘要：《申报》禁邮事件在 20 世纪 30 年代国统区新闻业态演变中扮演了"草蛇灰线"的角色。该事件有诸多讹误，其意义被学界严重低估。本文考证了该事件的始末，认为在警惕沪上反蒋势力的特定语境下，《申报》在蒋看重的辟谣报道上玩"死为党鬼"的文字把戏，是蒋下令禁邮的直接诱因。《申报》禁邮长达 50 余天（7 月 13 日—9 月 2 日）。凌其翰在《申报》解禁中起到了润滑剂作用，陈景韩扮演了"最后一棵稻草"的角色。《申报》禁邮目的是敲打史量才，收紧抗日舆论，其逻辑间接使 1932 年成为抗战前十年国统区新闻业的分水岭。

关键词：《申报》禁邮　蒋介石　直接诱因　解禁

1932 年《申报》禁邮事件在国民党制造的无数报案中似乎微不足道。新闻史著述都这样讲述该事件：《申报》"剿匪"时评等导致朱家骅、潘公展向蒋介石告状，7 月 16 日蒋介石手令"申报禁止邮寄"，秦墨晒负责疏通，8 月 21 日解禁，① 而其叙事多为了佐证国民党钳制言论自由。新史料表明：这一叙事有误，《申报》禁邮非始于 7 月 16 日，8 月 21 日也未解禁，秦墨晒也非解禁唯一

---

① 此叙事源自马荫良、钱芝生、陈彬龢等"当事人"回忆，后被国内外新闻史著述广泛采纳。"剿匪"时评是指《剿匪与造匪》（6 月 30 日）、《再论剿匪与造匪》（7 月 2 日）、《三论剿匪与造匪》（7 月 4 日）。也有学者认为《申报》披露朱家骅挪用 3 万元水灾捐款，登载陶行知文章，聘黄炎培做设计部部长；刊登《宋庆龄为邓演达被害宣言》，登载《巴和律师代表周少山紧要启事》为周恩来辟谣等也是《申报》禁邮原因。代表文献有：钱芝生：《史量才被暗杀真相》，《文史资料选辑（第 18 辑）》，北京：文史资料出版社，1985 年版，第 155 页；蔡登山：《不学有"术"的陈彬龢》，《书城》2009 年第 8 期，第 70-77 页；马荫良：《坚持抗日，反对内战——史量才在 1932 年》，《上海文史资料选辑（第 47 辑）》，上海：上海人民出版社，1984 年版，第 85-87 页；宋军：《申报的兴衰》，上海：上海社会科学院出版社，1996 年版，第 152-157 页；庞荣棣：《史量才：现代报业巨子》，上海：上海教育出版社，1999 年版，第 187-192 页。

"功臣"，其解禁是多方博弈的产物。笔者发现，在 20 世纪 30 年代国统区新闻业态演变脉络中，该事件实际扮演了"草蛇灰线"的角色，其意义也被学界严重低估。基于此，本文依托新史料主要解决三个问题：《申报》哪篇报道直接触怒了蒋，令其下令禁邮；《申报》解禁中的利益博弈和人际纠葛；禁邮事件对蒋介石、史量才关系和 1932 年国统区新闻业态的影响。

一、蒋日记"余之原稿"的所指考辨

《申报》禁邮实源于"九一八"后史量才"左转"及《申报》力主抗战、谴责当局的舆论立场，而非蒋一时之怒。宋军、秦绍德、马光仁等方家对此做了扎实有力的考证。① 澳大利亚学者 T. 纳拉莫尔也认为，与其说三论"剿匪"时评"直接构成了对蒋介石心目中占有特殊地位的政策的攻击"，不如说它在特殊语境下为蒋提供了味道很苦的另一服"剿匪"良药更确切②。因蒋史料缺失，学界都认同"剿匪"时评是蒋"一时之怒"的直接诱因，1932 年 7 月 12 日蒋日记却暗示了另一种可能。这日，蒋写道：

> 雪耻。人定胜天。立志养气、立品修行。晴。九十度
> 今日精神渐佳，到部办公。对湖北各县县长训话，约一小（笔者注：此处应缺"时"）半，不知其疲劳也。会客，约见党政委员后，回寓，午餐。下午，会客，批阅后，与诸甥女捉士相将，以解思虑，颇能得乐忘忧也。晚，见申报将余之原稿，改恶错乱，反动派之捣乱，犹方兴未艾也。不加严厉处置，何以征服反动，乃下令先在三省禁寄申报。王炎培（笔者注："王"应为"黄"）、陈炳和之反革命，应彻底惩治也。③

作为军人政治家，蒋与新闻界交往密切，蒋日记对新闻界的记载却凤毛麟角。7 月 12 日晚蒋记下"禁寄《申报》"事，可见此事对蒋触动较大，真实性

---

① 代表性文献有：宋军：《申报的兴衰》，上海：上海社会科学院出版社，1996 年版，第 131-148 页；马光仁：《上海新闻史（1850—1949）》，上海：复旦大学出版社，2014 年版，第 733-736 页；秦绍德：《上海近代报刊史论》，上海：复旦大学出版社，2014 年版，第 217-230 页；方汉奇等：《中国新闻事业通史（第 2 卷）》，北京：中国人民大学出版社，第 297-303 页。

② ［澳］T. 纳拉莫尔：《国民党与报界：〈申报〉个案研究（1927—1937）》，《国外中国近代史研究（第 23 辑）》，北京：中国社会科学出版社，1993 年版，第 98 页。

③ 蒋日记现藏于胡佛研究所，笔者托在美国访学的中国人民大学新闻学院博士生王靖雨和浙江大学博士生徐亮查阅，文中所引蒋日记多源于此，也有部分来自《事略稿本》等文献。特此说明，不再在文中注释。

可无疑。日记"余之原稿,改恶错乱"句,为解读蒋下令禁寄《申报》的直接诱因提供了线索。查 1932 年 6 月 30 日至 7 月 12 日《申报》涉蒋报道,发现《申报》引用"余之原稿"的报道仅有两篇,即 7 月 4 日时评《三论剿匪与造匪》(以下简称《三论》)、7 月 11 日消息《蒋中正发表重要谈话答复大公报之询问》(以下简称《蒋谈话》)。《三论》引用了 6 月 18 日蒋在牯岭湘鄂皖赣豫五省剿共会议上的训词(以下简称"牯岭训词")中的一句话:"剿共不能专靠武力。这次剿共要用七分政治,三分军事。总要政治上有办法,政治上轨道,剿匪方可成功。"《蒋谈话》转自天津《大公报》同日同题报道,① 却将"中正生为国民党员,死为革命党魂"改为"死为党鬼"。一字之差,褒贬立显,符合"余之原稿,改恶错乱"。"余之原稿"是指《三论》还是《蒋谈话》,或是二者,值得考辨。

(一)《三论》改恶错乱"余之原稿"不明显

牯岭训词,《新闻报》6 月 25 日全文报道,消息源是"中央社"22 日航空快信②。《申报》未做报道,首次提及"三分军事"是 7 月 3 日汉口通讯,称"盖剿匪最后胜利,需要三分军事力量,七分党政工作"③。《事略稿本》刊有牯岭训词原稿,对照发现,《新闻报》未篡改牯岭训词。《三论》引用"牯岭训词"意在使其立论与蒋的政治立场保持一致,采取的是"真正剿匪之道,在于'澄清政治安定民生'"建言策略,结尾表达了"吾人深盼政府有以实践其言,吾人深盼此七分之政治能见诸事实"的渴望。这种以蒋介石立场抨击国民党吏治腐败,是《大公报》常用,蒋默许、国民党中上层官吏所痛恨的一种批评手法。"剿匪"时评是经史量才与宋庆龄、陶行知、杨杏佛商定,编辑部执笔成文,陶行知改定,以"彬"名义隔日刊发的④。如此谨慎操作敏感议题,其文本自然经过史量才等多人审阅,不会出现"改恶错乱"的低级错误,给对手留把柄。

第三次"围剿"失败后,蒋接受杨永泰建议,在发动第四次"围剿"前提出"七分政治、三分军事"的"剿匪"策略,即对工农红军发动军事、政治并用,经济、交通、宣传等多种手段相互配合的总体战。⑤ 牯岭训词是这一新策略的具体表述。蒋"七分政治"首要是破除"国内怕匪的空气",他说:"参照

---

① 《大公报》标题是"蒋委员长明志辟谣 反对中国国民党以外之组织方式 惟一志愿为复兴国民党革命精神"。
② 《蒋委员长对各军政长官训话》,《新闻报》1932 年 6 月 25 日,第 8 版。
③ 《蒋中正注意党政设施》,《申报》1932 年 7 月 3 日,第 12 版。
④ 盛永华:《宋庆龄年谱(1893—1981)(上)》,广州:广东人民出版社,2006 年版,第 468 页。
⑤ 胡哲峰:《对蒋介石"三分军事、七分政治"方针的剖析》,《史学月刊》1988 年第 2 期。

去年的经验，现在我们知道在军事行动之前，还须做一种基本的工作，就是改变心理与养成风气，现在国内充满了怕匪的空气，军队社会人民都存着怕匪的心理，尽说匪共如何厉害，如何可怕。"① "剿匪"时评却浓墨重彩叙述政治黑暗，其标题、行文暗示"剿匪"与"造匪"的内在关联，如《三论》"今日之所谓'匪'者，与其谓为由与共党政治主张之煽惑，毋宁谓为由于政治之压迫与生计之驱使"等。故"剿匪"时评在传播效果上可助长社会"怕匪"心理，违背了蒋"七分政治"的本意，因此，可说《三论》是对"余之原稿"的隐性"改恶错乱"。但"剿匪"时评对"肃清贪官污吏"，澄清政治的反复强调，也为蒋整肃"各军政长官"营造了舆论压力。

（二）7月12日晚蒋在汉口可知晓"党鬼"说

7月11日《蒋谈话》明显符合"余之原稿，改恶错乱"，却有12日晚蒋在汉口能否知晓《蒋谈话》的问题。多种旁证表明蒋知晓了此事：（1）7月12日蒋日记中"见申报"三字是直接证据。蒋日记中"见某报"表述较少，可反证蒋看到了《申报》。（2）蒋极为重视《大公报》辟谣报道，特命先拟初稿，亲自修改21处，又专门指示"发季、胡"两人，请裴、杨两先生研究再发②。7月9日还在日记中写上一笔。蒋答复《大公报》辟谣由"中央社"发"十日汉口电"通稿给各报社，③《大公报》《新闻报》《申报》11日报道。④ 根据政治常识和民国政治逻辑，蒋会指定侍从室搜集相关报道，以观"辟谣"效果。（3）1932年1日之内蒋可知晓国内重要情报。1931年9月18日10时20分日本关东军制造"九一八"事变，19日蒋日记有记载，此时蒋在由宁赴赣途中。该情报最早由《大公报》19日"皓卯"（晨5点至7点）电监察院长于右任，于电告蒋的。⑤ 1932年7月29日下午，蒋电汪兆铭、罗文干⑥"顷阅勘日沪上各

---

① 《蒋委员长对各军政长官训话》，《新闻报》1932年6月25日，第8版。
② 俞凡：《新记〈大公报〉再研究》，北京：中国社会科学出版社，2016年版，第98页。
③ 佐证：《大公报》是"汉口十日电"，《新闻报》是"汉口"、《申报》开头"汉口"结尾注"十日专电"，《人报》（无锡）是"中央社十日汉口电"。《人报》（无锡），1932年7月12日。
④ 对蒋否认组织法西斯，各报态度不一。《大公报》处理最突出，三行题，配提要。《申报》较简洁，《新闻报》最简洁，全文47个字，标题是"蒋否认法西斯蒂"。
⑤ 俞凡："九一八"事变后新记〈大公报〉"明耻教战"论考辨——以台北"国史馆"藏"蒋介石档案"为中心的考察，《国际新闻界》2013年第4期。
⑥ 英文《北华捷报》7月27日刊登中俄复交草稿，28日《申报》对中俄复交内容有所披露。"China's Conditions to Russia：Four Points in Connection With Resuming Relations." The North-China Herald，1932-07-27.《罗文干拟赴汉协商外交问题》，《申报》1932年7月28日。

报载路透电消息中俄复交内容完全披露……外交秘密竟行公开"① 表明，29 日下午蒋在汉口知晓了 27 日"沪上各报"。"勘日"是民国电报日期码 27 日的指称。（4）上海、汉口之间的电报线路早已铺设，两地用电话"竟能于十余分钟内收得回电"。② 1929 年上海—汉口航线开通，1930 年《新闻报》甚至考虑与《申报》在汉口合作造屋建分馆，"每日由航邮送纸型到汉口，即在当地加印报纸若干"。③（5）"一·二八"事变后蒋加强了情报系统建设，使其在最短时间内可获得国内情报。佐证是 1932 年 4 月 3 日到同年 5 月 15 日，43 天蒋日记中有 15 天"情报"事宜的相关记载。④

（三）"党鬼"说更易激怒蒋介石

《三论》7 月 4 日刊发，《蒋谈话》11 日刊发。朱家骅、潘公展的"告状"⑤可证实蒋看到了《三论》；蒋高度重视《大公报》辟谣报道，意味着蒋看到了"死为党鬼"。从 1932 年 6—7 月蒋的政治工作重心看，相对于筹划第四次"围剿"，蒋更重视再次上台后的权力巩固问题。（1）"一·二八"事变后，蒋即着手准备第四次"围剿"，展开"围剿"动员。吴鼎昌等随之于 5 月 25 日发起"废止内战大同盟"，⑥ 变相抵制"围剿"动员，上海一些资本家也拒绝为第四次"围剿"提供军费，他们虽同意购买更多政府债券，却要求财政部长宋子文就新债券筹措的资金不用在"围剿"战争上做出保证。⑦"剿匪"时评变相支持"废止内战"运动，刊发时机与"废止内战"运动未合拍，其舆论动员效果要打折扣。（2）1931 年 12 月，蒋下野后反思其失败在于"本人无干部、无组织、无情报""不能自主"，再次上台即着手改进，效仿法西斯于 1932 年 3 月秘密成立力行社，在国民党外建立忠于自己的政治力量⑧。法西斯主义由是甚嚣尘上，

---

① 孙饴编：《蒋中正"总统"档案·事略稿本（第 15 册）》，秦孝仪校对，台北："国史"馆，2006 年版，第 15、577 页。

② 《蛰声》，《电报局之今夕观》，《申报》1933 年 12 月 16 日，第 18 版。

③ 高郁雅：《柜台报：上海〈新闻报〉研究（1893—1949）》，台湾：辅大书坊，2015 年版，第 142 页。

④ 即 4 月 3 日、21 日、22 日、23 日、24 日、25 日、26 日、30 日、5 月 2 日、4 日、5 日、7 日、8 日、14 日、15 日。

⑤ 钱芝生：《史量才被暗杀真相》，见《文史资料选辑（第 18 辑）》，北京：文史资料出版社，1985 年版，第 155 页。

⑥ 史为废止内战大同盟常务委员。《废止内战大同盟 成立情况史料一组》，《档案与史学》1999 年第 6 期。

⑦ ［澳］T. 纳拉莫尔：《国民党与报界：〈申报〉个案研究（1927—1937）》，《国外中国近代史研究（第 23 辑）》，北京：中国社会科学出版社，1993 年版，第 97 页。

⑧ 邓元玉：《蒋介石倚重的秘密政治团体——父亲邓文仪组建力行社的前前后后》，《文史博览》2017 年第 2 期。

蒋支持法西斯的谣传随之兴起。然法西斯主义强调极端民族主义和极权主义，与国民党的立党与建国根基——孙中山三民主义不兼容，大肆宣扬法西斯主义，对蒋"革命"身份造成威胁。蒋的策略是借法西斯主义之实在三民主义旗号下搞个人独裁，整肃反蒋势力。这是蒋重视《大公报》辟谣报道的原因所在。(3)"九一八"事变后，"沪上"反蒋势力挑战蒋的权力地位，迫使蒋下野。蒋再次上台，粤方等反蒋势力的实力并未消除，仍在威胁蒋。"九一八"事变后，《申报》力主抗战，呼吁民主，倾向粤方，支持十九路军抗战，冷嘲热讽蒋；① 史量才与宋庆龄、何香凝、黄炎培等左翼人士交往密切，出任上海市民地方维持会会长，转向政治激进。蒋密切关注"沪上"反蒋动态，对史量才和《申报》的转向早有所知，只是迫于形势压力暂未加管束。② (4)纵观《申报》禁邮与解禁的整个过程可发现，蒋绕开了国民政府行政院一手遥控了此事。③ 绕开国民政府行政院，即绕开了上任不久的行政院长汪精卫。为何如此？"剿匪"时评说难以解释通，"死为党鬼"隐含的权力博弈，也许是蒋绕开与其貌合神离的汪精卫的心理考量。综上所述，在警惕"沪上"反蒋势力的特定政治语境下，《申报》却在蒋看重的辟谣报道上玩"死为党鬼"的文字把戏，自然会被蒋解读为"反动派之捣乱，犹方兴未艾也"的重要信号，发怒并记在日记里就符合常情与逻辑了。而日记中"王炎培"的"王"字笔误应是"听"误所致，吴方言中"王"与"黄"发音相似，听者易混，蒋侍从人员多来自吴方言区，将"黄"听为"王"符合常识。

史料解读在文本本身、小语境、大语境中反复斟酌才能更逼近历史真相。④

综上可知，"改恶错乱"方面，《三论》文本不明显，字里行间有所表现；《蒋谈话》文本明显，"死为党鬼"却隐在正文。时间上，无法确认12日晚蒋看到两文中的哪一篇，逻辑上蒋看到《三论》可在前，《蒋谈话》可在后，也可

---

① 蒋下野前，《申报》取少报道的"冷淡"策略，下野期间冷嘲热讽。重新上台后，《申报》讥讽蒋的报道大幅减少，仍持冷淡立场。《严重时期之国民党与国民》，《申报》1931年12月17日，第7版；不除庭草斋夫：《这是什么意思?》，《申报》1931年12月19日，第17版；《宋庆龄之宣言》，《申报》1931年12月20日，第17版。

② 如1932年2月7日蒋日记写道"反宣传之大，必欲毁灭余历史，使余不得革命也"。3月2日是"反动派造谣更甚，军民皆归怨于余，几成怨府"。10日是"今日世人之毁谤，余几乎无容身之地"。15日是"自沪战以来，民众与十九路军皆受反动派恶劣宣传，以余为误国之人，故各报不载余之言行"等。

③ 佐证是蒋否定了潘公展等"依据出版法通知内政部转函交通部"扩大禁邮范围的提议。台湾"国史"馆《蒋中正"总统"文物》档案，典藏号002-080200-0053-090。

④ 即从史料文本本身，史料的专业内涵和价值，史料背后的社会环境三个语境解读史料。王润泽：《方汉奇教授新闻史研究的史料观》，《新闻春秋》2017年第1期。

能同时或一前一后看到。大语境方面，"剿匪"时评渲染政治黑暗，变相支持"废止内战"运动，抵制国民党"围剿"动员，可触怒蒋。但《三论》7月4日刊出，蒋12日才下令禁邮，有悖于蒋重视情报，勤于行政的史实。"死为党鬼"藐视蒋介石，体现了"反动派之捣乱，犹方兴未艾"的苗头，虽隐在《蒋谈话》正文内，因蒋重视辟谣报道，加之蒋介石、国民党上海官员紧盯《申报》，故极易被蒋及时发现。至于《三论》而非"死为党鬼"成为《申报》禁邮的历史记忆，马荫良、秦墨哂、钱芝生方面，有为自己、为《申报》讳的书写心理。提及"死为党鬼"，势必揭开本时期《申报》新闻业务水准不断下滑，错别字、讹误、排版错误不断出现的负面形象。上海小报常以此撰文讥讽《申报》。① 蒋方面，将"死为党鬼"抬上桌面，客观效果是助力该说扩散，进一步损害其形象。

二、解禁中的博弈与妥协

按《出版法》（1930年12月）、《危害民国紧急治罪法原则》（1931年1月31日）、《出版法实施细则》（1931年10月）、《宣传品审查标准》（1932年5月）规定，《申报》"与党国立于反对地位""多危害党国"，要受"轻者取缔，重者严惩"重罚，蒋仅下令"四省禁邮"，并拒绝了潘公展等扩大禁邮范围的提议，其敲打史量才的意图非常明显。蒋致吴铁城电说"申报编辑者近来言论记载大都完全与党国立于反对地位，少予警戒，实属不得已之处分，惟吾人与史量才君之私交，固依然如昔，不因是稍损也。所望者该报须为党国民族应尽一份天职耳"②；26日致王晓籁、杜月笙电亦称"申报近来言论纪载殊多危害党国之处以编辑部方面隐然自成系统别有会心，中负党国重任不得不予以处置，然与史君私交初无稍损，盖吾人于公谊私情之界理当明辨也"。③ 决定此敲打策

---

① 上海小报即拿《申报》"死为党鬼"做文章。一佛：《党鬼》，《世界晨报》1932年7月13日，第2版；明人：《谈党鬼》，《福尔摩斯》1932年7月13日，第2版；炮手：《党员 党官 党鬼》，标语"党鬼官鬼护党国　中山蒋山拯中华"，《时代日报》1932年7月14日，第2版；炮手：《失敬失敬 更正昨天的"党鬼"蒋中正乃系"党魂"》，《时代日报》1932年7月15日，第2版；古盦：《党鬼》，《福尔摩斯》1932年7月15日，第2版；一鹗：《蒋介石·纪信·徐采珍一鼻孔出气，为汉家鬼·为党鬼·为马氏鬼》，《上海报》1932年7月25日，第2版。

② 孙饴编：《蒋中正"总统"档案·事略稿本（第15册）》，秦孝仪校对，台北："国史"馆，2006年版，第15、527页。

③ 孙饴编：《蒋中正"总统"档案·事略稿本（第15册）》，秦孝仪校对，台北："国史"馆，2006年版，第15、563页。

略，在于蒋认为史量才"左转"的根源是受黄炎培①、陶行知、杨杏佛等"反动"蛊惑，《申报》编辑部"隐然自成系统别有会心"。史是谨言慎行的商人，有拉拢利用的可能。史实是：史量才与上海资本家、知识分子、粤系、蒋系圈子均有交际，却又都不属于这些圈子，史量才不是商会会员，未加入任何政治组织，不是左翼成员，也未被蒋拉过去。拯救国难危亡，可谓"九一八"事变后爱国者史量才抉择的唯一依据。史"处于报业大王与爱国者，或者处在社会实践家与政治活动家之间的政治地带上"。② 待蒋认识到史量才桀骜不驯又相对"孤立无援"后，且史与宋庆龄、何香凝、蔡廷锴等更为接近时，暗杀就成为蒋遥控《申报》的备选项。

"九一八"事变期间史量才、《申报》的政治离心，给蒋出了一道不大不小的难题。此时期，蒋思虑的中心问题之一是如何将"九一八"事变抗日舆论整合进"攘外必先安内"的政策框架内，即如何"处置"新闻舆论界。1932 年 4 月 8 日蒋日记写道"对国主派……舆论与金融各界……改派如何感化，皆应确定方针"。"一·二八"事变后，外患压力减轻，内部（粤方和十九路军）威胁消除，蒋即着手处置《申报》等民营报业，收紧舆论空间。若对历史悠久、全国舆论重镇的《申报》取强力停刊或劫收的措施，既涉租界利益又易引起民营报业强力反弹，甚至会使原本脆弱的政局再次动荡，而以禁邮手段敲打史量才，警告沪上各报，更契合现实也易达目标。

敲打史量才的禁邮意图使《申报》解禁一波三折。7 月 12 日晚蒋"乃下令先在三省禁寄申报"，13 日晨"邮局接交通部转来总座元电"③ 始在豫鄂赣皖四省禁邮，14 日蒋令"各师禁阅申报"。15 日上海潘公展等密电陈立夫，18 日南京陈立夫将潘电转呈蒋，要求依据《出版法》通知内政部转函交通部扩大禁邮范围，"不独仅及于豫鄂赣皖四省"。19 日蒋批复宋电"接同样电报容后办"，④ 同日电上海市长吴铁城交代禁邮《申报》注意事项。21 日上海《福尔

① 1932 年 3 月 29 日蒋日记写道"闻反动黄任之等勾结军队与本党败类"。黄任之即黄炎培。

② ［澳］T. 纳拉莫尔：《国民党与报界：〈申报〉个案研究（1927—1937）》，《国外中国近代史研究（第 23 辑）》，北京：中国社会科学出版社，1993 年版，第 106 页。

③ 台湾"国史"馆《蒋中正"总统"文物》档案，典藏号 002-080200-0053-090。

④ 《福尔摩斯》未交代信源，对照 18 日陈立夫转呈蒋电，可推测潘公展等上海国民党官员将之透露给《福尔摩斯》。

摩斯》刊出《申报被扣与陈彬龢》消息，将"剿匪时评触怒当局说"首次公开。① 20日有读者化名"史知名"写信给史量才告知上海警备司令部禁邮《申报》。21日蚌埠、徐州、南昌等地分馆来电，询问报纸为何几天未到②。可见，《申报》禁邮始于13日，上海警备司令部、上海邮政总局悄悄执行禁邮令，史知晓《申报》被扣不早于7月20日晚。

禁邮是国民党当局控制上海租界报纸的常用手法，面对禁邮，报社常采取诉诸舆论、人脉疏通的策略。1931年12月10日，因刊发《各大学生昨日向市政府请愿》曝光上海市党部镇压请愿学生，申、新等沪上报纸被上海市党部禁邮。史采取诉诸舆论策略，迫使当局解禁。③ 得知此次禁邮后，史却采取私下沟通、隐忍妥协的策略，《申报》《新闻报》《大公报》《中央日报》《字林西报》等大报对之始终未着一字，仅有上海数家小报予以报道。④ 据说这一策略是史与宋庆龄、杨杏佛、陶行知、黄炎培、杜月笙、钱新之等分别协商后决定的。⑤ 这表明史不甚清楚是《申报》哪篇文章激怒了蒋。此外，诉诸舆论与蒋公开叫板，以往经验表明将招致更严厉的惩罚，故宋庆龄、杨杏佛、陶行知主张"先摸清原因及蒋的意图，再定对付方法"。⑥ 还有，"禁邮"只针对《申报》《生活周刊》，未涉及《新闻报》《时报》等上海大报，史借此召集上海日报公会无法陈述《申报》遭禁理由，"死为党鬼"也使史没法说服各会员支持《申报》。

决定疏通后，史量才派南京特派记者秦墨哂去武汉见杨永泰，派凌其翰去南京见何应钦，自己回上海拜见吴铁城，与"中央宣传委员会"专员崔唯吾在

① 1932年12月11日，紧急召开上海日报公会，以上海日报公会名义向国民政府、中央党部、交通部、邮务管理局、上海市党部拍发函电，12日，刊发《上海日报公会紧要启事》《上海日报公会宣言》《日报公会昨开紧急会议》，声称"即日起，绝不受任何检查，绝对不受任何干涉"，13日，刊发社评《言论自由之真义》。

② 马荫良：《坚持抗日，反对内战——史量才在1932年》，《上海文史资料选辑（第47辑）》，上海：上海人民出版社，1984年版，第85页。

③ 即《世界晨报》《福尔摩斯》《时代日报》《小日报》《晶报》《社会日报》《上海报》。

④ 黄炎培日记载，"20日，到量才家。政府以彬和辞申报馆职为未足，必欲余与陶行知皆离馆才允恢复邮递，余乃立递辞职书"。《黄炎培日记（1931.6—1934.11）》（第4卷）》，北京：华文出版社，2008年版，第107-108页。

⑤ 马荫良：《坚持抗日，反对内战——史量才在1932年》，《上海文史资料选辑（第47辑）》，上海：上海人民出版社，1984年版，第85页；宋军：《申报的兴衰》，上海：上海社会科学院出版社，1996年版，第152-157页。

⑥ 马荫良：《坚持抗日，反对内战——史量才在1932年》，《上海文史资料选辑（第47辑）》，上海：上海人民出版社，1984年版，第86页。

"惠中、一品香等旅馆周旋"①。有材料表明戈公振②、王晓籁、杜月笙参与了疏通。又命《申报》将"整捆报纸改为单卷由上海各邮政分局寄出","将整捆报纸作为图书，带至沪宁线正仪、丹阳，沪杭线嘉善，长安等站和长江航线芜湖、沙市寄出"③，以减少经济损失。

秦墨哂人脉广泛，与政界交往甚密，与蒋有一面之交，是"疏通"人选。马荫良等回忆，经陈立夫、杨永泰牵线，秦往返南京、南昌、汉口多次，将蒋提出的《申报》时评改变态度，陶行知、黄炎培、陈彬龢辞职，国民党派员指导三条件反馈给史，史同意前两个条件，以"宁可停刊不办"态度拒绝派员指导。蒋无奈，黄、陈8月15日辞职后，8月21日起《申报》恢复邮递，前后35天④。但邵元冲日记，蒋、邵来往电文，黄炎培日记等史料表明，此说有多处不确。秦墨哂替《申报》"疏通"，确有此事。8月10日蒋致邵电可为证⑤。黄炎培却非8月15日辞职，而是8月20日。⑥ 邵元冲8月25日、29日及9月2日的日记表明，9月1日蒋致邵电，致黄绍竑等电，9月7日陈雷致蒋电都证实《申报》禁邮"达三月之久"，完全解禁在9月7日后。9月6日《晶报》和7日《社会日报》的"申报开禁"报道佐证了此点。⑦

得知禁邮后，《申报》鲜有批评国民党当局，8月2日时评《商务印书馆复业》署名"彬"，此后未见"彬"署名。⑧ 史以张蕴和、马荫良替代陈彬龢得到

---

① 凌其翰：《邹韬奋同志给我的教育》，《上海文史资料选辑（第47辑）》，上海：上海人民出版社，1984年版，第43页。

② 玄裳：《申报免扣之善后》，《小日报》1932年8月18日。

③ 马荫良：《坚持抗日，反对内战——史量才在1932年》，《上海文史资料选辑（第47辑）》，上海：上海人民出版社，1984年版，第86页。

④ 马荫良：《坚持抗日，反对内战——史量才在1932年》，《上海文史资料选辑（第47辑）》，上海：上海人民出版社，1984年版，第86页。

⑤ 孙饴编：《蒋中正"总统"档案·事略稿本（第15册）》，秦孝仪校对，台北："国史"馆，2006年版，第16、100页。

⑥ 琅苍：《申报二日将开禁》，《晶报》1932年9月6日，第2版；《申报居然开禁矣》，《社会日报》1932年9月7日，第1版。

⑦ 此时陈彬龢并未辞职，被史安排在大陆商场一办事处，并以书面、电话联络"暗助编务"。1933年冬陈才辞职。陈彬龢：《我和〈申报〉》；胡叙五（拾遗）：《杜月笙秘书见闻录》，台湾：独立作家出版社，2015年版，第186-187页。

⑧ 邵元冲日记载，"8月10日，下午得介石电，关于《申报》解禁事，有所商榷。11日，上午覆介石电。见《邵元冲日记（1924—1936年）》，上海：上海人民出版社，1990年版，第892-893页。邵"有所商榷"可能有私心，佐证是8月5日《申报》报道称邵元冲说要"组织三中全会筹备会"，10日《申报》予以更正。见《邵元冲谈筹开三中全会》，《申报》1932年8月5日，第4版；《公电》，《申报》1932年8月10日，第10版。

了蒋"据秦交阅申报复电,承认一切同意办理"。8月10日蒋去电国民党"中央宣传委员会"主任邵元冲,11日小报有《申报已放行》报道,内称"闻已与本月八日起,一律放行"①。同日,邵回电却"有所商榷",②《申报》实未被解禁。13日下午秦墨哂、凌其翰等去找邵谈《申报》事③,14日"不除庭草斋夫(陶行知)"栏在连载《古庙敲钟录》73回后戛然而止。15日邵与叶楚伧、陈立夫、方希孔(方治)等"谈应付《申报》等问题"④。18日一篇寄自"首都"的报道称,"即仿照革命军到沪时对付新闻报办法,常分派一人,在该馆编辑部工作……但此论尚未经该馆接受"⑤。这可印证史"以陶行知未列入《申报》职工名册,拒绝采其稿,以宁可停刊不办态度拒绝派员指导"的当事人回忆。⑥可见,邵追加条件是陶行知离职,国民党派员指导。

8月20日黄炎培辞职。26日邵回蒋23日电称,经与叶楚伧等商议认为"新编辑中凌其翰即系党员其负责在内纠正,避免从前之错误,故仍望暂予弛禁以责后效"。同日蒋回电"拟请照准即责成凌同志在内监督"(永泰)。⑦ 28日《小日报》报道称,陈彬龢、黄炎培均已辞职⑧。29日邵仍商讨应付《申报》事⑨,9月1日蒋回电邵,同意解禁。⑩ 这表明凌其翰在《申报》解禁中起到了重要的润滑剂作用。以往研究都忽略了凌其翰,甚至称其为受害者⑪。经考证,当时凌是入党至少已有4年的国民党党员。1929年5月30日《申报》报道称,凌是上海市二区党部党务指导委员,吴开先、童行白提议"请转呈中央资助凌

---

① 北人:《申报已放行》,《福尔摩斯》1932年8月11日。

② 佐证还有:当时有小报称,申报拟采强硬态度向当局争取"言论自由之保障"。落英《徐州警备部查禁申报兼及生活周刊》,《福尔摩斯》1932年7月28日。

③ 邵元冲:《邵元冲日记(1924—1936年)》,上海:上海人民出版社,1990年版,第892-893页。

④ 邵元冲:《邵元冲日记(1924—1936年)》,上海:上海人民出版社,1990年版,第895页。

⑤ 玄裳:《申报免扣之善后》,《小日报》1932年8月18日。

⑥ 台湾"国史馆"《蒋中正"总统"文物》档案,典藏号002-080200-0054-080。

⑦ 同日蒋致电黄绍竑、熊式辉、吴忠信、夏斗寅、刘峙,请五人准予豫鄂皖赣四省"暂予弛禁"《申报》。孙怡编:《蒋中正"总统"档案·事略稿本(第16册)》,秦孝仪校对,台北:"国史"馆,2006年版,第278页。

⑧ 本市马路电:《望平街》,《小日报》1932年8月28日,第2版。

⑨ 邵元冲:《邵元冲日记(1924—1936年)》,上海:上海人民出版社,1990年版,第900页。

⑩ 陈景韩的建议,蒋介石的赞誉较多。黄自进、潘光哲:《爱记》,台湾"国史"馆世界大同出版有限公司,2011年版,第51、62、66、69、105、181页。

⑪ 刘永生:《〈申报〉的对日舆论研究(1931.9—1937.12)》,首都师范大学博士学位论文,2008年,第14页。

其翰同志学费，俾得完成学业藉资深造案"①。凌为国民党党员、博士，年轻且与唐有壬等有一定关系，故被邵元冲选中，成为史量才接受的指导《申报》人选，符合逻辑，也有史料支持。

9月1日蒋下令《申报》解禁的前后几天，与《申报》、史、蒋三者最密切的关键人物出现了，他就是《申报》前总编辑，被蒋誉为"敬友"②的陈景韩。这是偶然相遇，还是陈前往做史的说客？需考证。但重视人情世故的文化逻辑，使我们相信后者是可能发生的。说陈景韩是《申报》解禁的最后一位关键人物，证据有二：（1）陈与《申报》、史、蒋三方渊源很深。自被史量才从《时报》高薪挖来后，陈任《申报》总编辑长达18年，对《申报》有很深的感情，陈有消极厌世思想，其辞职源于其政见与史量才有分歧③。陈辞职后，谢绝入阁邀请，被蒋安排到江浙财阀所属的中兴煤矿任职。1928年后，蒋、陈交往甚密是申报馆内众人皆知的事。《申报》记者赵君豪写道，蒋"每遇重大事故发生，往往电召先生咨询。而委员长每次来沪，尤必与先生晤面"④。蒋视陈为"敬友"，其意见常被蒋采纳，⑤ 故陈有能力说服蒋，蒋会给陈面子。（2）时间非常巧合。1932年蒋、陈之间至少有8次交谈，且多集中在8月29日至9月4日。8月23日蒋电陈来汉口叙谈⑥，24日叶琢堂电蒋、陈"约三日后赴汉口"，⑦ 29日蒋、陈、何浩若、刘健群商讨。8月31日陈问蒋"政治方针及做法"⑧，9月1日蒋致电解禁《申报》。9月2日蒋"阅陈条陈后召见陈"⑨。9月4日上午蒋与陈、黄郛详谈⑩。这一时间巧合值得玩味。两人在讨论"国家大事"之余谈到《申

---

①　《市执行会第二十四次常会记》，《申报》1929年5月30日，第13、14版。

②　黄自进、潘光哲：《爱记》，台湾"国史"馆世界大同出版有限公司，2011年版，第342页。

③　方汉奇等：《中国新闻事业通史（第2卷）》，北京：中国人民大学出版社，2004年版，第298页。

④　赵君豪：《冲和澹泊的陈景韩先生》，《申报馆内通讯》1947年第9期，第3页。

⑤　台湾"国史"馆《蒋中正"总统"文物》档案，典藏号002-080200-00054-097。

⑥　孙怡编：《蒋中正"总统"档案·事略稿本（第15册）》，秦孝仪校对，台北："国史"馆，2006年版，第16、203页。

⑦　《福尔摩斯》称，"每天损失约在三千元以上"。执夫：《申报被扣与陈彬龢》1932年7月21日，第1版；《社会日报》称"每日减少销数当在三四万份之间，损失更属不赀"。《申报居然解禁矣》，《社会日报》1932年9月7日，第1版。

⑧　孙怡编：《蒋中正"总统"档案·事略稿本（第15册）》，秦孝仪校对，台北："国史"馆，2006年版，第16、266页。

⑨　黄自进、潘光哲：《爱记》，台湾"国史"馆世界大同出版有限公司，2011年版，第105页。

⑩　孙怡编：《蒋中正"总统"档案·事略稿本（第15册）》，秦孝仪校对，台北："国史"馆，2006年版，第16、291-295页。

报》符合生活常理。谈及此事时，蒋给陈面子，顺势而为解禁《申报》，是完全可能的。《申报》记者何济翔回忆称，《申报》被禁时，"史量才不得已，只有挽陈景韩向蒋疏通，因陈与蒋有旧交，疏通的结果，以今后不许章乃器等写社论为条件，才得以解除封锁"①。通过爱如生《申报》数据库全文检索，未发现《申报》刊登过章乃器《安内必先攘外》一文。这是何的记忆失误，却透出史曾要陈帮忙"疏通"的信息。综上所述，陈景韩的特殊身份、时间巧合和有瑕疵的孤证，表明陈景韩极有可能做了史量才的说客。

三、禁邮事件的历史逻辑

《申报》禁邮事件的特殊性在于："禁令"来自最高权力，解禁有诸多利益博弈，结局为多方"妥协"，事件在当时"可见度"低，影响却不亚于诸如刘煜生案、南京《民生报》停刊等产生过轰动效应的媒介事件。因此，该事件不是仅有数量价值的普通报案，而是对历史进程产生"草蛇灰线"式影响，具有节点性质的历史事件。若以事件为节点作前后三年左右的历史观察，禁邮事件的"草蛇灰线"角色就更为明显。

（一）禁邮是蒋介石收紧舆论、巩固权力逻辑的必然结果

"九一八"事变后，因奉行"不抵抗"政策，国民党当局的政治、外交、宣传陷入极为被动的窘境。蒋痛感"中央实处于内外夹攻之中，而各报章舆论又被反动派所蒙蔽"②，迫于形势，蒋对抗日舆论不敢断然处置。待蒋1932年初复出，却又逢"一·二八"事变，只得将整肃舆论事宜拖后。淞沪停战协定签订后，蒋转手准备发动第四次"围剿"，推动制定收紧言论自由的法规，着手收紧舆论。史量才和《申报》却仍延续"九一八"事变时确定的力主抗战、要求民主、反对"剿匪"的进步逻辑，其被敲打、整肃亦是早晚之事。与此同时，《申报》对国民党吏治腐败的长期抨击，得罪了大批国民党中上层官员，为其所嫉恨，借机打压或夺取《申报》控制权，早成为其目标。反对史量才收购《新闻报》，借"剿匪"时评等向蒋告状，既是其职权范围之事，也契合其私心。蒋日记"见申报将余之原稿，改恶错乱"揭示了另一种可能，在维护国民党政策与蒋介石权威的"两害相向"之间，蒋更倾向于维护个人权威。因为，前者可借之澄清吏治，达其政治目标，后者事关个人权力的安危，在武力决定权力分配的民国政治逻辑下，马虎不得！"死为党鬼"再次体现了《申报》敌视蒋的

① 转顾国华：《文坛杂忆（全编3）》，上海：上海书店，2015年版，第330页。
② 孙饴编：《蒋中正"总统"档案·事略稿本（第15册）》，秦孝仪校对，台北："国史"馆，2006年版，第12、216页。

"反动"倾向,触到了蒋的容忍底线。新仇旧恨又"恰遇"下属请求,事关"剿匪"大业且可借此收紧舆论,《申报》又提供"党鬼"借口,禁邮《申报》就成为偶然中的必然,成为蒋介石收紧抗日舆论的事实起点。

(二)禁邮是蒋、史关系疏远的重要节点

禁邮前,上海滩发迹的蒋了解史量才,把握到了史的商人本质、政治软弱性,也能通过陈景韩等利用《申报》,史对蒋也没有恶感,两人颇有交往,蒋不时拉拢、恩惠史量才。蒋亲下禁令,幕后"遥控"禁邮,却刻意充当"旁观者",意在达其"不因是稍损",以私谊利用《申报》的初衷。但解禁中蒋影子的时刻存在,使史量才认识到蒋禁邮目的是借黄炎培、陈彬龢、陶行知警告自己"悬崖勒马",扭转《申报》舆论立场。禁邮使申报馆经济损失惨重,① 史量才不得不在政治压力下扭转《申报》的进步逻辑,解除黄、陈、陶等人职务,中止《申报》既定的改革计划。压力之下,《申报》解禁了,史对蒋的政治认同不复存在,蒋更是断定了史是有政治追求的商人。两人私谊日渐疏远,政治追求的背道而驰,是史被暗杀的逻辑起点。这一逻辑的形成在于:(1)蒋对史量才的爱国意志与倔强个性重视不足,有沟通不畅、解释不到位等诸多障碍,使"攘外必先安内"政策无法有效回应商人兼文人气质的史量才的核心诉求。(2)蒋、史均是民族主义者,在爱国方面具有一致性,这是蒋、史对话,史可为蒋所用的基础,然国民党中上层官员、杜月笙、王晓籁等上海资本家集团希望早日控制《申报》,为己所用,故在蒋、史之间的代言沟通中,他们不时妖魔化史量才。蒋意识到他们有窥视《申报》心理,对之有所警告,但若"谗言"与可见"事实"相吻合即为百口难辩的"真相"。(3)"国难"语境加剧了二人的紧张关系。面对日本侵略造成的严重国难,蒋深感完成"剿匪",巩固个人集权、统一舆论、忍辱备战的紧迫性,史深感国民党腐败堕落,拯救民族危亡的急迫性。前者使蒋加快了统一国内舆论的步伐,没时间、没耐心和史继续玩猫捉老鼠游戏。后者使史在国难危亡下时不时突破蒋的舆论底线,抨击独裁腐败、呼吁抗日,表现出越来越远的离心态势。循此逻辑,暗杀史量才,劫取《申报》遂成为蒋介石、上海地方势力、国民党中上层官员的共同选项。

(三)禁邮逻辑改变了国统区"民强党弱"的媒介格局

禁邮前,申、新两报稳居国统区新闻业的垄断地位,《申报》发行量高达19万份。民营报业占据主导地位,《中央日报》等党营媒体仅是地区性非主流媒体。禁邮使《申报》损失惨重,达到了敲山震虎、"收紧舆论"的效果,解

---

① 史被害后,杜月笙等上海利益集团成为最大受益者,他们控制了《申报》《新闻报》。

禁后《申报》获得平稳发展，却始终未能再创 19 万份的最高发行纪录。禁邮逻辑的另一目的是占领舆论阵地，抢占国统区舆论话语权。做强党营中央媒体、挤压民营媒体生存空间是这一逻辑的重要表现。早在 1932 年 5 月，蒋介石就任命程沧波、萧同兹分别改革并做强《中央日报》、中央通讯社，中央广播电台 75 千瓦"扩充计划"也于 1932 年 11 月完成。这使《中央日报》、中央通讯社、中央广播电台跻身于全国主流媒体行列。另外，扶植党营、管制民营媒体政策的出台，国统区新闻来源被中央通讯社垄断，党营媒体的壮大等因素在事实上大大挤压了民营媒体的发展空间，彻底改变了国统区"民强党弱"的媒介格局。而 1932 年是"民强党弱"媒介格局改变的起始年，故这一年应是抗战前十年国统区新闻业态演变的重要分水岭。

四、余论

以碎片化史料拼接编织，契合逻辑的再现，可逼近真相，却难以完全还原历史。当事人史量才的史料缺席，蒋介石、邵元冲、朱家骅、潘公展、黄炎培等当事人的史料残缺，不得不借助推理填补史料缺席形成的事件演进中的断裂，以求"以碎立通"，进而从断裂的片段中寻找整体形态和意义。"据理推断之法，最易致误，然其为用实最广，此法苟全不许用，史事几无从论证矣，此其所以难也，必不得已，则用之须极谨慎。"① 本文贡献是以此法考察了蒋下令《申报》禁邮的直接诱因及解禁中博弈与纠葛，纠正一些讹误，基本厘清了《申报》禁邮与解禁的来龙去脉，并探讨了《申报》禁邮的历史逻辑。因史料缺乏、能力有限，"余之原稿"确切所指哪一篇报道，《申报》《生活周刊》为何同时被禁等问题有待日后探讨。

（原载《新闻大学》2019 年第 9 期）

---

① 吕思勉：《为学十六法》，北京：中华书局，2007 年版，第 124 页。

新闻实践与理论探索

中国新闻史研究的"隐忧"与变革

王润泽　杨奇光

当代中国新闻史研究虽然有"隐忧",但不必过于担心,因为中国新闻史研究已经发生了内在的变革,新闻史研究者在扎实做好史料收集整理工作的同时,也在不断创新研究思维,并致力于构筑具有中国本土化特点的新闻史研究范式。

近年来,在新闻业务、新闻理论学术领域沸反盈天、热点不断的背景下,新闻史研究似乎置身事外、波澜不惊。大约十年前关于"新闻史研究"的学术热议,现在也只余音袅袅。当年对新闻史研究的尖锐质疑——新闻史研究的合法性根基是什么,新闻史研究如何体现主体性,当代新闻史研究是否已经"内卷化"等几乎关涉学科本质的"元问题"依旧存在;这些质疑是善意的,旨在为新闻史的未来研究布局谋篇、推陈出新。事实上,关于新闻史研究最猛烈的批评恰恰出自在这一领域坚持不懈、深耕数十载的资深学者。

一、关注隐忧问题

黄旦教授的两篇文章引发关注和讨论,《报刊的历史与历史的报刊》[①] 和《新报刊(媒介)史书写:范式的变更》[②] 强调了报刊在研究中的主体地位,他提倡以媒介为重点的"新报刊史书写",并指出应以媒介实践为叙述进路,倡导研究要有多样的视角和分析单元,以实现范式的变更。张昆教授在《新闻传播史三维空间》[③] 一文中批评了以往的新闻史研究主要停留在新闻事业层面,至于新闻传播置身于其中的社会政治制度及新闻传播本身的制度框架和结构模式,则在很大程度上被忽略了。李彬和刘宪阁教授在《新闻社会史:1949 年以后中

---

①　黄旦:《报刊的历史与历史的报刊》,《新闻大学》2007 年第 1 期。
②　黄旦:《新报刊(媒介)史书写:范式的变更》,《新闻与传播研究》2015 年第 12 期。
③　张昆:《新闻传播史三维空间》,《新闻大学》2007 年第 2 期。

国新闻史研究的一种可能》① 一文中也直言，1949 年以后的中国新闻史研究出现了新闻与历史的双重隐退，而新闻社会史的考察路径能够结合新闻与历史。戴元光、陈钢所著《中国新闻史研究的本体意识与范式创新》② 亦曾谈及，长期以来本体意识的缺位导致了新闻传播史只能在政治史、革命史后面亦步亦趋。十多年过去了，这些问题没有得到大刀阔斧的铲除和解决，但学界的努力使其从"急性发作"变成了"隐忧"。

关于新闻史研究的"隐忧"主要关涉三个问题。第一是关于"合法性"的问题，具体来说，一段时间以来，我国新闻史的研究思路和研究框架表现出了范式的匮乏和问题意识的欠缺。第二是研究内容来源的单一，不少学者借以开展研究的史料多来源于报纸版面和报道内容，此类针对报纸版面所做的内容分析难免局限于现象的表面，缺乏深入的具有启发价值的问题意识。第三则是各种理论概念对于新闻史研究的干扰，史论结合是需要很好的理论和历史功力的，运用得法可以同时推动理论和历史进步。但如果不能做到两者有机结合，特别是个别研究使用一套西方的理论来生硬解释中国现象，结果往往是理论现实两张皮，用一套晦涩的话语解释大家本来明晓的问题，让中国问题更显迷茫，对中国的媒介现象和西方理论同时造成了伤害。李金铨教授曾批评西方一位著名汉学家主编的中国新闻史论文集生硬套用并迎合哈贝马斯"公共领域"的概念，其材料细碎，逻辑断裂，语境断裂，削足适履。这些反面案例为后人的理论使用方式敲响了警钟。

二、积累突破势能

实际上，可以辩证地看待上述"隐忧"和质疑。就"合法性"而言，本质上是理论研究思维对历史研究思维的质疑，理论研究要求概念界定清晰，没有清晰的概念界定如何进行深入系统规范的学术研究呢？但历史学有另外的思维，也许有人不能同意黑格尔的看法——历史学是最不屑于概念的界定和理论的耙梳的，但这确实是历史学的特性之一。新闻史研究离不开基础史学研究方法的支持，而史学有其自身的规律和期冀解决的问题，历史学整体价值在于提供学科全面发展营养丰富的基础，保证理论的大树根深叶茂、枝干挺拔。

---

① 李彬、刘宪阁：《新闻社会史：1949 年以后中国新闻史研究的一种可能》，《当代传播》2010 年第 3 期。

② 戴元光、陈钢：《中国新闻史研究的本体意识与范式创新》，《当代传播》2010 年第 3 期。

表面上看新闻史研究进入瓶颈期，但实际上，突破的势能在不断积累。目前新闻史研究范式已经扩大到社会史、叙事学、媒介生态、现代化、媒介批评范式等；与此同时，"本土化"也逐渐成为一种自觉的研究路径取向，这将对中国理论体系的发展产生潜在的巨大势能；研究领域拓展到经营发行史、思想观念史、阅读史等。从研究方法上看，新史学、年鉴学派、心灵史、心态史、计量史学都在个别研究成果中亮点频现；从内容上看，口述史料、日记、档案、书信等文字材料大为增加，甚至出现了实物史料，如上海火警传播研究中，电话、旗灯和钟楼也成为研究对象，引起个别史学家的关注。因此，新闻史研究创新变革之力正在积蓄，中国是史学大国，历史渊源深厚，史学素养和意识是潜移默化和不可忽视的——中国少有理论大家出现，但史学大家并不少见，理论要突破创新也必然回归历史、汲取能量和营养。

三、推进内在变革

令人欣慰的是，近年来新闻史研究领域中的新进展和新变革并不少见。大量基础性研究取得突破，一些大部头、系统性的研究获得了国家社科基金的立项。此外，在具体研究领域中，"挖深井"做个案还在继续，理论的有机运用更加娴熟和规范，突出本土化和中国特色的研究范式和研究取向也逐渐形成。

史学的研究离不开扎实的史料收集和大量的史料分析工作，对于基础性的新闻史研究来说，其研究成果产出的周期往往较长。在基础新闻史史料的收集和整理方面，中国人民大学新闻学院和国家图书馆联合出版《中国人民大学图书馆藏燕京大学新闻系毕业论文汇编》（34 册）、《民国时期新闻史料汇编》（16 册）、《中国人民大学新闻学院藏稀见新闻史料汇编》（29 册）和《民国新闻史料续编》（即将出版）四部史料汇编。此外，国内首次以中国新闻本体史史料为核心的研究——"百年中国新闻史史料整理与研究"于 2015 年获得国家社科基金重大项目立项，学界期待在新闻本体史料的收集和整理上出现突破性成果。

在新闻传播个别领域中，重大系统性研究不断出现。倪延年教授主编的《中国新闻法制通史》现已出版发行，该套图书汇编了大量基础中国新闻法律法规史料，具有重要的学术价值；韩丛耀教授主编的《中国近代图像新闻史（1840—1919）》以图像文献为核心，真实呈现了中国近代图像新闻的历程。国家社科基金重大项目"中华民国新闻史"（该项目主要研究民国新闻事业起源、发展、变化到衰微的历史及内在规律）、"多卷本《中国新闻传播技术史》"（研究围绕新闻传播的技术、技术史展开，旨在深入探讨新闻传播技术与新闻、传播、科学技术、思想、文明以及文化的关系）以及"多卷本《中国报刊阅读史》"（该项研究突出了"新闻消费终端"——"读报人"的身份特点与行为方式，这一视角挑战了以往新闻史研究中办报人、报馆与报纸内容的主导地位）也先后获得立项。近十年来，还有 20 余项涵盖专门史、地区史以及涉及史论的新闻史研究项目获得国家社科基金一般项目立项。在出版的学术著作中，当代新闻史、断代史、地区史、人物史、思想史、观念史等研究分支均有所涉及。

上述研究的开展，特别是社科基金项目的立项离不开国家层面的支持引导，同时相关研究推进也离不开社会机构的支持，例如，国家图书馆就设立了专项资金用于支持民国时期各种史料的收集和整理。学术发展规律告诉我们，在基础史料和个案研究更加丰富与扎实之后，创新突破性的学术代表成果一定会出现，不久的未来，第二套、第三套《中国新闻传播通史》问世的可能性很大。

总体来看，当代中国新闻史研究虽然有"隐忧"，但不必过于担心，因为中国新闻史研究已经发生了内在的变革，新闻史研究者在扎实做好史料收集整理工作的同时，也在不断创新研究思维，并致力于构筑具有中国本土化特点的新闻史研究范式。

（原载《中国社会科学报》2017 年 5 月）

沟通：百年中国新闻实践的核心理念

王润泽　谭泽明

新闻属文化的一种，受社会历史、政治制度、经济水平、价值观念甚至技术的影响甚大。作为特定时空条件下的产物，在不同的历史时段，甚至在相同的文化背景下，新闻价值的核心并不完全一致，其所呈现的内容和精神千差万别。1918 年，北京大学新闻学研究会创立标志着中国新闻学的诞生，追溯历史，中国新闻实践和理念发展的主旋律就是契合中国社会文化、融入中国价值理念、推动中国社会进步的自觉之路。

一、中国新闻理念的传统因袭与西方启蒙宣传

中国古代漫长新闻业留下来的遗传基因强大，近千年来稳定的邸报系统一直是封建帝国不可或缺的政治传播制度，对维护农耕社会的集权统治意义重大。长期实践中形成的契合中国传统政治文化的因素影响至今，包括：政治新闻和官方媒体的统治地位、官方文书文本风格的影响，以及来自御史台等监察官员的（符合机构程序和官方认定的）对封建体制内部各级官员的批评性文字等。不论现代人是否承认，这些因素不同程度地融入了中国近现代新闻传播的实践与理念，是中国新闻学中无法忽略的历史基因。

近代新闻业作为舶来品，伴随着基督教文明和西方贸易进入中国，在带来新闻业全面发展要素的同时，也带来了西方的新闻理念。但中国新闻的实践并不是完全按照西方新闻理论的逻辑进行的，而是体现出独特的路径。事实上，不是真实、客观和自由的新闻理念，而是宣传和教化的新闻理念先行进入中国，是基督教报刊率先带来了报刊强有力的宣传功能和教化功能。基督教报刊从 19 世纪前期马六甲《察世俗每月统记传》上附和中国文化的宗教知识宣传，到 19 世纪中期上海《六合丛谈》上的包裹了西方相对先进的天文地理知识的变相传播，再到 19 世纪晚期上海《万国公报》对中国社会弊病和改革路径等问题的直

接谏言,西方宗教报纸每一次与中国社会的深入嵌入,都成功地将报刊"宣传"功能示范出来。而这种功能是历史悠久的"邸报"系统所不具备的。

不同于世界近代报刊诞生与发展的经济推动力,政治推动是中国新闻实践的最大特色。国人对近代报刊关注的第一次高潮发生在清末维新变法之时。改良派知识分子用近代新式报刊鼓吹推动政治变革,在短短的两三年时间内,中国涌现出90多种新式报刊。

在严重的民族危亡面前,与其他进入中国的近代西学一样,新闻的学术启蒙直接被救亡运动的工具性运用所替代。新闻事业强大的宣传鼓吹功能,被近代报人直接打造成适应中国社会需求的救亡工具,救亡模式明显贯穿于中国近现代新闻业的诞生和发展过程,引领着中国新闻业的实践。在救亡模式下,新闻业首先强调了在改造思想、人心、人性、社会风俗等方面不可替代的作用。梁启超的报刊"耳目喉舌"观,严复等关于报刊"通上下""通内外"的主张,均是针对近代中国信息壅蔽开出的药方。革命派报人则大大发展了报刊宣传的功能,甚至不惜放弃真实客观的原则,实践中报纸宣传也的确发挥了巨大功效。孙中山赞叹,一份好的报纸抵得上十万毛瑟枪,辛亥革命的成功"全仗报界鼓吹之力,"甚至认为"革命成功极快的方法,宣传要用九成,武力只可用一成"。中国共产党成立后,又引入马克思的新闻观和列宁的党报理论,在长期的革命实践中发展构建符合中国社会发展的马克思主义新闻观。

二、以沟通为核心的中国新闻实践

不论是西方的新闻理论还是苏联的党报理论,中国文化的强大之处就在于可以让理论与中国社会实践相结合而产生中国特色的新闻学。新闻学在中国的落地过程也充分展示了这一传统。中国新闻实践并没有体现出以西方新闻理论真实、客观、自由为第一原则和要务,反而在适应中国社会结构和文化传统中,发展出以"沟通"为价值核心的新闻实践与理念。"沟通"既是微观新闻内容选择的出发点,也是宏观新闻业功能和价值的核心。

封建社会的邸报系统,仅仅是中央和各地方官员之间的信息沟通渠道。对于开明统治者一直重视的民意,囿于社会制度和生产力发展的局限,难以搜集并通达上层。因此,当近代报刊进入中国,引发了一批知识分子的关注和实践时,他们希望借助报刊在这方面发挥重要作用。王韬赞许报刊可以"询政行人,问老衢室,途议巷说,靡不收采",发端于春秋时代的信息采集,成为中国近代报刊合法存在的历史呼应,甚至成为"王韬办报之哲学"。同时期的郑观应、陈炽等均有报刊可以"通民隐达民情""防壅蔽"的主张，报刊作为社会各阶层之间的沟通媒介，可以"去塞求通"，有益于社会进步。

梁启超提出的"耳目喉舌"说，形象地表达中国报刊"沟通"的核心价值与功能。"无耳目、无喉舌，是曰废疾……其有助耳目喉舌之用而起天下之废疾者，则报馆之为也。"这一观念强调了报纸作为社会有机体与社会既有组织机构和谐共处、辅助支持原有社会机器运转的嵌入意义和功能。肇始于功能主义的报刊实践，其基础是中国实用主义的文化传统和当时改良政治运动的时代要求。西方媒体"第四权力"或"第四等级"等独立意识和结构主义的定位并没有被中国社会所接纳。

资产阶级革命派并没有完全重视和继承"沟通"的核心理念，仅仅发扬光大了"宣传"功能，长此以往，丧失了广大民众的支持。孙中山在同盟会机关刊物《民报》的发刊词中指出："惟夫一群之中，有少数最良之心理能策其群而进之，使最宜之治法适应于吾群，吾群之进步适应于世界，此先知先觉之天职，而吾《民报》所为作也。"孙中山的"先知先觉"观是将革命报刊和报人定位为社会纽带，视其为"先知先觉者"，负有"策其群而进之"的天职。而发展为国民党的资产阶级革命派并没有建立起系统的新闻理论，一方面，管理者沉迷于对宣传的过分相信；另一方面，从业者憧憬于西方新闻自由和独立的幻想，使得国民党的新闻事业在"统制"和"股份"之间游移摇摆，最终伴随着政治军事失败而被淘汰。

中国共产党成立后，非常重视新闻宣传工作，将其视为传播马克思主义基本原理和动员群众的重要渠道和手段，是革命事业的重要组成部分。中国共产党主要领导都非常强调媒介沟通党和群众的桥梁纽带作用。毛泽东曾说，"报纸的作用和力量，就在它能使党的纲领路线、方针政策、工作任务和工作方法，最迅速最广泛地同群众见面"；刘少奇更提出报纸是党和人民群众之间的桥梁。邓小平、江泽民、胡锦涛等党的领导人均强调党的新闻工作中坚持党性和人民性的统一。2013 年，习近平总书记在全国宣传思想工作会议上的讲话中指出，"归结起来，坚持党性和人民性相统一，就是要坚持讲政治，把握正确导向，把体现党的主张和反映人民心声统一起来。只有坚持党性、站在党的立场上，才能更好、更全面反映人民愿望"。① 党性与人民性的统一，基础在于党的方针政

---

① 习近平：《在全国宣传思想工作会议上的讲话》，2013 年 8 月 19 日，见中共中央文献研究室编：《习近平关于社会主义文化建设论述摘编》，北京：中央文献出版社，2017 年版，第 26 页。

策和人民利益最大限度的"沟通",其统一的实现是对"沟通"的最大限度和最具理想化的实践。

回溯百年来的中国新闻业,以沟通为核心的新闻实践,是中国新闻事业的核心理念之一,其尊重彼此、协商、获取最大共识的内涵,经受住了历史检验,更符合东方和谐秩序的文化传统,为中国社会进步发挥了重要作用。

(原载《中国社会科学报》2018 年 10 月)

《大公报》与国民政府新生活运动

陈建云　杨唯汀

摘要：新生活运动是 1934 年由蒋介石亲自发起、南京国民政府主导推行的一场全国性"生活革命"运动，即把中国传统的道德准则"礼义廉耻"体现于衣食住行等日常生活之中，以求国民生活的军事化、生产化、艺术化，实现建设国家、复兴民族的目的。在新生活运动施行的 15 年间，《大公报》进行了大量报道和评论。《大公报》对新生活运动总体上持赞同、支持态度，但对其推行过程中存在的问题也进行了深刻批评，尽到了监督政府之责。《大公报》对新生活运动的态度，体现了它与国民党政府之间的"诤友"关系。

关键词：新生活运动　《大公报》　国民党政府　"诤友"

一、"复兴民族"的"顶层设计"——新生活运动

1934 年 2 月 19 日，国民政府军事委员会委员长蒋介石在南昌行营扩大的总理纪念周发表《新生活运动之要义》演讲，提出要从江西省会南昌开始发动一个"新生活运动"，即要使南昌所有的人民，"都能以礼义廉耻为基本原则，改革过去一切不适于现代生存的生活习惯，从此能真正做一个现代的国民"；然后将其逐渐推广至全国各省各县，"使我们全国国民的生活，都能合乎礼义廉耻，适于现代的生存，不愧为现代的国民，文明国家的国民，表示出我们全国国民高尚的知识与道德，再不好有一点野蛮的落伍的生活习惯"。①

所谓"新生活运动"，按照蒋介石手订的《新生活运动纲要》的解释，就是把中国传统的道德准则"礼义廉耻"体现于衣食住行等日常生活之中，以求国民生活的军事化、生产化与艺术化。为了推动、指导南昌新生活运动，1934

---

① 蒋介石：《新生活运动之要义》，见中国第二历史档案馆编《中华民国史档案资料汇编：第五辑：第一编：政治（五）》，南京：江苏古籍出版社，1994 年版，第 758 页。

年 2 月 21 日成立南昌新生活运动促进会，蒋介石亲任会长。南昌新生活运动促进会首先通过召开新生活运动市民大会、提灯大会等活动进行宣传教育，然后由宪兵、警察和新生活运动干事组成检阅队，对南昌市的规矩、清洁状况进行分区检查、考核和奖惩，南昌市于"短促期间，收效颇宏"，特别是"规矩""清洁"两项，"大异旧观"①。

新生活运动从"模范南昌"迅速向全国推广，各地相继成立了地方性新生活运动组织。为统一指导全国各地开展新生活运动，南昌新生活运动促进会于 1934 年 7 月 1 日改组为新生活运动促进总会，蒋介石仍然自任会长，同时公布《各省市新生活运动促进会组织大纲》，规定各省市新生活运动促进会由当地最高行政长官主持，省政府、省党部、民政、教育、公安等部门要员及社会团体负责人担任干事。"如此，新生活运动虽然当初企图在超越原有党政机构的基础之上，对这些机构发挥领导作用，但却变为由党政当局主导的运动，可谓群众运动的官方化。"②

对于开展新生活运动，蒋介石可谓苦心孤诣，亲力亲为。他不但是新生活运动的发起者和领导人，而且是这场运动的"顶层设计"者。新生活运动发起之初，蒋介石就连续发表多篇演说，阐释开展这场运动的"要义""中心准则""意义和目的"，同时还亲自修订《新生活运动纲要》《新生活须知》《新生活运动公约》《新生活运动推行方案》等重要文件，对运动的开展进行"制度设计"。在每年的 2 月 19 日即新生活运动纪念日，他都要莅临纪念大会会场发表演说或通过广播发表训词，以表明自己对这场运动的高度重视。

在 20 世纪 30 年代"内忧外患"的中国，身为党、政、军领袖的蒋介石为什么要介入民众的日常生活，大张旗鼓地在全国开展新生活运动？大陆学界通常的说法是："新生活运动试图从国民生活的衣食住行基本方面入手，用'礼义廉耻'等封建的伦理纲常、四维八德，与德意日法西斯的统治手段、资本主义国家的某些生活方式相混合，来整治人们的思想，规范人们的言论行动，使之摆脱共产主义和其他民主思想的影响，以维护国民党的政治统治，达到其控制下的国家复兴。"③ 蒋介石所设计的"新生活"，实质上也"为'攘内安外'政

---

① 中国人民大学中共党史系编：《中国国民党历史教学参考资料（第二册）》，北京：中国人民大学出版社，1985 年版，第 112 页。

② ［日］深町英夫：《教养身体的政治：中国国民党的新生活运动》，北京：生活·读书·新知三联书店，2017 年版，第 57 页。

③ 周天度、郑则民、齐福霖等：《中华民国史：第八卷（上）》，北京：中华书局，2011 年版，第 348-349 页。

策效劳，巩固其独裁专制统治"①。这一正统的观点虽然承认蒋介石通过新生活运动复兴国家的目的，但是更强调其巩固专制独裁统治的动机。在当时的政治格局下，蒋介石发起新生活运动，当然有巩固个人专制独裁统治的一己之私；如果以此而否定或忽视其建设国家、复兴民族的愿望，恐怕也失之偏颇。根据蒋介石关于新生活运动的言论，可以发现其发起这场社会运动的内在逻辑：和西方国家及传统中国相比，国人的日常生活粗野卑陋，社会心理苟且萎靡，"其结果遂使国家纪纲废弛，社会秩序破坏，天灾不能抗，人祸不能弭，内忧洊至，外侮频仍，乃至个人、社会、国家与民族同受其害"。造成这种现状的原因，"厥为'礼义廉耻'不张之故"②。因此，要通过开展新生活运动这种社会教育活动，"使社会人人都能'明礼义，知廉耻，负责任，守纪律'"③，就是要使全国国民，"都能涤除旧污，刷新精神，以复兴我民族而建设现代国家"。总之，新生活运动不是一般的"改良社会"运动，而是一种迫切的"救亡图存"运动，"我们所倡导的新生活运动，乃是'昨死今生'的运动，亦即一种'起死回生'的运动，是因为国民的精神道德和生活态度实在太不适合于现代，而整个民族的生存亦即发生了严重的危险，因此要想从根本上改造国民的生活，以求民族之复兴"④。

　　蒋介石在中国发起新生活运动的榜样，是他称为"现代国民"的"外国人"和德国、日本等"现代国家"。蒋介石认为中国普通人的生活"野蛮不合理"，所以要通过新生活运动这场"生活革命"运动，革除每个人乃至整个社会旧的思想、行动、习惯、风气，过上"整齐、清洁、简朴、勤劳、迅速、确实"的文明"新生活"；只有这样，我们的国民才能够成为一个"现代的人"，我们的国家才可以建成一个"现代的国家"，"才可与现代的人和现代的各国并驾齐驱"⑤。

---

① 周天度、郑则民、齐福霖等：《中华民国史：第八卷（上）》，北京：中华书局，2011年版，第355页。

② 蒋介石：《新生活运动纲要》，见中国第二历史档案馆编：《中华民国史档案资料汇编：第五辑·第一编·政治（五）》，南京：江苏古籍出版社，1994年版，第762-764页。

③ 蒋介石：《新生活运动之中心准则》，见萧继宗主编：《革命文献：第六十八辑新生活运动史料》，台北："中国国民党中央委员会"党史委员会，1975年版，第27页。

④ 蒋介石：《新生活运动二周年纪念之感想》，见萧继宗主编：《革命文献：第六十八辑新生活运动史料》，台北："中国国民党中央委员会"党史委员会，1975年版，第46页。

⑤ 蒋介石：《新生活运动第二期的目的和工作的要旨》，见萧继宗主编：《革命文献：第六十八辑新生活运动史料》，台北："中国国民党中央委员会"党史委员会，1975年版，第48-49页。

20 世纪 30 年代前期的中国，民生凋敝，外敌入侵。统治者不致力于改善民生，不宣誓抵御外侮，而是着眼于改变普通人的日常生活方式，显然是缓急不分，本末倒置，严重脱离当时的国情和人民的实际需要、迫切愿望。问题还在于，蒋介石通过新生活运动而培育现代国民、建设现代国家、复兴民族的路径行不通，他没有认识到西方人和西方国家文明、现代、强盛的根本原因，是对自由、民主精神的弘扬，而不是回归到中国固有道德"礼义廉耻"上那么简单。同时，蒋介石区分"新生活""旧生活"标准的"文明"与"野蛮"，是西方列强用以为其帝国主义扩张、奴役其他弱小民族提供合法性的说辞。因此，"新生活运动虽然以民族复兴为目的，但其顶层设计有着内在缺陷，将使中国受限于西方所规定的世界秩序，无法真正动员民众，也无法实现真正的民族复兴"[1]。

不过，新生活运动也确实产生了一些积极效应。这场持续了 15 年的"生活革命"运动，大致可以分为四个时期。第一个时期即新生活运动发动期（从 1934 年 2 月至 1935 年 2 月），工作重心是实现社会环境的"规矩"与"清洁"。经过大力宣传、实施和检查，在全国造成了一种健康文明的生活气氛，在一定程度上优化了社会环境，改良了社会习俗。从 1935 年 3 月至 1937 年 7 月全面抗战爆发为新生活运动的第二个时期，该期在前阶段"整齐""清洁"的基础上，对国民生活提出了"军事化""生产化"和"艺术化"的更高要求。按照蒋介石的阐释，军事化就是重组织、严纪律，生产化就是致力于劳动、厉行节约，艺术化就是整齐清洁、谦和确实。"今欲使我国同胞，实现此三化生活之精神，则其具体之办法，第一应实施民众之训练与组织，第二应促进社会合作事业之组织，第三应加紧各种社会教育之普及。"[2] 不可否认，第二个时期新生活运动的"三化"主题尤其是"军事化"，有直接服务于南京国民党政府"安内"政策即围剿工农红军和反蒋势力的意图；但是国民训练与经济建设的开展，客观上也产生了有利于全民族抗战的积极意义。1939 年 2 月 19 日，蒋介石在纪念新生活运动五周年广播讲话中就说，新生活运动"五年前播下的种子，毕竟发生了相当的功效"，它"奠立了我民族光明进步现代生活的基础"。[3] 1937 年 7 月

① 刘文楠：《以"外国"为鉴：新生活运动中蒋介石的外国想象》，《清华大学学报（哲学社会科学版）》2017 年第 3 期。
② 蒋介石：《新生活运动周年纪念告全国同胞书》，见中国第二历史档案馆编：《中华民国史档案资料汇编·第五辑·第一编·政治（五）》，南京：江苏古籍出版社，1994 年版，第 774-775 页。
③ 蒋介石：《新生活运动五周年纪念训词》，见萧继宗主编：《革命文献·第六十八辑新生活运动史料》，台北："中国国民党中央委员会"党史委员会，1975 年版，第 65 页。

全面抗战爆发，新生活运动促进总会随国民政府先后迁至武汉和重庆，新生活运动也进入第三个时期。服务抗战是新生活运动在这一时期的基本宗旨。在新生活运动促进总会的指导和组织下，新生活运动系统内先后成立了战地服务团、伤兵之友社、流动宣传团等众多战时服务团体，筹集抗战经费，慰问救助伤兵，进行抗日宣传，为抗战做了大量切实有益的工作，"使新生活运动成为连结全国人民共同抗日的纽带"①。抗战胜利后为新生活运动的第四个时期。1946 年 2 月，新生活运动促进总会从重庆迁回南京，新生活运动在名义上也延续了下来，但是工作乏善可陈，并且成为国民党蒋介石集团发动内战、进行"戡乱精神总动员"的基础，民心尽失，声光不再。1949 年，国民党在大陆的统治全面崩溃，新生活运动也"走到了尽头"，所以"没有大事声张地便把总会结束了"②。

二、《大公报》对新生活运动的报道

为使新生活运动深入人心，新生活运动组织和国民政府创办专门报刊、编印图书教材、张贴画报标语、播演电影话剧、召开市民大会，动用各种传播手段进行宣传。在专门报刊方面，新生活运动总会就先后出版有《新生活运动促进总会会刊》《新生活运动导报》《新生活运动月刊》，新生活运动总会妇女指导委员会出版有《妇女新生活月刊》《首都妇女新生活运动年刊》《妇女新生活运动》，各地新生活运动组织出版的机关刊物则为数更多。

在全国推行新生活运动，当然离不开大众传媒的配合与宣传。南昌新生活运动促进会成立后，连续召开多场记者招待会，请求各报记者多负责任，广事宣传。南昌新生活运动促进会还制订了《新生活运动宣传纲要》，规定要利用报馆和记者"随时发表新生活运动之理论描写生活之实况"，"尽量刊登新生活运动消息并著社论宣传"③。那么，被蒋介石誉为"中国第一流之新闻纸"的《大公报》④，是如何报道新生活运动的？

《大公报》对新生活运动的报道，首见于 1934 年 2 月 24 日。该日，《大公报》在第三版要闻版刊发了该报记者发自南昌的专电，报道了 2 月 19 日蒋介石

---

① 董文芳：《蒋介石与新生活运动》，《山东师大学报（社会科学版）》1999 年第 4 期。
② 黄仁霖：《黄仁霖回忆录》，台北：台湾传记文学出版社，1984 年版，第 64 页。
③ 向芬：《新生活运动宣传：全民道德运动的幻梦》，《青年记者》2015 年第 34 期。
④ 1931 年 5 月 22 日《大公报》发行满一万号，蒋介石在贺词中称《大公报》为"中国第一流之新闻纸"。《大公报》由英敛之于 1902 年 6 月 17 日创刊于天津，1925 年冬因故停刊。1926 年 9 月 1 日，吴鼎昌、胡政之、张季鸾以新记公司名义续办《大公报》，史称"新记《大公报》"。本文所讨论之《大公报》，即为新记《大公报》。

《新生活运动之要义》演讲要点。同日，《大公报》还刊登了国民党中央通讯社的电讯，内容是南昌新生活运动促进会在 2 月 23 日下午招待记者，报告该项运动的意义及计划，请报界予以宣传指导，以及南昌将举行新生活运动市民大会、提灯游行大会的消息。从此，或是出自本报记者采写，或是采用中央社电讯，关于新生活运动的消息、通讯不时出现于《大公报》报端。据不完全统计，1934—1949 年这 15 年间，《大公报》关于新生活运动的报道不下 500 篇。这些报道，内容主要为三个方面：蒋介石关于新生活运动的重要言论及国民政府发布的推行新生活运动的政令文件；新生活运动推行与实施情况；每年新生活运动纪念日纪念活动。

（一）刊登新生活运动蒋介石重要言论与政令文件

蒋介石在发起新生活运动之初，发表多次演说来阐释开展这场运动的意义、目的、准则和方法。对于蒋介石的这些演说，《大公报》或全文刊登，或报道其精神要点。例如，1934 年 2 月 19 日，蒋介石在南昌行营发表的《新生活运动之要义》演讲，是新生活运动开始的标志。2 月 24 日，《大公报》先报道了蒋的这次讲话要点，然后于 3 月 1 日至 3 日、5 至 7 日，在第九版"各地新闻"版以《新生活运动全国国民军事化》为题，分 6 天全文连载了"蒋委员长之演讲"。

从 1935 年开始，每年的 2 月 19 日是新生活运动纪念日，在纪念日当天或前一天，身为新生活运动促进总会会长的蒋介石，照例都要莅临纪念大会会场发表演说，或通过中央广播电台、中央通讯社发表训词、电文，检讨新生活运动工作得失，指示来年工作重心。对于蒋介石每年在新生活运动纪念日发表的这些演说、训词和电文，《大公报》都全文刊载，无一遗漏。例如，1936 年 2 月 19 日是新生活运动二周年纪念日，蒋介石在首都南京新生活运动纪念会发表长篇演讲，《大公报》以《新生活运动第二期目的和工作要旨蒋在首都新生活运动纪念会之训词》为题，于 2 月 21—23 日连载了演讲全文。1940 年 2 月 18 日，蒋介石发表新生活运动六周年纪念广播词，第二天《大公报》在第二版要闻版头条刊出广播词全文，并且对蒋提出的新生活运动下年度五项主要工作，列小标题用加大加粗字体予以强调。

关于新生活运动的重要文件，国民政府发布的推行新生活运动的政令，《大公报》也不吝版面予以登载。《新生活运动纲要》阐释了新生活运动的主旨、认识、目的、内容和方法，为蒋介石亲自修订，是新生活运动的纲领性文件。《大公报》于 1934 年 5 月 15 日全文刊载了《新生活运动纲要（附新生活须知）》，并署名"蒋中正";1943 年 2 月 19 日、21 日即新生活运动九周年纪念之际,《大公报》再次刊登了《新生活运动纲要》。1934 年 6 月 14 日,国民政府通令行政院及直辖各机关,要求"一致按照蒋委员长所著新生活运动纲要"切实推行新生活运动;次日,《大公报》以"专电"形式登载了国民政府的这一政令①。

(二)报道新生活运动推行与实施情况

南昌为新生活运动的发源地。1934 年 2 月 26 日,《大公报》在第三版要闻版以特大字号标题刊登该报记者发自南昌的专电《新生活运动南昌各界积极实行》,称新生活运动促进会成立后,"空气弥漫,省垣各界正积极实行新生活运动"。这场运动在南昌发起后,各地纷纷响应,迅速推向全国。《大公报》对南昌开展新生活运动及各地响应的情况,进行了大量报道,仅 1934 年 3 月一个月,《大公报》刊登的消息、通讯就有 10 多篇。例如,3 月 12 日《大公报》刊登专电,报道昨日南昌新生活运动市民大会及会后游艺表演、化装宣传情况,称其"极尽热闹,为空前盛会",并刊发中央社南京、西安电,称首都南京和陕西省也将成立新生活运动组织,仿照南昌推行新生活运动②。5 天后又刊登通讯《提倡新生活运动南昌市民大会盛况参加者甚众蒋亲临致词》,称赞南昌举办的这次市民大会"会场秩序之佳,参加人员之整齐,处处表现新生活之实行,诚属空前未有之盛况",并全文登载了会长蒋介石的致辞。3 月 23 日,《大公报》发表题为《新生活运动各地纷起响应情形热闹》集纳新闻,刊登发自太原、汉口、长沙、福州等地的专电,报道各地积极响应新生活运动的"热闹"情形。

对新生活运动带来的新气象、新风尚,《大公报》给予了相当关注。1934 年 4 月 2 日,《大公报》刊发了一条该报记者发自南昌的专电,称南昌近日来无一军人乘坐人力车,"茶楼、妓院、娱乐场所公务人员均告绝迹,男女衣洋服怪装者锐减,裸胸烫发妇女尤难寻觅,似皆为实行新生活运动之成效"③。当然,对新生活运动推行过程中出现的问题,《大公报》也绝不避讳。例如,江苏省会镇江举行新生活运动民众大会和提灯游行,秩序混乱、流于形式,高等法院检察官偕同男女律师、交通部特派员在新生活运动发源地南昌狎妓取乐,"知法犯

---

① 《推行新生活运动　国府通令各机关》,天津《大公报》1934 年 6 月 15 日,第 3 版。

② 《新生活运动空气浓厚　南昌昨开市民大会　京市促进会后日成立　陕西当局决仿照倡导》,天津《大公报》1934 年 3 月 12 日,第 3 版。

③ 《南昌新气象　茶楼妓院公务人员已绝迹　裸胸烫发洋服怪装者锐减》,天津《大公报》1934 年 4 月 2 日,第 3 版。

法，且其行为违背新生活条件"，《大公报》都做了如实报道①②。

（三）报道新生活运动纪念日纪念活动

1935 年 2 月 19 日是新生活运动实施一周年纪念日，《大公报》在 2 月 18 日就刊登各地将举行市民大会的预告新闻，并发表了蒋介石为纪念新生活运动实施一周年而撰写的告全国同胞书。在纪念日当天，《大公报》刊发《新生活运动一周年各地定今日开大会纪念　官民联合出动实行检阅》《汪院长报告新生活运动之意义》《赣新生活运动总会蒋训话要点》三条电讯，同时发表社评《新生活运动周年感言》。2 月 20 日，又在第三版头条刊发中央社电讯和该报各地专电，报道首都南京、南昌、北平、天津、太原、绥远、济南、青岛、威海、徐州、开封、郑州、洛阳等地的纪念活动，还全文发表了蒋介石在南昌新生活运动纪念会上的致辞。

1937 年 7 月全面抗战爆发后，新生活运动工作重心转向战时服务，《大公报》对新生活运动的报道明显减少，但是对一年一度的纪念活动依然十分重视。1944 年新生活运动实施十周年，《大公报》在 2 月 18 日先刊发中央社电讯《明日新生活运动十周年蒋会长今晚八时播讲各地均将纪念渝市整洁检查》，然后在 2 月 19 日刊发两条中央社电讯，报道陪都重庆将于当日举行新生活运动十周年纪念大会，全文登载蒋介石 18 日晚在中央广播电台向全国播讲的纪念新生活运动十周年训词，同时还发表了《新生活运动十周年纪念》社评。2 月 20 日，《大公报》又刊发中央社电讯报道昨日陪都纪念会盛况，并把第六版做成"新生活运动十周年纪念特刊"，刊登了邹鲁、雷震等政要名流撰写的纪念文章。

从 1935 年开始，在每年的 2 月 19 日即新生活运动纪念日前后，《大公报》都会对新生活运动纪念活动进行集中、重点报道，几成惯例。即使在 1948 年 2 月 19 日，蒋介石国民党政权已风雨飘摇，《大公报》依然刊发了中央社发布的新生活运动十四周年纪念电讯。

三、《大公报》对新生活运动的评论

1934 年 2 月 26 日，《大公报》在第四版发表了一则题为《新生活运动》的短评，认为"中国实在亟需一种质朴清新的新生活运动"，南昌最近发起的新生

---

① 《镇江新生活民众大会素描　播音机力弱讲演听不清　万人空巷只为晚间看灯》，天津《大公报》1934 年 4 月 1 日，第 9 版。

② 《新生活运动之发源地南昌败坏风气案　男女律师检察官竟狎妓取乐　由省会公安局移送法院严办》，天津《大公报》1936 年 3 月 21 日，第 10 版。

活运动，"如果实行有效，将要影响全国"。这是《大公报》对新生活运动第一次发表意见。从 1934 年新生活运动发起到 1945 年抗战胜利，《大公报》针对新生活运动发表的评论至少有 15 篇，并且大多是以该报最重要的评论"社评"的形式见诸报端的。通过这些评论，《大公报》表达了对新生活运动的态度和看法。不过，仔细研读这些评论文章可以发现，《大公报》对党国领袖蒋介石亲自发起、南京国民政府主导推行的这场全国性"生活革命"运动的态度和看法，在全面抗战爆发前后是有明显不同的。

（一）战前态度

1934 年 2 月，蒋介石在南昌发起新生活运动，《大公报》虽然认为蒋氏是经过深思熟虑、出于满腔诚意，以此来改造国家、复兴民族精神，原则上也认同中国有改革个人生活的必要，但是对这种运动的成效持观望、保留态度。原因主要有两点：其一，"中国社会积弊太深，在高位者倡导之事，往往为推行者所误，或流为具文，或形成压迫，或表里矛盾，或始勤终懈。故往往有用意极好之运动，而终无实际之效果"①。其二，新生活运动在南昌发起后，各地响应迅速，求效心切。"凡一种社会运动，不可求效太急，必先有中心组织，身体力行，诚意热心，感化大众。不然，主持者无信望素著之领袖，听从者为向无组织之大众，漫然号召，旦夕成会，虽形式堂皇，而精诚有缺，如此运动，实效殆尠。"② 那么，这场运动应该如何开展才能收取实际效果？《大公报》提出了以下几项建议：

第一，官员和上流社会要以身作则，身体力行。《大公报》在 1934 年 3 月 4 日发表的短评《新生活运动的前提》中就指出，新生活运动的成功需要公务员尤其是高级官吏以身作则。3 月 10 日，《大公报》在社评《新生活运动成功之前提》中再次强调：新生活运动的主要对象应为中上流社会而非一般乡民，因为中上流社会最缺少礼义廉耻，其私人生活最需要改革；一般乡民所最需要者应为求生运动，还谈不到新生活运动。如果一方面规劝人民重廉耻尚简朴，而文武高官却过着奢侈放荡的生活，则新生活运动收效难矣。所以，此种运动成功的前提，"尤在于最高级社会之首先实行，否则感化之效不彰，纵推行全国，亦表面而已"。

第二，勿舍本逐末，流于形式。南昌发起新生活运动后，举行市民大会、提灯大会以制造声势，检查行人衣冠居家卫生以实现所谓的社会环境"整齐"

---

① 《新生活运动成功之前提》，天津《大公报》1934 年 3 月 10 日，第 2 版。

② 《新生活运动之前途》，天津《大公报》1934 年 3 月 20 日，第 2 版。

"清洁";各地效法南昌,一时蔚然成风。《大公报》对这种做法颇不以为然,1934 年 3 月 20 日发表《新生活运动之前途》社评,指出做事有本末轻重,应该先纠正"烟赌狎邪"这样的重大恶习,而不是整衣冠、端步趋:"今者烟赌狎邪,到处流行,市民习惯固非,官场风气尤劣,倘不整饬官箴,涤荡瑕秽,而仅模仿南昌,号召民众,是结果将见整洁衣冠于街头,而乌烟瘴气于内室,舍本逐末得不偿失矣。此一服改革社会之新方剂,又成为奉行功令之点缀品,则可惜甚矣。"在新生活运动一周年纪念日《大公报》又发表社评说,新生活运动实行一年来,在军队、学校和部分都市确实收到了若干成效,但是一般政界似乎生效尚微,"盖奉行形式而忽略精神之故也"①。《大公报》担心新生活运动在推行过程中可能流于形式而难收实效,可谓有先见之明,在纪念新生活运动实行二周年时蒋介石就慨叹:"我们现在到处都可看到新生活运动的标语,而很少看到新生活运动的实效;到处都可看到推行新生活运动的团体或机关,却是很少看得见有多数国民确实受了新生活运动的效果。"②

第三,勿强迫蛮干,劳民伤财。在新生活运动发起之初,《大公报》就指出,新生活运动所提倡之事,"必须不使人民增加费用",不能让人民因参加新生活运动而增加用度③。《大公报》认为,凡经官办之事往往失其固有之精神,这是中国的积习;新生活运动千万不要又成为官吏奉行政令的惯例,"结果或徒增人民烦累,而埋没倡导者之苦心"。有鉴于此,《大公报》主张:1)吸食鸦片聚众赌博,事关法禁,官方当然可以干预;至于衣食住行等生活习惯的改良,只有因势利导,不可陷于高压。2)官吏办事,往往过于重视形式的整齐划一,结果招致民怨;衣食住行不可能形式一致,也没有必要一致。3)官吏办事喜铺张重表面,徒增人民负担,新生活运动切不可铺张表面,劳民伤财④。

更为难能可贵的是《大公报》借新生活运动提出了革新政治的主张。新生活运动实行一个月,《大公报》就指出:"欲社会一般公私生活革新,必须先有政治的新生活。易言之,须澄清政界,屏绝贪污放纵,非此层办到,社会革新,殆不可成。"因此,军政界自身首先要积极革新,在短期内表现出政治上的新气象。"诚如是行之数月期年,不待宣传,即足使人民真正信仰领袖彼等之公私生活,确已革新矣。一旦有此精神的基础,则宣传所及,无坚不摧;岂特衣冠

① 《新生活运动周年感言》,天津《大公报》1935 年 2 月 19 日,第 2 版。
② 蒋介石:《新生活运动二周年纪念之感想》,见萧继宗主编:《革命文献:第六十八辑新生活运动史料》,台北:"中国国民党中央委员会"党史委员会,1975 年版,第 45 页。
③ 《新生活运动的前提》,天津《大公报》1934 年 3 月 4 日,第 4 版。
④ 《新生活运动成功之前提》,天津《大公报》1934 年 3 月 10 日,第 2 版。

礼节，易于改良，即一段社会之重大恶习，皆将因感化而铲除，此即新生活运动成功之道也。"① 在新生活运动实行一周年之际，《大公报》再次发出了要实行"礼义廉耻之政治"的呼声："吾人愿提出澄清政治之口号，以为全国今后努力之最大目标。吾人之意，中国非将舞弊贪赃藉公营私授受贿赂之事铲除净尽，则国家建设，绝不能有效进展。"②

《大公报》虽然对新生活运动能否收到实效表示怀疑，也通过建议的方式对新生活运动的某些具体做法提出了批评，但是总体上是赞同、支持国民政府开展这项运动的。1934 年 5 月 15 日，《大公报》全文刊载新生活运动纲领性文件《新生活运动纲要（附新生活须知）》，同时发表题为《民族复兴之精神基础》的社评，希望全国知识分子明耻立志，躬任先锋，培养民族自信精神，拯救国家。在社评《新生活运动周年感言》中，《大公报》也呼吁一般国民自动、诚意实行新生活运动所倡导的生活军事化、生产化、艺术化"三化"目标，即使没有新生活运动的名义，"凡欲为国家忠良公民者，本应如此"，因为这是个人立身济世所必需，今后立国所必需。

（二）战时态度

全面抗战期间，《大公报》对于新生活运动，不再像战前那样总是提出一些批评性建议，甚至借此呼吁政府革新政治，而是不断赞颂蒋介石发动新生活运动来准备抗战的"良苦用心"和新生活运动在抗战建国中所产生的功效。

1938 年 2 月 19 日是新生活运动四周年纪念日，也是全民族奋起抵御外侮以来第一次纪念新生活运动。《大公报》发表短评《新生活运动四周年》说：礼义廉耻是做人的起码条件，是担负更大责任的基础，蒋先生当年发起新生活运动，"是有严重意义的"；蒋先生在新生活运动一周年时提出军事化、生产化、艺术化三个目标，"便可知新生活运动的用意，不仅在提倡清洁整肃的日常生活"。言外之意，蒋介石发起新生活运动的深层动机，是在为日后的抗战做积极准备。在新生活运动六周年纪念日，《大公报》发表短评，称赞新生活运动是"抗战建国的动力"，新生活运动所倡导的"见义勇为，明耻教战"精神，也正是我们的抗战精神。

1942 年 2 月 18 日，蒋介石通过中央广播电台发表为纪念新生活运动八周年告全国同胞书，要求每一位国民在抗战正处于绝对艰难的阶段，改正生活观念，刷新生活习惯，不分前方后方，不分男女老幼，"一致实行战时生活，发扬战斗

---

① 《新生活运动之前途》，天津《大公报》1934 年 3 月 20 日，第 2 版。

② 《新生活运动周年感言》，天津《大公报》1935 年 2 月 19 日，第 2 版。

精神，造成我们国家为一个统一坚强的战斗体"①。次日，《大公报》发表社评《全国动员实行战时生活》，称蒋委员长对全国同胞的这一指示与戒勉"最为适切不移"，因为这是时代的要求，国族的需要。2月20日，《大公报》再发社评说，一个时代有一个时代的精神，蒋委员长提倡新生活运动，"用意就在鼓铸一种时代精神"。这篇社评还把蒋介石与孙中山相提并论，说中山先生始终以忠孝仁爱信义和平这些民族道德教育国人，"蒋委员长更以新生活运动来做履践倡导的工夫"②。

1943年2月19日，《大公报》发表《新生活运动九周年纪念》社评，称赞新生活运动在不知不觉中已经发生了"伟效"，成为抗战建国的精神武器，奠立了民族复兴的基础。在新生活运动十周年纪念日，《大公报》又发表《新生活运动十周年纪念》社评，称赞蒋委员长"特以感人的精诚"发动的这场改造国民生活与社会风气的新生活运动，十年以来在潜移默化中确实发挥了"涤秽扬清"的作用，"抗战的局面如此艰辛，然而人心振奋，能以精神力量弥补物质凭藉之不足者，新生活运动实有大功"。

不过，1945年2月19日《大公报》发表的纪念新生活运动十一周年社评《新生年新生活》，其论调与之前颇有不同。这篇社评说，中国几千年来治少乱多，主要是因为政治专制；民国创立30余年，内乱相寻，外患踵至，实质的政治革新其实很少。这次大战孕育出来的新世界汹涌着"民主的潮流"，我们这个老民族要在今后求存立，必须"涤除传统的皇权思想、王霸主义，而代以民主思想民主主义"。我们将来要成为维护世界和平秩序的"一等国"，关键是各方当前都要以国族利害为最大考虑，不搞私争，不逞意气，真正做到"强固团结"。在抗战胜利在望、建国成功可期之际，《大公报》借纪念新生活运动发出民主、团结的呼声，是有非同寻常的现实意义的。《新生年新生活》是《大公报》关于新生活运动的最后一篇评论。从此以后，《大公报》对新生活运动的情况仅零星地进行客观报道，不再发表任何评论文章。

四、从《大公报》对新生活运动的态度看其"诤友"角色

吴鼎昌、胡政之、张季鸾1926年9月开始以新记公司名义续办的《大公

---

① 蒋介石：《新生活运动八周年纪念告全国同胞书》，见萧继宗主编：《革命文献：第六十八辑新生活运动史料》，台北："中国国民党中央委员会"党史委员会，1975年版，第86、89页。

② 《时代精神在那里？》，重庆《大公报》1942年2月20日，第2版。

报》即"新记《大公报》",基本上与蒋介石国民党政府相始终①。关于《大公报》的角色或者说与蒋介石国民党政府的关系,中国共产党长期以"小骂大帮忙"视之。1949 年 1 月 23 日中共中央致电天津市委,称"大公报过去对蒋一贯小骂大帮忙,如不改组不能出版"②。同年 2 月 27 日天津《大公报》改组为《进步日报》出版,"代发刊词"《进步日报职工同人宣言》指出,"小骂大捧"是《大公报》的得意手法:它所骂的是无关痛痒的枝节问题,"它所捧的是反动统治者的基本政策和统治国家地位的法西斯匪首,即其所谓'国家中心'……大公报在蒋介石御用宣传机关中,取得特殊优异的地位,成为反动政权一日不可或缺的帮手"。从此,"小骂大帮忙"成为中共评价《大公报》的基本政治话语。

不过,1980 年代以来,已经有不少老报人、《大公报》后人和新闻传播学者开始为《大公报》"辩诬",认为"小骂大帮忙"之说不符合历史事实,是明显地把党派之争的"站队"作为衡量是非的唯一标准,不是对《大公报》客观科学的评价,呼吁摘掉长期以来压在《大公报》头上的这项十分沉重的"小骂大帮忙"政治帽子③④。那么,《大公报》与蒋介石国民党政府之间事实上是一种什么关系?

我国台湾地区新闻传播学者郑贞铭有言:"传播界是政府的诤友,意指传播界应时常对政府提供'诤言'和意见,期使公共政策的制定更臻于合理和完善的境界。"⑤《大公报》虽然没有明确用"诤友"一词表明自己与国民党政府的关系,但实际上充当了"对政府提供'诤言'和意见"的诤友角色。

所谓"诤友",就是能够直言规过的朋友。新闻媒体成为政府的诤友,至少应具备三个前提与表现:第一,新闻媒体具有独立地位,不是政府的"臣属";第二,新闻媒体拥护政府而非反政府;第三,新闻媒体勇于批评政府过失。以

---

① 本文在行文中分别使用了"国民政府""国民党政府"这两个概念。"国民政府"指政权名称,"国民党政府"则强调政权性质。南京国民政府实行"训政"即国民党"以党治国",因此"国民政府"亦即"国民党政府"。本部分主要讨论《大公报》与蒋介石国民党政权之间的关系,所以大多使用"国民党政府"这一概念。

② 中国社会科学院新闻研究所编:《中国共产党新闻工作文件汇编(上)》,北京:新华出版社,1980 年版,第 270 页。

③ 王芝琛:《〈大公报〉与"小骂大帮忙"》,《黄河》1999 年第 5 期。

④ 其他文献参见方汉奇:《为〈大公报〉辩诬——应该摘掉〈大公报〉"小骂大帮忙"的帽子》,《新闻大学》,2002 年秋季刊;周葆华:《质疑新记〈大公报〉的"小骂大帮忙"》,《新闻与传播研究》2002 年第 3 期。

⑤ 郑贞铭:《大众传播与中国现代化建设》,《开放时代》1996 年第 1 期。

此来衡量《大公报》，可以说完全符合。新记《大公报》续刊之日，郑重向社会宣示了"不党""不卖""不私""不盲"的办报方针。其中"不党"就是不从属于任何党阀派系，言论独立，"纯以公民之地位发表意见，此外无成见，无背景。凡其行为利于国者，吾人拥护之；其害国者，纠弹之"。"不卖"是不以言论作交易，不为金钱所左右，不受一切带有政治性质的金钱补助，并且不接受政治方面的入股投资。"不卖"即经济独立是"不党"即言论独立的保障，"欲言论独立，贵经济自存"①。新记《大公报》先后刊行过上海版、汉口版、香港版、重庆版、桂林版，在抗战中辗转播迁、备历艰危，但是始终秉持"四不"方针，做到了"人不隶党，报不求人，独立经营，久成习性"②。

《大公报》虽然自称"不党"，但是政治上拥护蒋介石国民党政府。作为民营报纸，《大公报》拥护蒋介石国民党政府，既是谋求报纸生存的必然之道，更是张季鸾等新记大公报人"言论报国"或者说"文人论政"思想的体现。言论报国是中国士大夫的优良传统，新记《大公报》总编辑张季鸾是一位有着浓厚士大夫意识而且深具现代民族国家认同的报人，他在《大公报一万号纪念辞》社评中就说，中国自甲午战争后言论报国之风大兴，1926年同人接办《大公报》，"亦是继承言论报国之志"。1941年5月，《大公报》获得美国密苏里大学新闻学院荣誉奖章，张季鸾在答谢社评中再次强调：《大公报》虽然按着商业经营，"而仍能保持文人论政的本来面目"③。《大公报》认为，中国复兴的第一步，"即需要形成坚固统一的国家"④，而蒋介石国民党政府至少在形式上实现了国家统一，这是它拥护该政权的主要原因。"九一八"事变尤其是卢沟桥事变后，基于拯救民族危亡、抗战建国的需要，《大公报》当然要尊蒋介石为党国领袖、奉国民党政府为"国家中心"了。

《大公报》在政治上拥护蒋介石国民党政府，但是绝不曲意逢迎，更不会文过饰非，而是代表国民恪尽批评监督政府之责。例如，《大公报》1933年9月7日发表的社评《结束训政欤继续党治欤》，对国民党政府的腐败无能进行了毫不留情的揭露和谴责。1943年2月1日，重庆《大公报》刊登记者张高峰采写的通讯《豫灾实录》，详细报道了河南特大旱灾灾情。次日，该报又发表《看重庆，念中原！》社评，对比河南灾民惨状，痛斥重庆豪富奢靡生活。蒋介石看完

① 记者：《本社同人之志趣》，天津《大公报》1926年9月1日，第1版。
② 《抗战与报人》，香港《大公报》1939年5月5日，第2版。
③ 《本社同人的声明——关于米苏里赠奖及今天的庆祝会》，重庆《大公报》1941年5月15日，第2版。
④ 《结束训治欤继续党治欤》，天津《大公报》1933年9月7日，第2版。

这篇社评后大发雷霆，当晚便以军事委员会的名义勒令《大公报》停刊三日。

综上所述，《大公报》作为民营报纸，言论独立，经济自存，政治上拥护蒋介石国民党政府而勇于批评监督，它与蒋介石国民党政府的关系是"净友"而非所谓的"小骂大帮忙"。《大公报》的这种"净友"角色，于其对新生活运动的态度也可见一斑。在新生活运动实施的15年间，《大公报》大量刊登蒋介石关于新生活运动的言论及国民政府发布的推行新生活运动的政令文件，热情报道各地开展新生活运动的盛况和新生活运动带来的新气象新风尚，年复一年周期性、仪式性报道新生活运动纪念日活动，扩大了新生活运动的声势，使民众了解政府开展新生活运动的目的和意义，从而积极响应这场运动。新生活运动发起之初，《大公报》发表评论，呼吁全国知识分子明耻立志，充当培养民族自信精神、拯救国家危亡的先锋，号召一般国民自动、诚意地实行新生活运动所倡导的"三化"目标，做国家的"忠良公民"；全面抗战期间，《大公报》对新生活运动在抗战建国中所产生的功效给予了高度肯定。可以说，《大公报》总体上是赞同、支持蒋介石及国民党政府发起、实施新生活运动的。《大公报》对新生活运动持赞同、支持态度，主要是因为蒋介石国民党政府倡导这场运动的动机，与自己的基本主张相契合。"九一八"事变发生后，时论皆谓应立刻对日诉诸一战，《大公报》力排众议，主张"明耻教战"，即要让国人明了我们国力弱元气亏，只能隐忍图强以雪国耻。蒋介石发起新生活运动，实际上就具有"明耻教战"之意。他在《新生活运动之要义》中就表示：我们要"复兴民族，报仇雪耻"，首先应从衣食住行等日常生活的革新做起；全国国民的生活如果都能普遍地得到革新，"无论是要废除一切不平等条约，无论是要报仇雪耻，复兴我们的民族，都不是什么难事"①。蒋介石后来则更明确表示："新生活运动在当年发起时的真义，实在就是'明耻教战'的运动，新生活运动的目的，就在造成我们国民能耐苦忍痛，不畏饥寒，不惧强暴，整齐严肃，勤劳简朴的战时生活，使我们整个民族，能在此生存竞争非常的大时代中，奋斗牺牲，而求得进步与发展，使我们国家能获得永久的独立和自由。"② 1932年3月"一·二八"事变平息后，《大公报》呼吁国民党政府从此开始必须将其政治制度、经济方略一齐从头改革，"社会之风俗，个人之生活，俱须彻底刷新"，"如是方足救亡与

---

① 蒋介石：《新生活运动之要义》，见中国第二历史档案馆编：《中华民国史档案资料汇编·第五辑·第一编·政治（五）》，南京：江苏古籍出版社，1994年版，第760-762页。
② 蒋介石：《新生活运动七周年纪念训词》，见萧继宗主编：《革命文献·第六十八辑新生活运动史料》，台北："中国国民党中央委员会"党史委员会，1975年版，第75页。

复兴也"①。蒋介石发起新生活运动，正是希望刷新"社会之风俗，个人之生活"而复兴民族、建设现代国家——至少在名义上是如此。不过，对于党国领袖蒋介石亲自发起、国民党政府主导推行的这场运动，《大公报》并没有一味地吹捧称颂，而是如实报道新生活运动在推行过程中存在的问题，希望政府官员和上流社会以身作则、身体力行，警示当局避免使新生活运动流于形式、劳民伤财，并且呼吁国民党政府借助新生活运动来革新政治，体现了"不党""不盲"的办报方针，尽到了监督政府的职责。至于全面抗战期间《大公报》不再像战前那样批评新生活运动，而是反复赞颂蒋介石当初发动新生活运动的"良苦用心"及新生活运动所发生的"伟效"，一是新生活运动的确发挥了"明耻教战"的功效，二是维护领袖权威、达成抗战建国的需要。新记《大公报》总编辑张季鸾就说过，他们这帮人本来以英美式的自由主义为理想，信仰言论自由而职业独立，但是包括报纸在内的任何私人事业与国家命运不可分开，"自从抗战，证明了离开国家就不能存在，更说不到言论自由"。在国家危亡关头，"本来信仰自由主义的报业，到此时乃根本变更了性质。就是，抗战以来的内地报纸，仅为着一种任务而存在，而努力，这就是为抗战建国而宣传。所以现在的报，已不应是具有自由主义色彩的私人言论机关，而都是严格受政府统治的公共宣传机关"②。1943 年 10 月 20 日，胡政之在重庆《大公报》编辑会议上也承认："我们的报纸与政治有联系，尤其是抗战一起，我们的报纸和国家的命运几乎连在一块，报纸和政治的密切关系，可谓达到了极点。"即便如此，"我们仍把报纸当作营业做，并没有和实际政治发生分外的联系。我们的最高目的是要使报纸有政治意识而不参加实际政治，要当营业做而不单是大家混饭吃就算了事。这样努力一二十年以后，使报纸真能代表国民说话"③。

总之，《大公报》在蒋介石国民党政府治下充当了"诤友"角色。这一角色定位，是以张季鸾、胡政之——中国传统士大夫而受到西方民主自由思想洗礼——为代表的新记大公报人"言论报国"思想的必然体现。在当时的历史背景和政治生态下，《大公报》能够成为政府的"诤友"，既合乎情理，也难能可贵。

[原载《兰州大学学报》（社会科学版）2018 年第 6 期]

---

① 《长期奋斗之根本义》，天津《大公报》1932 年 3 月 11 日，第 2 版。
② 《抗战与报人》，香港《大公报》1939 年 5 月 5 日，第 2 页。
③ 王瑾、胡玫编：《胡政之文集（下）》，天津：天津人民出版社，2007 年版，第 1080页。

张力与限禁：奉系军阀与东北俄苏报刊之间的博弈

王 健

摘要： 奉系军阀统治时期的东北，因开辟较晚，文化草莱，接壤强邻，招致觊觎，坐使俄苏报刊纷驰。这些报刊有反苏和中立的白俄报刊，有主张传播革命思想的红党报刊。奉系军阀对站在反苏立场"识相"的白俄报刊，对淡化政治色彩、竭诚为侨民服务的中立报刊，多给予新闻自由，新闻管制相对宽松；对宣传革命的"红党"报刊则以宣传"赤化"罪名严加限制并查禁。同时，为维护东北领土不受侵犯，避免语言隔阂及党派倾轧，使国人思想不受侵蚀、同化，文化主权不被侵略，奉系军阀资助国人报刊附办俄文报刊，支持国人报刊的"拒俄运动"，以捍卫当局行政威信，维护政权稳定，向在东北俄侨宣传当局各项政策，联络中俄感情，维护公平正义，纠正外报偏激言论。

关键词： 奉系军阀 东北 俄苏报刊

1897 年中东铁路开工，至 1903 年通车。从中东铁路开工建设到俄国十月革命胜利期间，大批俄侨进入东北。这些俄侨为了进行信息沟通和舆论宣传创办了大量报刊。在十月革命后的几年里，俄苏报刊的创办达到高潮。对这个时期在东北地区出现的俄苏报刊，目前为止，学界研究和关注较少，只有《在华俄文新闻传播活动史》一书对其进行了专门性的研究和介绍①，但这些介绍总体来看是概括性的、"通史性"的。这个时期的东北俄苏报刊在创办和发展过程中，出于各种复杂的因素，与东北地方政府、与奉系军阀、与东北地区的国人报刊等之间存在着各种各样的矛盾冲突。国人报刊为维护自身利益和国家主权与俄苏报刊间存在着各种形式的对峙和较量，奉系军阀对在自己统治区域内创

---

① 赵咏华：《在华俄文新闻传播活动史》，北京：中国人民大学出版社，2009 年版，第41-56 页。

办和发展的各种不同背景的俄苏报刊也进行了不同程度和不同形式的限禁。然而，对其中的复杂情景进行呈现和细致研究者，目前尚未见到。

基于此，本文特以沙俄和十月革命后在东北创办和发展的俄苏报刊为研究对象，在介绍其创办和发展的历史之基础上，分析其与奉系军阀及国人报刊之间的矛盾，呈现奉系军阀对东北俄苏报刊的限禁和国人报刊与俄苏报刊之间的博弈过程，探寻白俄"中立"报刊、"红党"报刊在奉系军阀统治的东北地区的不同生存发展空间。

一、奉系军阀统治时期东北俄苏报刊的宣传之势

1897 年中东铁路开工至 1903 年通车，这期间大约有 3 万俄罗斯人来到中国东北，多为筑路技师工人、资本家、商人、手工业者、医生、律师、娱乐服务人员。尽管 1906 年日俄战争中俄国战败，但中东铁路沿线依然有俄国人的工厂、商铺、学校，同时也在中东铁路附属地出版了大量的报刊。1917 年俄国十月革命后，有大批反对苏维埃政权的旧俄贵族、官吏、资本家、地主、白卫军、工程师、报人、艺术家等来到东北，到 1922 年以"俄侨之都"闻名的哈尔滨俄侨猛增至 155402 人①，几乎占当时全市人口的一半。此时东北的俄罗斯人在政治、经济、宗教、文化、社会生活等方面已经具有了一定的实力和影响，纷纷创办报刊进行信息沟通和舆论宣传。哈尔滨在 1920 年至 1923 年新办俄文报刊达 110 多种，其中报纸 46 种，期刊 66 种②，是东北俄文报刊最多的年代。

1920 年 10 月，瞿秋白以记者身份赴俄苏考察，途经哈尔滨时目睹了俄文报业在哈的繁荣景象，"那一天傍晚时分，走过一家俄国报馆，看见许多中国卖报的，领着报，争先恐后地跑到大街去抢生意做，抢着跑着，口里乱喊，脚下跌滑，也顾不得，逢着路人，喘吁吁叫着：买《生活新闻报》呵！《前进报》呵！买《柴拉报》！《俄国之声》报呵！——为的是生活竞争"③。这是对当时哈尔滨俄文报业生机勃勃景象的生动描绘。

1924 年中苏建交后中东铁路共管，东北的俄苏办报活动被奉系军阀严加控制；加之 1924 年中苏签订的《中俄解决悬案大纲协定》中，规定苏联政府不在

---

① 王健：《奉系军阀与中国新闻业》，台北：花木兰文化出版社，2014 年版，第 91 页。
② 秋宁：《东省出版物源流考》，哈尔滨：中东铁路出版机构，1927 年版，第 6 页。
③ 瞿秋白文集编辑委员会：《瞿秋白文集：第 1 卷》，北京：人民文学出版社，1954 年版，第 47 页。

中国传播共产主义思想①，鉴于以上的政治和外交因素使苏联在东北的新闻传播活动受限，1926 年后俄文报刊开始逐年减少。

奉系军阀统治时期，东北有奉系当局、日本、俄苏三股势力，俄苏报刊是适应对日舆论斗争的需要开始兴办的，早期沙俄报刊成为"开发北满文明"的先锋队，力图控制东北舆论。而十月革命后，来哈埠避难的大多俄侨的民办报刊不关心中国政治，加之东北国人懂俄语的较少，也没有能力施加影响，所以大都对政局保持沉默。因为俄侨的社会背景、政治立场不同，所以出现思想倾向不同的出版物。《远东报》在当时是东北发行量最大、影响最广的俄苏报纸，分析《远东报》可管中窥览当时俄苏报刊在东北的状况。

中东铁路机关报《远东报》是除报头三字的俄文译名和俄历年月日外，与国人报纸俨然一模。作为出版 15 年的综合性报纸，该报政治倾向极强，是沙俄在东北地区扩张政策的宣传工具，控制东北新闻舆论，东北国人报刊屡遭排挤破坏。《远东报》办刊宗旨："开发北满之文明，沟通华俄之感情"，但该报对中国政治权限进行隐性干涉，成为沙俄在东北的主要喉舌。该报"论说""时评"等新闻评论中，直言指责军阀和地方事务，引起中国当局和读者的忿詈与抵制。该报在创刊 10 周年《纪念辞》中"借文字以鼓吹，商业能否如今日之盛，未可知也；人民能否如今日之开通，未可知也"②，此论虽然主观上把哈尔滨的发展完全归于该报失之偏颇，但客观上因为修建中东铁路，大批俄人兴办工商业，使哈尔滨由分散的村落，迅速成为初具规模的国际商埠，该报与其他俄报在开通民智、沟通信息上确实功不可没。中东铁路公司管理局霍尔瓦特更赞许该报"以联络中俄感情为宗旨，报小功大，且对于敦促北满文明进步不无微劳"③。为了抵制俄国十月革命对中国的影响，阐明社会主义不合国情，《远东报》经常刊载言论告诫中国当局："盖中国物产虽多，人民之困穷不在俄国之下，如该党散布传单式运动，无业游民不难以星星之火可以燎原及大原，岂非政府当局不知慎之于始已祸乎。"④ 但是《远东报》却热赞五四爱国学生运动，以《北京学生之爱国潮》为题，正面报道五四运动，详细地记述北京学生游行

① ［美］J. B. 鲍威尔：《鲍威尔对华回忆录》，邢建榕译，北京：知识出版社，1994 年版，第 165 页。

② 黑龙江省地方志编纂委员会：《黑龙江省志·报业志》，哈尔滨：黑龙江人民出版社，1993 年版，第 21 页。

③ 黑龙江省地方志编纂委员会：《黑龙江省志·报业志》，哈尔滨：黑龙江人民出版社，1993 年版，第 22 页。

④ 《中国与多数主义》，《远东报》1920 年 9 月 4 日。

示威的全过程。社论《论北京学生之大活动》，称"此诚痛快人心之事"，抨击北洋政府武力镇压学生的罪行，此后还相继报道全国各地和东北的相应活动。当时的《远东报》之所以大规模、前所未有地声援五四，主要原因是企图利用中国人的反日斗争，抵制日本在东北的扩张。

俄国人在东北所创办俄苏报刊，无论是 1917 年前的帝俄殖民时期，还是中苏建交后的中东铁路的中苏共管时期，集中在东北的俄苏报刊都得到了比较自由的发展。除了政治倾向极强、代表沙俄的机关报《远东报》外，还有先反共后援苏，以复兴俄罗斯为目的的"转换派"报刊；宣传苏联建设成就和传播革命思想的革命派报刊等，这些皆是因为当时俄侨间的政治纷争激烈，持不同政见者都以创办报刊来宣传政论制造舆论，为此综合性倾向政治报刊居多，这些报纸报道新闻事件、进行政治宣传并与敌对势力论战；其中出版时间较长、影响较大的俄文报刊有《生活新闻报》《新生活报》《光明报》《霞光报》《俄声报》《鲁波尔晚报》《论坛报》《风闻报》《俄语报》，等等。还有以淡化政治色彩，以发展经济、民族艺术和文化传播为内容，以普通侨民为读者对象，竭诚为侨民服务的中立派报刊。发展经济是俄罗斯人在东北生存下来的根本，故随着商业工业的繁荣，经济类报刊也发展起来，如以俄、英、中文发刊的《满洲经济通报》。由于俄罗斯民族对文学艺术造诣颇深，喜欢娱乐，所以文艺类报刊也较多，有《边界》周刊、《丘来耶夫卡》文学月报、《燕子》儿童双周刊、《妇女报》、《军事思想报》、《犹太人言论》，等等。这些俄苏报刊在奉系军阀统治时期致使东北俄苏报业市场繁荣，竞争尤为激烈，据统计，1901—1926 年东北俄文全部报刊为 243 种，其中报纸 102 种，杂志 141 种①。这些俄苏报刊在新闻报道上力求快速时效，版面设计上追求新颖美观，印刷技术先进，管理上服务意识很强，报业经营已经走上商业化道路；由于俄苏报刊品种齐全，基本能够满足各个阶层、不同行业和人群的需求，因此东北的俄苏报刊带动了东北国人报刊的发展，加强了俄中两国人民在东北地区的经济和文化交流合作，促进了东北经济的繁荣和文化的多元。

二、奉系军阀对东北俄苏报刊的限禁

1920 年以前，在东北的俄苏报刊无论是官办还是民办的，直接接受中东铁路管理局的管理；1920 年底，中国收回中东铁路区的警察权以后，奉系军阀的东省特别区警察总管理处代替原来的中东铁路管理局主管东省特别区内各种

---

① 秋宁：《东省出版物源流考》，哈尔滨：中东铁路出版机构，1927 年版，第 14 页。

报刊。

根据北洋政府与奉系当局查禁俄共在哈机关、取缔"赤化"宣传的指示，先后颁布了《管理报纸营业规定》《限制各俄报登载之条例》《暂行限制派销俄报办法》《检查宣传赤化书籍暂行办法》。俄苏报纸创刊前必须向当局申请立案，获准后方可出版，并接受当局管理。1922 年 3 月 30 日，东省特别区警察总管理处处长金荣桂接见哈地所有俄文报刊主编，通报中国出版法的各项规定，"中华民国有出版自由。什么都可以写，但是要写得公正。如果哪家报纸登载有关国家或社会机关、军队以及个人行为的虚假新闻，那么主编将受到中国法律的严厉惩罚。中国与俄国是邻邦，应该友好相处。现在，我们中国当局在保护你们俄国人的利益。俄文报刊应该帮助我们来完成这项任务，而不是为党派目的在百姓中间搞政治纠纷。我们不允许这里的报纸煽风点火，这样会破坏地区的安定。如果俄文报刊挑起百姓的不和，我们就只得实行新闻检查制度了"①。1923 年 3 月 1 日，护路军总司令朱庆澜就任东省特别区行政长官，不久便发表对俄文报刊主编的讲话，希望"哈尔滨的俄文报刊不要说话空口无凭，不要做宣传鼓动，要做政府和社会各界的沟通媒介。这样的话，中国的报刊才会愿意采用俄报正确信息"②。

东省特别区警察总管理处对俄苏报刊"检查是万不得已才采取的措施。只有当俄文报刊不顾当局的警告，执意违反出版法，进行反道德的扰乱社会治安的犯罪行为时，才会动用新闻检查制度"③。奉系当局对东北俄苏报刊新闻检查的态度是一分为二的，对居住在老城区和码头的商业区居多的白俄报刊多有意偏袒，但报刊中如违反《限制各俄报登载之条例》也会给予处罚。对于居住在中东铁路附近的工人阶级出版的、以中东铁路职工联合会的名义出版的"红党"报刊，因其"宣传过激主义""宣传赤化"则限制、破坏甚至查封。

奉系军阀对站在反苏立场"识相"的白俄报刊有意偏袒。白俄的《俄声报》与《东方报》1925 年 4 月连日诽谤苏联，进而挑拨中苏关系。苏联驻哈总领事多次照会东省特别区行政长官公署，此事均被搁置不予理会。《俄声报》攻击中东铁路苏方董事长和管理局长，特警处仅处罚停刊 10 天。1925 年 4 月 25 日，《论坛报》发表《中苏关系》揭批中东铁路中方督办吕荣寰"利用其地位袒

---

① 《东省特别区警察总管理处接见俄文报刊主编》，《霞光报》1922 年 3 月 31 日，第 4 版。
② 《东省特别区行政长官对俄文报刊主编的讲话》，《霞光报》1923 年 3 月 27 日，第 4 版。
③ 《东省特别区行政长官对俄文报刊主编的讲话》，《霞光报》1923 年 3 月 27 日，第 4 版。

护白俄……哈埠要人不乏与前俄帝制余孽亲善，藉保护政治犯之名，袒护白俄"①，由此《论坛报》被冠以"毁谤我中国三省官宪"的罪名，指责其"任便登载过激主义之词"②，"此种传闻，最足惊诧中外人民之视听……尤易危及治安③，以"破坏登载条例"为由，强令《论坛报》在 4 月 26 日停刊。时值《论坛报》编辑人员获准出版《远东生活报》一个星期，4 月 27 日上午，警察查封了《远东生活报》，张作霖以"共产宣传，协定所禁"为由，严词拒绝了苏联驻奉天总领事呈交的复刊要求。

白俄创办的《霞光报》有明显的反苏维埃倾向④，极力寻求奉系当局的庇护，与其保持良好关系，以求平安。奉系当局因其"识相"的反苏言论及中立立场，对《霞光报》有"来自于东省地方当局的一贯良好关怀"⑤。在十周年纪念刊头版上，该报对张氏父子的呵护表示感谢："张学良将军给我们寄来如此感人的问候，对我们的工作给予了如此高的评价，让我们感到无比荣幸。他是自己伟大的父亲、死去的曾以英明的管理使东省特区繁荣、和平、安康的张作霖的无愧的儿子，对我们的过高评价出自于他之口，对于我们有特别深刻的意义。"⑥ 由于《霞光报》对奉系当局的重视和依赖，被勒令停刊或查封的次数很少，但也曾因登载失实被奉系当局一时取缔。1927 年 9 月 24 日，《霞光报》登载由驻京该报访员伯尔什劳夫签名寄来的电报，内容为"查外交部接驻莫斯科中国代办报称，斯塔灵派之党徒与反对党间发生武装冲突，迨至军队干涉始行息事，据闻加入是役之某某人被捕，详情未悉"⑦。哈尔滨交涉员呈东省特别区行政长官公署，称"此种消息就其内容而论实系悖谬绝伦，都无丝毫之价值，揆其用意无非利用此项散播谰言及捏造黑白之办法，冀使苏联政体受有损害，且此项消息系为不应有及反对苏联国家以及在一九二四年《奉俄协定》上显著

---

① 黑龙江省地方志编纂委员会：《黑龙江省志·报业志》，哈尔滨：黑龙江人民出版社，1993 年版，第 261 页。

② 黑龙江日报社新闻志编辑室：《东北新闻史》，哈尔滨：黑龙江人民出版社，2001 年版，第 178 页。

③ 戈公振：《中国报学史》，北京：中国新闻出版社，1985 年版，第 179 页。

④ 戈公振：《中国报学史》，北京：中国新闻出版社，1985 年版，第 77 页。

⑤ 《十周年纪念刊》，《霞光报》1930 年 6 月 1 日，第 1 版。

⑥ 《克列木内之斗殴》，《霞光报》1927 年 9 月 24 日。

⑦ 《克列木内之斗殴》，《霞光报》1927 年 9 月 24 日。

禁止之恶宣传"①，吉林省长公署令特区警察交理处"示遵施行取缔该报"②。

奉系军阀视共产主义为洪水猛兽，对大力宣传苏联建设成就和传播革命思想的苏俄"红党"报刊大肆限制、破坏。1921 年 4 月 18 日，东省特别区警察总管理处以"宣传过激主义"罪名，逮捕俄文《前进报》主编海特，该报停刊。1921 年 7 月 5 日，《俄罗斯报》以同样罪名被查封。被称为"属红党，为俄（苏联）政府在东三省之机关报。注意俄人在东三省之生活，宣传共产，不遗余力。凡中东路职员之隶白党者，一律送阅不取费，以期转移其意志"③ 的《回声报》，因刊载文章道出"中国民众的真正敌人是帝国主义列强和地主、军阀与资本家"④，东省特警处传讯主编，警告此种文章不能出现在中国报端，只能在苏联国内的报纸上刊登，罚款 50 元以示告诫；纪念十月革命八周年之际，该报图文并茂刊出"全世界无产者联合起来！苏联工人首先与中国工人联合！"⑤"友党与我等前进，若猪若狗行将就毙之资本主义，无论如何不能阻挡我们前进"⑥ 等标语口号，特警处以违背《限制俄报登载条例》为由，勒令《回声报》停刊一个月；十月革命九周年之际，该报刊载纪念照片和文章⑦，被处罚停刊 14 天；由于屡次犯禁，东省特警处于 1926 年 12 月 10 日以"宣传赤化"的罪名查禁《回声报》⑧。《风闻报》是继《回声报》之后一份较有影响的"红党"报纸，1928 年 11 月 1 日特警处命其停刊，该报不顾禁令，继续出版，1929 年 1 月 5 日特警处再次查封《风闻报》。

三、奉系军阀时期国人报刊与俄苏报刊的较量

奉系军阀统治时期，东北的报刊多收到奉系当局的津贴，且稿件多来源于日俄通讯社，很少有"独家新闻"，言论又多以讹传讹，使"人心更觉浮动"⑨。

---

① 《哈尔滨交涉员呈报俄领请取缔〈霞光报〉登载失实由》，黑龙江省档案馆藏 77-2-392. 1927-10-20。

② 《哈尔滨交涉员呈报俄领请取缔〈霞光报〉登载失实由》，黑龙江省档案馆藏 77-2-392. 1927-10-20。

③ 《十周年纪念刊》，《霞光报》1930 年 6 月 1 日，第 1 版。

④ 《中国民众的真正敌人》，《回声报》1925 年 9 月 11 日，第 1 版。

⑤ 《全世界无产者联合起来》，《回声报》1925 年 11 月 7 日，第 1 版。

⑥ 《全世界无产者联合起来》，《回声报》1925 年 11 月 7 日，第 1 版。

⑦ 《十月革命九周年刊》，《回声报》1926 年 11 月 8 日，第 1-6 版。

⑧ 胡玉海、里蓉主编：《奉系军阀大事记》，沈阳：辽宁民族出版社，2005 年版，第 435 页。

⑨ 《东省特别警察总管理处为报停止俄罗斯报馆出版情形的呈文及省长公署的指令》，吉林省档案馆藏 J101-11-1408. 1922-07-14。

对于东北的国人报刊弱于俄苏报刊之势，曾任哈尔滨吉林铁路交涉局经理的奚廷黻上书哈尔滨关道时指出："近来俄文报馆已有三处，而铁路公司又特设远东华文报馆。独我中国报馆阙如，亦无筹及于此者。彼之报纸每于我政治权限隐相干涉手段，颠倒是非，混淆黑白，则我自不可以人之耳目，为我之耳目，自当速设报馆以期抵制。"①

外报繁荣从反面对国人办报起到了催生作用，面对俄苏报刊在东北地域舆论上的强势，东北国人报刊中的"东陲"系列报刊相继创刊，且始终坚持"拒俄"方针，常与《远东报》为代表的俄苏报刊展开较量。与沙俄的势力相抗衡，抵制沙俄报纸宣传的以"研究政治实际，供当道选择，改良东省习惯，导社会先河"② 为宗旨的《东方晓报》问世，对抗沙俄侵略扩张政策。半年后因哈尔滨道尹插手把持财务、声称赔累而停刊。幸得新任滨江同知拨款于第二年年底创刊《滨江日报》，继续树起与《远东报》对峙之旗。1910 年 9 月，《滨江日报》主编奚廷黻赴南京参加中国报界俱进会成立大会，正当力谋奋进之时，《远东报》唆使受其庇护吞款上万的商会坐办姚岫云，蒙骗股东取代了奚廷黻，更名《东陲公报》，但主笔周浩仍继续坚持原报的"拒俄"方针，创刊不久，即派记者跟踪采访俄国边防军化装潜入蒙古招兵；接着又揭露沙俄殖民机构侵夺滨江厅疫病防检权及残害中国居民的罪行。《东陲公报》与《远东报》笔战数月，引起俄国首相的不安，清当局屈从沙俄的要挟，1911 年 3 月 12 日，深夜派警兵围禁《东陲公报》，并迫使主笔周浩离境，从而开黑龙江官署查封国人报馆之先例。"东陲"系列形成的反侵略传统，为后人所继承，1917 年 5 月 24 日出版的大型综合性日报《东陲商报》仍坚持"东陲"传统，继续"拒俄"，抵制《远东报》。《远东报》则以《东陲商报》"每日登载之新闻，凡关于俄国之事无不千奇百怪，每出人意料之外"，"《东陲商报》攻击俄人的新闻比比皆是"，视《东陲商报》为"中俄提携一大障碍"，并表示岂能安于缄默，因而两报论战迭起。因白俄政府擅自发纸币扰乱市场，哈尔滨物价飞涨，使商民不堪损失，《东陲商报》载文揭露白俄政府因无储备，造成卢布贬值；《远东报》称白俄"能代表全国，其全俄之财产皆足为卢布之担保"，反诬《东陲商报》"终日鼓吹卢布低落，以致中外商人皆受损失"③，还威胁"《东陲商报》极端反对西伯利亚

---

① 黑龙江省地方志编纂委员会：《黑龙江省志·报业志》，哈尔滨：黑龙江人民出版社，1993 年版，第 33 页。

② 戈公振：《中国报学史》，北京：中国新闻出版社，1985 年版，第 69 页。

③ 《论鲁布之将来》，《远东报》1919 年 6 月 5 日，第 1 版。

纸币，卒至害人而害己也"①。《东陲商报》先后的议政言论、本埠新闻、副刊文优，因此在哈埠中国人报纸中较有特色，销路尚旺，一度曾远销山东青岛、威海及香港和欧美等地。"东陲"系列报纸在全国范围内的"拒俄运动"之后，继续发扬爱国精神，坚持"拒俄"方针，长期抵制《远东报》等俄苏报刊，为东北国人报业树立了勇于反抗帝国主义入侵的传统。

除了制衡《远东报》等俄苏报刊的言论外，"东陲"系列报刊还时常刊文对奉系当局旁敲侧击，希望当局对俄苏报刊文化侵略的强势予以重视，对不接受新闻检查的俄苏报刊应不徇私情予以严惩。"赤塔大里塔通信社原系远东政府之宣传机关……本埠俄报所记载之俄国政情皆用该社之通信，对于宣传极为活跃，致各俄报之新闻机构亦概行电报形式……此种邮寄电报来自北京及东京者只需三日，足见俄人对于宣传之注意，不知吾国当局对于此项制造空气机关当何以善其后也"②，呼吁奉系当局对在华俄报不接受新闻检查的应该不徇私情，加以严惩，"道外华文报因戒严时期之故，每日经戒严司令部检查稿件，而特别区各俄文报馆依法亦应受我司令部之同样检查的，以符原章，据知俄文报不受检查者，经我官府予以相当处分，刻间该俄文报在多方托人援助"③。

东北奉系当局及东北报人充分认识到国人报刊在舆论上弱于日俄两国，为维护东北的主权和民众利益不受侵犯，奉系当局创办和津贴资助国人报刊与俄苏报刊抢占舆论阵地。1920年奉系军阀已渐次收回中东铁路政权，凡百措施，皆因言语所不能普及，妨碍传布。为此奉系当局宣言"今后远东防务精神，一在消弭敌人东窥野心，一在监视俄国乱党构煽"④，并津贴资助《国际协报》附出《俄文日报》，"俾地方杂居中俄商零贾群晓然于地方政俗，俾资联络感情，促进邦交"⑤。《俄文日报》志在捍卫国家行政威信，联络中俄感情，并以绝对主持正义，纠正外报偏激言奉论为宗旨，向在哈尔滨俄侨宣传中国各项政策。

由于奉系当局收回中东铁路界主权以来，俄国铁路员工和侨民以语言之隔阂及党派之倾轧，与我国商民时生误会，对我国地方当局采取的措施，往往不甚谅解，猜疑滋多，"由俄侨在哈所里各报馆以文字空凭之记载，为报纸无据之

① 黑龙江省地方志编纂委员会：《黑龙江省志·报业志》，哈尔滨：黑龙江人民出版社，1993年版，第30页。
② 《俄通信社宣传之可异》，《东陲商报》1923年7月12日，第6版。
③ 《俄报亦应受新闻检查》，《滨江时报》1924年10月22日，第7版。
④ 黑龙江省档案馆：《黑龙江报刊》，哈尔滨：哈尔滨市纸制品印刷厂印刷（内部刊物），1985年版，第168页。
⑤ 黑龙江省档案馆：《黑龙江报刊》，哈尔滨：哈尔滨市纸制品印刷厂印刷（内部刊物），1985年版，第172页。

播扬，影响所及，小之而挑拨恶感，大之而构成交涉"①。为此，奉系少壮派张学良、郭松龄在哈尔滨开办的滨江粮食交易所提供资本金共 8 万元②创办《松江日报》，并利用当局的社会影响在东北各城镇开设分社，推销报纸。报纸专门采写东省铁路情形、中俄交涉事件等稿件。《松江日报》因郭松龄事件改办为《哈尔滨公报》，附出俄文《哈尔滨公报》，宗旨"为官民对外之喉舌，移特区俄侨之观感"，这是哈埠中国人第二家同时出版中俄文报的民办大报，是哈埠较有影响的大型综合性日报。东省特别区行政长官公署迅疾按月津贴大洋 200 元，并函达各机关分别"酌量资助"，滨江道尹公署遵嘱每月津贴大洋 100 元③。

综上可以看出，沙俄时期和十月革命后在东北创办和发展的俄苏报刊的确与东北地方政府和国人报刊之间存在着各种各样的矛盾，基于不同目的和出发点奉系军阀也的确对不同背景和立场的俄苏报刊采取了不同的限禁态度。对站在反苏立场"识相"的白俄报刊，对淡化政治色彩、竭诚为侨民服务的中立报刊，奉系军阀多给予新闻自由，新闻管制相对宽松；对宣传革命的"红党"报刊，奉系军阀则以宣传"赤化"的罪名严加限制并查禁。为维护东北领土不受侵犯，避免语言隔阂及党派倾轧，使国人思想不受侵蚀、同化，文化主权不被侵略，奉系军阀对国人报刊附办俄文报刊进行了资助，支持国人报刊的"拒俄运动"，以此捍卫当局行政威信，维护政权稳定，同时，向在东北俄侨宣传奉系军阀的各项政策，以联络中俄感情，另外，纠正外报偏激言论，以维护公平正义。

（原载《兰州大学学报》2019 年第 2 期）

---

① 黑龙江省档案馆：《黑龙江报刊》，哈尔滨：哈尔滨市纸制品印刷厂印刷（内部刊物），1985 年版，第 183 页。

② 黑龙江省地方志编纂委员会：《黑龙江省志·报业志》，哈尔滨：黑龙江人民出版社，1993 年版，第 60 页。

③ 黑龙江省地方志编纂委员会：《黑龙江省志·报业志》，哈尔滨：黑龙江人民出版社，1993 年版，第 62 页。

论近代中国新闻商品性理论之源起与演变

俞 凡 陈 芬

摘要：新闻是否具有商品属性？是否能被看作一种商品？这是中国新闻理论界多次讨论的一个问题。对这一问题的学术史回顾，在很大程度上折射出了中国新闻理论的发展。通过梳理改革开放前国人对此问题态度的演变，发现报纸经营活动在中国古已有之，而近代报纸经营思想萌生于维新派的报刊宣传实践中；至民初，随着西方新闻商品化理论的传入，国人逐渐接受了这一思想；到 20 世纪三四十年代，又由于政治态度的分野而形成了两种针锋相对的观点；1949 年以后，王中提出了"报纸商品性"的观点，但由于受当时政治环境的影响，这种观点遭到了一致的批判。这种变化的过程，在很大程度上受到了不同时期政治、经济、文化等社会大环境的影响。

关键词：新闻 商品 新闻史 近代中国

新闻是否具有商品性？是否能被看作一种商品？这是新中国新闻理论界曾经多次讨论过的问题。仅改革开放以来，学术界在这一问题上便曾于 1982—1984 年、1986—1988 年以及 1992—1996 年进行过三次大的争论，虽然最终看似统一在否认新闻商品性的结论上，但事实上"媒介经济体制的改革，则不理会几个新闻学者在争论什么，推出了一系列实际上走向新闻商品化的改革措施"①。这一论争使得各界"对于新闻商品性的理解更加深入、透彻、全面，为今后新闻业的发展提供了有益的参照和启迪"②。

对于这一争论的历史，学界前辈如陈力丹、段钢等诸先生业已进行了较为深入细致的梳理与评述，但审视这些成果，笔者认为，他们往往更加关注新中

---

① 陈力丹：《从三次新闻商品性的讨论看中国的新闻学研究》，《西南民族大学学报（人文社会科学版）》2013 年第 8 期。

② 段钢：《"新闻商品性"之争与新闻学术史建构》，《探索与争鸣》2011 年第 9 期。

国成立后特别是改革开放以来的论争过程，而对此前的讨论却少有涉及，这不能不说是一种遗憾。本正方得源清，要弄清这一问题的来龙去脉，还是应当追溯其源头。通过自晚清以降国人对这一问题言论的梳理，我们希望回答这样几个问题：1）国人对新闻商品性的认识起源于何时？2）国人新闻商品性理论的提出始于何时？3）截至"文革"前，国人在这一问题上的认识经历了怎样的发展变化？4）这种变化与不同历史时期的社会背景有何联系？

一、"一馆之股，非万金不办"：维新派报人对报纸商业化的认识

众所周知，中国古代诞生了最早的官方报纸——邸报，而与邸报几乎同时诞生的，便是"京城印行，绕街叫卖"① 的小报。虽然自诞生之日起，小报便遭到朝廷的严厉查禁，但由于它适应了社会获取信息的需求，同时又成为可以获利的手段，所以非但屡禁不止，反而获得了较大的发展，以至于到了南宋时期，"小报的数量激增，影响加大，最后发展到'以小报为先，以朝报为常'"②。明朝开始把小报纳入官方渠道，成为官方承认的行业之一。清朝建立后，民间报房报纸继续得以发展，并且形成了自己的行会组织。各家报房为扩大经营，使用了包括重视时效性、沿街叫卖、送报上门以及改进印刷等多种手段，而所有这些，都源自：在他们看来，这些报纸是可以盈利的商品。

19 世纪初，西方传教士开始把近代报刊带入中国。早期的传教士报刊的目的主要在于宣传教义，无所谓经营问题；但随着传教士报刊在中国规模的不断扩大，这一问题终于被提上了议事日程。1854 年，奚里尔接手主编《遐迩贯珍》，作为一个成功的商人，"他深切了解在商业社会中，报纸与商情关系的密切"③。自翌年第一期起，该刊发行附刊《布告篇》，专登商业广告，开近代中文报刊刊登商业广告之先河，也大大促进了该刊的发行。由此，广告在报刊经营中的重要作用开始被早期中文报刊的主办者们所重视。此后创办的《香港船头货价纸》《香港新闻》《上海新报》等无不重视行情、船期和广告，而 1872年 4 月创刊于上海的《申报》更是自始便将盈利作为其首要目的。

这种趋势对于当时国人的认识产生了深远的影响，对于国人来说，这种报纸商品化的观念与他们的传统认识产生了强烈的冲突。"文明和文化都涉及一个

---

① 方汉奇：《中国新闻事业通史（第一卷）》，北京：中国人民大学出版社，1992 年版，第 106 页。

② 方汉奇：《中国新闻事业通史（第一卷）》，北京：中国人民大学出版社，1992 年版，第 109 页。

③ 许清茂：《〈遐迩贯珍·布告篇〉始末析》，《新闻与传播研究》2000 年第 4 期。

民族全面的生活方式，文明是放大了的文化。它们都包括'价值、规则、体制和在一个既定社会中历代人赋予了头等重要性的思维模式'。"① 儒学是中国传统社会的文化核心，几千年来，秉持"君子喻于义、小人喻于利"的中国士人阶层对居"四民之末"的商人及商业活动抱有深深的鄙视，虽然他们逐渐习惯了购买及阅读报纸，但却很难接受以文字牟利的行为，报人在很长一段时间里被称为"文人之末路"，便是明证。1890年前后的国人，大多"不知报纸为何物，父老且有以不阅报为子弟勘者"②。但是，报纸进入国人生活的过程，是与中国逐渐沦为半殖民地社会相伴随的，"因此，中国的报章就被赋予了西方报刊所没有的、力挽狂澜的沉重感。这一角色决定了晚清报刊的整体面貌，其结果之一便是其内容远远超出新闻的范畴，还要承担提供时务、论述、西学知识体系的任务"③。随着国家的日渐沦亡，知识阶层救亡图存的呼声也日渐高涨，以康有为、梁启超等为代表的资产阶级维新派开始登上历史舞台，他们敏锐地意识到了报纸在宣传鼓动方面的巨大作用。公车上书失败后，康有为拟在京组织强学会，唯"思开风气，开知识，非合大群不可"，"合群非开会不可"，但"办事有先后，当以报先通其耳目，而后可举会"④。乃于1895年8月17日创办《万国公报》，赠予在京官员阅读。甫时的他们，仅仅重视报纸作为政治斗争工具的作用，还未注意到报纸的经营问题。但是，随着报纸工作的发展，政治斗争形势的变化，他们迫切需要吸引更多的读者，而这就需要重视读者需要。由此，对报纸经营方面的需要就自然产生了。

1896年初，梁启超南下上海，会同汪康年筹办《时务报》，获得巨大成功。虽然《时务报》股金较充裕，来自各地的捐款也源源不断，但梁启超还是从中体察到了经营对于报纸的重要意义。1897年1月，康起意在广西创办日报，梁回信反对，认为"（从《时务报》经验来看）一馆之股，非万金不办，销报非至三千不能支持"，"且自来日报无不亏本者，专恃告白为之弥缝。桂中商务未兴，商家皆蹈常袭故之招牌，陈陈相因之货物，无藉于登告白。此涂（途）一塞，日报无能开之理"⑤。这表明梁启超当时不仅对报刊经营有了一定的了解，

① ［美］塞缪尔·亨廷顿：《文明的冲突与世界秩序的重建》，周琪等译，北京：新华出版社，1998年版，第24—25页。
② 姚公鹤：《上海闲话》，上海：上海古籍出版社，1989年版，第129页。
③ 卞冬磊：《古典心灵的现实转向——晚清报刊阅读史》，北京：社会科学文献出版社，2015年版，第11页。
④ 蒋贵麟：《康南海先生遗著汇刊（廿二）》，香港：宏业书局，1976年版，第34页。
⑤ 丁文江、赵丰田：《梁启超年谱长编》，上海：上海人民出版社，1983年版，第79页。

还进一步结合当时中国社会的现实，对其在当时中国的实际应用作了思考。而实际主持经营的汪康年则更是对此认识深刻，1898 年 5 月，汪亲手撰写的《〈时务日报〉章程》12 条中，便有两条专讲"告白"，甚至规定该报把"聚会告白，如同业公议及寿筵喜筵"均"编入新闻之中"，"每日每事，取洋一元"。① 这种把新闻和广告混为一谈的做法与今天的"有偿新闻"有几分相似之处。

社会认知理论认为，人类动因是在一个包含三元交互因果关系的相互依赖的因果结构中发挥作用的。在这个结构中，行为、外在环境与以认知、情感和生理事件存在的内在个人因素作为双向相互影响的互动决定要素都起作用。但这并不意味着三者具有相同的强度，同时某一原因性因素起作用的时间还会存在滞差②。对于康梁等人来说，外在环境的变化导致他们开始从事办报这一全新的活动，在此过程中，为了维持报纸的生存发展，也为了吸引受众，更好地宣传维新变法的思想，他们不得不开始重视报纸的经营管理——虽然这与他们传统的价值体系相悖，却成了这批维新派报人共同的选择。自《时务报》之后的资产阶级维新派报刊，大多刊登广告，重视经营：由熊希龄等人于 1898 年 3 月 7 日创办的《湘报》"系集资而办……设有董事会……对报馆实行资本主义企业式的经营管理"③，并且"广告版面始终占有全报 1/5 到 1/3 左右"④；由严复等人在 1897 年 10 月 26 日创办于天津的《国闻报》则更是"前 4 个版面为新闻与评论，后 4 个版面全部是广告"⑤。曾经不入士大夫法眼的"送京报人"终于登堂入室，成为"业报纸者"。

总之，面对晚清瓜分豆剖的局面，维新派士人选择了报刊这一工具，试图实现其救亡图存的理想。在宣传变法图强的同时，他们也逐渐对报刊商业经营的问题有了一定的了解，并逐渐予以重视，此可谓近代中国新闻商品性理论之嚆矢。随着国人报刊活动经验的不断积累，理论化的总结也逐渐开始。

---

① 汪康年：《论设立〈时务日报〉宗旨》，见中国人民大学新闻系编：《中国近代报刊史参考资料（上册）》，（内部出版），1979 年版，第 272-273 页。

② ［美］A. 班杜拉：《自我效能：控制的实施（上）》，缪小春等译，上海：华东师范大学出版社，2003 年版，第 7-8 页。

③ 方汉奇：《中国新闻事业通史（第一卷）》，北京：中国人民大学出版社，1992 年版，第 594 页。

④ 许清茂：《〈湘报〉广告考辨》，《新闻与传播研究》2003 年第 4 期。

⑤ 方汉奇：《中国新闻事业通史（第一卷）》，北京：中国人民大学出版社，1992 年版，第 605 页。

二、"新闻纸发展之一种向上的进化也"：国人新闻社商业化理论之嚆矢

与报刊一样，新闻学理论也是近代中国的舶来品之一。中国最早的新闻理论著作，是 1903 年翻译日本学者松本君平的《新闻学》一书。该书认为"（现今的新闻业者）有以新闻为一种营利之具，而不与商业少异其性质者。""既以新闻为营利之事业，则新闻乃商品之一种。而于新闻市场，能得多读此新闻者之妙用，亦如市场中之货物然。货品良则购之者多，货品劣则购之者少。此一定之理。而新闻之经济，亦与此同一原则也。""一言以蔽之，新闻者，不可不求其利益，与普通之商业相同"。①

1913 年，上海广学会又翻译出版了美国记者休曼著《实用新闻学》，此书更明确主张"今之报馆亦一种之营业也。办报者之所以从事于此，亦与设肆列瘤者等耳"。"今之报馆则最大目的在得钱，此无可讳者也。"所以，"苟办报者而觉社会之所好尚，为感情之报章，售额最多，则其所以供给社会者，当为世所云之黄色新闻。犹之贾客卖布，主顾欲得棉则不当与以麻也"。②

文化采借理论认为，文化采借大多是相对落后的社会采借发达社会中的先进文化元素，相反的情形十分少见。同时，"在文化采借中，一般的情形是物质文化的采借先于和多于精神文化的采借。物质文化的利用价值比较容易判断，它与本民族的意识形态没有直接的冲突，因而易于被接纳。而精神文化所遇到的情形恰恰相反。一种理论或观念往往打上民族的和阶级的烙印，与其他民族或社会的传统的或占统治地位的意识形态有可能发生冲突，因而它的传播与采借会遇到更多的困难和阻力"。③ 这一理论很好地诠释了近代国人对西学态度的变化：最早开始介绍西学的魏源等人所持的是"师夷长技以制夷"的观点，即一种立足于中国文化本位反对西方文化的"文化民族主义"心理；随着国人对西学认识的不断深入，洋务派开始兴起，而最初引起他们兴趣的便是西学中的声、光、化、电等自然科学知识以及造枪造炮之术、养兵练兵之法；甲午前后，国人更进一步认识到西人之所长不仅在于"制器之器"，更在于议院、学堂等政治文化制度。正如梁启超所言："求文明而从形式入，如行死港，处处遇窒碍，

---

① 松本君平：《新闻学》，见余家宏等编注：《新闻文存》，北京：中国新闻出版社，1987 年版，第 13、108 页。

② 休曼：《实用新闻学》，见余家宏等编注：《新闻文存》，北京：中国新闻出版社，1987 年版，第 161、168-170 页。

③ 《中国大百科全书·社会学卷》，北京：中国大百科全书出版社，1991 年版，第 410-411 页。

而更无它路可以别通"，"求文明而从精神入，如导大川，一清其源，则于里真泻，沛然莫之能御也"①。这意味着中国士人阶层开始主动地向西方采借其精神文化。这种由"从形式入"到"从精神入"的转变，至五四已蔚为大观，成为知识界的主流。前述二书的译介，恰好伴随着这一变化，对初生的中国新闻学产生了相当的影响。1929 年，"中国新闻学的开山祖"徐宝璜发表《新闻事业之将来》一文，对"新闻社商业化"问题做了系统的阐述，文云：

> 吾所谓为新闻社商业化者，大别有二：
>
> （甲）报纸销售 以吾人凤昔理想，报纸销售当然的为新闻社之最大收入，孰知竟有不然者，一束的新闻纸，往往定价甚廉，反不足偿其白纸之费，此亦大谬也。实则新闻纸销路广，广告亦增多，在登广告者固择销行最广之新闻纸以刊载，是以广告多寡与报纸销路，颇有因果。而执新闻纸业者亦不歧视之，善营新闻业者必精其内容，美其印刷，阅者既多，销行自广矣。
>
> （乙）广告经营 用广告营业以维持报纸生活，此殆已成今日新闻社之公例。诚如何使广告发达，则业新闻者固有所期望与普通社会上一切商业之蓬勃，非大商行必不能出巨资以刊广告。新闻纸乃从而受其影响，商业愈繁盛，商战将愈猛烈，为征求主顾之原因，自非大张其广告不可。新闻纸上广告既多，则无须于津贴，议论亦归于纯正，消息因亦求其灵确，销路既然广，广告遂亦臻上乘矣。
>
> 统见上述二者，实互相以为因果也。更昔以言之，今日新闻社，大半集股以成，多属有限公司，则其商业性质，早已成立。年终则有红利，股票则有行市，谋其营业之拓展，自弗待言。其所以为商业化者，更非只述报纸销售广告营业之局部也。稍大规模之新闻社，更有附属，为代人印刷，代人铸宇，此亦皆含有商业趣味，可以约而言之，新闻社之商业化，乃求其新闻纸发展之一种向上的进化也。②

在这短短的几百字里，徐宝璜对于"新闻社商业化"提出了这样几个观点：首先，新闻社商业化的收入大体上有两个部分：报纸销售和广告经营。其次，两者"互相以为因果"。报纸广销，广告自然增多；广告一多，新闻社便"无须

---

① 梁启超：《饮冰室合集（1）》，北京：中华书局，1989 年版，第 62 页。
② 徐宝璜：《新闻事业之将来》，《报学月刊》1929 年第 1 期，第 12-18 页。

于津贴，议论亦归于纯正，消息因亦求其灵确"，更能吸引读者，扩大销路。再次，新闻社还应该注意附属产业的经营，"为代人印刷，代人铸字"，同样也可以给新闻社增加收入。又次，要想做到扩大销路、吸引广告，新闻业经营者必须"精其内容，美其印刷"，在新闻内容上下大功夫。最后，在他看来，新闻社的商业化是一种进步，是"新闻纸发展之一种向上的进化也"。

虽然徐并未明确提出新闻商品性的问题，但也不难看出，他事实上是把报纸和新闻当作新闻社的产品来看待的，并且认为这种商业化趋势是一种进步。这种认识，既来源于国人三十余年的办报实践，更在很大程度上受到了西方新闻理论的影响。中国的新闻理论从其创立之初便认可了报纸及新闻具有商品性的看法。

三、同途异路：20 世纪三四十年代两大阶级对新闻商品性的看法

进入 1930 年代，随着中国报业的不断发展成熟，新闻学研究及教育也日渐繁盛。与这一时期中国社会的政治分野相同，资产阶级与无产阶级的新闻学者在新闻商品性问题上也表现出了泾渭分明的态度。资产阶级学者大多主张新闻已经并且应该成为一种商品，新闻事业应该并且必须向着企业化方向发展。如黄天鹏认为，"我们从其性质分析起来，现代的新闻纸也是一种营业了。它一方面以新闻来卖给读者，即是新闻发行；另一方面以广告卖给广告主，即为新闻广告"①。储玉坤也认为，"现代报业的特质，一言以蔽之，就是'报纸商品化，报馆托拉斯化，管理科学化，其最终目的，在利润的取得'"②。任白涛也将报纸称作"报纸工场"，并在其六卷本巨著《综合新闻学》中单独把"经营和管理"列为一卷，占了全书篇幅的 1/4 强，为各卷中之最长③，其中从经营形态到管理方法再到新闻生产以及广告，甚至造纸和油墨等，无所不包，充分显示了当时对于这一理念的重视。

虽然认可新闻及报纸的商品性，但这些学者亦大多认为新闻与商品不能简单地等价而论，而应"营业与事业并行"。如黄天鹏认为，"在表面上看起来，（报纸）也很似乎一种营业，但本质和普通营业还有点不同，是带有点公共机关的性质，营业固然要谋独立，同时也要拥护公众的利益"。"新闻事业虽是一种营业，但这种营业的立足点是建筑在公众利益上面，凡事以公众的利益为前提，

---

①　黄天鹏：《新闻学概要》，上海：中华书局，1934 年版，第 21 页。
②　徐培汀、裘正义：《中国新闻传播学说史》，重庆：重庆出版社，1998 年版，第 361 页。
③　任白涛：《综合新闻学（第一卷）》，上海：商务印书馆，1941 年版，第 16-17 页。

有损害公众利益的，纵能获利也不应该为。"① 胡政之亦云：

> 中国素来做报的方法有两种，一种是商业性的，与政治没有关系，且以不闻政治为标榜，专从生意经上打算；另一种是政治性的，自然与政治有了联系，为某党某派作宣传，但办报的人并不将报纸本身当作一种事业，等到宣传目的达到了以后，报纸也就跟着衰歇了。但自从我们接办了大公报之后，为中国报界开辟了一条新路径。……我们的最高目的是要使报纸有政治意识而不参加实际政治，要当营业做而不单是大家混饭吃就算了事。这样努力一二十年之后，使报纸真正代表国民说话。②

与之相对的，无产阶级新闻学者虽然也承认新闻事业业已商品化的现实，但却坚决反对这种现象，认为新闻与新闻事业的本质在于阶级性和政治性。如张友渔认为：在"资本主义很发达的现在社会，在表面上看，报纸已变成一种商品，报业成了一种营利主义之企业。但在紧要的时候，仍然要露出它的政治的统治的工具的本性"。这种"本性"是什么呢？"就世界大势看来，最近的将来的社会，将为两个对立阶级斗争的社会，报纸在这种社会中，一定会要变回到它最初的情形，即政治斗争性，掩盖了营利性。"③ 恽逸群也指出："新闻和政治是不可分离的。任何新闻机关，不论是报纸或通讯社，都有它的政治立场。""新闻是为政治服务的，而且必须为政治服务。"④

虽然从实际工作出发，他们也重视报纸的经营与广告，但却把它作为搞好宣传工作的一种手段，并认为这是权宜之计。如恽逸群认为：

> 诚然，商业广告是一种浪费，而且有夸大骗人的成分，如苏联的报纸上就极少这类广告，甚至没有。但中国不是苏联，中国的工商业主要是私人经营的，为促进生产，还是需要竞争。而且除商业广告之外，还有许多启事、声明、招聘人员、征求器材等等的广告，在今天的中国社会上仍然是不可缺少的事，足以帮助他们迅速解决问题，所以广告还是需要的，刊

---

① 黄天鹏：《新闻学概要》，上海：中华书局，1934年版，第21、122页。
② 吴廷俊：《新记大公报史稿》，武汉：武汉出版社，2002年版，第1页。
③ 张友渔：《政治与报纸》，见张友渔：《报人生涯三十年》，重庆：重庆出版社，1982年版，第161-162页。
④ 恽逸群：《新闻学讲话》，见江苏省社会科学院《恽逸群文集》编选组编：《恽逸群文集》，南京：江苏人民出版社，1986年版，第259-271页。

登广告是报纸联系群众的工作之一。①

邹韬奋也指出："我们的业务费，我们的资金，既然要靠自己的收入，所以我们不得不打算盘，不得不赚钱。这可以说是我们的商业性的含义。"他鼓励生活书店的同人要"充分发挥商业性"，努力赚钱，但是"赚钱干什么？全是为着事业"。"我们拼命赚钱，拼命用钱，但是赚钱却坚守着合理正当的途径，决不赚'不义之财'。"② 为了事业而赚钱，可谓邹韬奋根本区别于一切商业化新闻事业的根本所在。

总之，20世纪三四十年代的中国新闻学者及报人们，虽然都承认新闻商业化的现实，但在如何对待这一问题上却产生了明显的分歧：从理论上来看，资产阶级学者并不排斥这一现象，只是主张对此略加限制与引导；无产阶级学者则根本排斥新闻商品化的现象，强调新闻与新闻工具的阶级性与政治性。从实践来看，胡政之的"营业与事业并行"与邹韬奋的"为了事业而赚钱"似乎颇有异曲同工之妙，但细究之下却大有不同：胡政之是把营业作为与事业并行的部分，二者同等重要；邹韬奋则把赚钱视为辅助事业的手段，前者从属于后者。出现这种分歧的原因，首先是由他们各自不同的阶级立场所决定的。从实际来看，虽然胡政之等在报业经营领域取得了相当大的成就，但在当时中国社会战乱不已的情况下，他们所向往的那种"文人论政"和资本主义报业大发展的情况，事实上是不可能实现的；而恽逸群等的观点则显然更有合理之处。但是随着政治环境的变化，"左"风渐起，对新闻政治性的过分强调最终导致了后来的种种失误。

四、定于一尊：1957 年对"报纸商品性"的讨论

1949 年 10 月 1 日，中华人民共和国成立，中国历史掀开了新的一页。新中国成立伊始，百废待兴，党和政府没有太多资金投入新闻事业当中去，这就需要新闻事业自力更生。1949 年 12 月，新闻总署召开全国报纸经理会议，决定报纸在经营上实行企业化方针，在新闻出版署的指导下，北京、上海等 83 家广播电台和《北京日报》《解放日报》《文汇报》等 253 家报社相继恢复和开设广告

---

① 恽逸群：《新闻学讲话》，见江苏省社会科学院《恽逸群文集》编选组编：《恽逸群文集》，南京：江苏人民出版社，1986 年版，第 303-304 页。

② 邹韬奋：《事业管理与职业修养·生活史话》，北京：生活·读书·新知三联书店，1998 年版，第 89-91、148 页。

节目或版面。1950 年 9 月，中宣部、新闻总署发布了《中宣部关于报纸实行企业化经营情况的通报》，指出企业化经营虽然取得了一些成绩，但"有些报社的工作同志还不了解和不重视企业化的方针……希望你们检查一下各报的经营情况，批判各种错误观点，督促各报切实执行企业化经营方针，已自给者做到自养（以盈余来减低报价，扩大发行，帮助发展下级小报等）。未自给者应向已自给者参观学习，尽量使省级以上的报纸在一九五一年中消灭赔耗数字，做到自给自养"①。

　　在这种背景下，复旦大学王中教授提出了"报纸具有两重性"的观点，这是新中国成立后在新闻和报纸商品性问题上我国新闻研究工作者们做出的最早探讨。1956 年 8 月 4 日，王中在南京《新华日报》一次座谈会上的发言中第一次提出了"报纸是商品"的看法：

　　　　总的来说，报纸是宣传工具，但它也是商品，需要读者花五分钱买它，这就得考虑到读者的需要了。报纸要根据读者需要来办，这是办好报纸的根本问题。离开了读者的需要，只把报纸当作党的宣传武器，不把它当成读者要花 5 分钱购买的一种商品，报纸必然不会受读者欢迎的。②

　　这一时期王中还只是把报纸看成一种商品，并没有上升到后来"商品性"的地步，而他的这一观点，主要是基于当时新闻工作改革的现实，这一"商品"的论述，主要是从新闻报纸工作要考虑到读者需要这一工作现实而出发的。1957 年 1 月 22 日，王中正式提出了自己的"报纸两重性"的观点：

　　　　我认为报纸有两重性：一重是宣传工具，一重是商品，而且是在商品性的基础上发挥宣传工具的作用。商品就是要使人买后有用，改进报纸工作，主要是解决如何把报纸变成群众所需要的东西。报纸先要为群众所喜爱，然后才能发挥指导作用。③

　　这个"两重性"的观点在他 1957 年初在上海人民广播电台所做的《新闻学原理大纲》讲座中做了比较完整的阐述："'办报卖'和'买报看'，两个方面

① 中国社会科学院新闻研究所编：《中国共产党新闻工作文件汇编（中）》，北京：新华出版社，1980 年版，第 21 页。
② 王中：《办报人要有读者观念》，《新闻业务》1956 年第 11 期。
③ 王中：《新闻事业的发展规律和报纸的职能》，《新闻业务研究》1957 年第 13 期。

必须结合，'办报卖'的人极力地想要用他的意志来影响你，'买报看'的人是极力地想要买到我所需要的知识。"如果"结合不起来呢？那就是变成没有读者的报纸了……就根本不能发生机关报的作用"。所以"报纸总是想通过这么一种方式——一种商品的形式，来传到读者手里，来影响人；要影响人就要按照自己的意图来影响。能不能影响？就看它能流通不能流通"。"所以，报纸一方面具备着被政党所需要的这种性能；另一方面具备着被政党利用以前的那些性能。这就是两重性。"①

王中主张报纸是一种商品，这是从报纸需要通过交换到达读者手中这一现实出发的。报纸在社会主义社会仍然是通过商品的形式来分配的，这是一个无法否认的现实。而新闻事业是产生于人类的社会生活的需要，正因为如此，在社会主义社会中，党报的中心任务固然是配合党的政策的需要，进行宣传鼓动，但是这种任务必须建立在适合读者需要的基础上，否则就会失败。也就是说，"办报卖"和"买报看"两者只有互相结合起来才能得到最好的宣传效果。而这也就是王中之所以主张报纸商品性的根本所在。

这一理论一出，立即引起轩然大波，很快，在当时的政治环境下，王中成了反动新闻理论典型，学术争论演变成了政治批判。如刘韧认为，"在阶级社会里……离开了具体的阶级需要，抽象的社会需要是不存在的"②。晨光也认为，"报纸决不是根据抽象的社会需要而创办的，而是根据具体的阶级斗争的需要而创办的，它是站在一定的阶级立场，反映一定的阶级观点的"③。而"报纸的商品性"则更是遭到了全面"围剿"："如果只从报纸流通过程来看，报纸要计算成本、要定价出售，似乎具有一定程度的商品性。但决不能因此得出结论说报纸就是商品。"④ 这是因为"商品的使用价值是没有阶级性的……（但是）在阶级社会中，报纸为某个阶级利益说话，这个阶级喜爱它，而另一个阶级就不喜爱……（所以）报纸从它的内容看，是和一般商品根本不同的"。"有商品性就不能有阶级性，有阶级性就不能有商品性，这两者正如水与火一样，是不能共存于一处的。"⑤

这场对王中教授的批判，有深厚的历史背景。马克思主义经典理论认为，社会主义社会不存在商品货币关系，这一理论对列宁产生了巨大影响，所以十

---

① 赵凯：《王中文集》，上海：复旦大学出版社，2004 年版，第 94 页。
② 刘韧：《王中的"社会需要"论是反动的》，《新华日报》1957 年 8 月 15 日。
③ 晨光：《肃清王中对我省新闻界的影响》，《大众日报》1957 年 12 月 19 日。
④ 晨光：《肃清王中对我省新闻界的影响》，《大众日报》1957 年 12 月 19 日。
⑤ 时烈：《王中为什么宣扬报纸的商品性？》，《解放日报》1957 年 8 月 15 日。

月革命后，列宁便积极推行战时共产主义政策，导致了严重的政治经济危机。残酷的现实使得列宁意识到这种做法的错误，转而实施新经济政策，有限度地恢复商品经济，但列宁去世后，主张延续新经济政策的布哈林在政治斗争中败给了坚守传统的斯大林，苏联又重新走上了消灭商品货币关系的旧路①。新中国成立后，实行向苏联"一边倒"的方针，全面学习苏联模式建立中国的社会主义，商品与货币等观念被视作区分资产阶级与无产阶级的标杆，成为人人避之唯恐不及的洪水猛兽。在这种情况下，敢冒天下之大不韪提出报纸"商品性"的王中有如此遭遇，也是自然的事情。但王中教授的观点，是从实际工作出发的，他对社会主义社会中报纸与受众关系的思考，具有相当强的合理性，他是走在时代前面的人。可惜在那样一个政治决定一切的社会中，王中并没有获得进一步阐释他的观点的机会，更没有把他的观点付诸实践的可能。后来的中国新闻界沿着这条"左"的道路一路狂奔，最终走向了"文革"的深渊。

国人对于新闻是否具有商品性的认识，始于维新变法时期。彼时康、梁等人为了宣传自己的政治观点，开始有意识地利用报纸这一新生事物，他们从中体会到了经营管理的重要性，并对此做了最初的阐述。他们虽然没有提出系统的理论，但却是这一问题的最早实践者。而国人对这一问题的理论探讨，则始于五四时期，随着士人阶层学习西方的重点由器物转向制度，西方的新闻理论开始对他们产生影响，这些理论同时又在很大程度上契合了国人三十余年的报刊实践活动的经验，于是在双重作用下，中国的新闻理论从诞生起便承认报纸及新闻的商品性，并将其视为社会的一种进步。随着1930年代中国社会两大阶级对立局面的形成，新闻学者对这一问题的态度也分为对立的两派，在承认新闻及报纸业已商品化的现实、认为二者不能被简单视为普通商品以及应该重视报业的经营管理等方面，双方意见一致；分歧则主要在于资产阶级学者认为经营是与事业同等重要的部分，而无产阶级学者则始终将报纸与新闻的政治性摆在第一位，而仅把经营看作一种手段。新中国成立后，王中从实际出发，提出了"报纸具有商品性"的观点，这一观点是从报纸应当重视读者需求从而可以更好地进行宣传工作这一目的出发的，具有相当强的合理性。可惜由于政治环境的影响，王中的理论遭到了大肆批判，其本人也因此而被打入另册，在这种"左"倾错误思潮的影响下，中国的新闻工作逐渐走上了一个极端，从而导致了后来的许多错误以致灾难。

---

① 刘玉高：《列宁社会主义商品货币关系思想研究》，上海：华中师范大学博士论文，2016年。

通过对这一学术史的回顾，我们不难发现，国人对这一理论问题的认识首先来自实践，此后在西方理论引入与自身实践积累的双重作用下，产生了最早的理论总结；由于政治环境的影响，这种认识逐渐偏离了实践的轨道，最终走向了实践的反面。由此可见，对任何理论问题的探讨都不能背离实际环境的依托，否则就是无源之水，无本之木，甚至会造成极大的危害。"'思想'一旦离开'利益'，就一定会使自己出丑。"① 马克思与恩格斯在《神圣家族》中的这句话，可谓对这一问题的精妙总结。

[原载《兰州大学学报》（社会科学版）2018 年第 3 期]

---

① 《马克思恩格斯全集（第二卷）》，北京：人民出版社，2005 年版，第 103 页。

英国殖民统治时期香港地区新闻法制的历史考察

张晓锋

1841 年 1 月 26 日，英国军队强行登陆并凭借武力在事实上殖民统治香港，到 1997 年 7 月 1 日香港回归祖国，已长达一个半世纪。为了管制新闻事业和维护殖民统治，英国在香港移植并建立了一套独特的新闻法律制度。本文通过对大量第一手文献资料的整理，全面梳理了港英政府的新闻立法活动，考察香港新闻法制的演变轨迹。

一、英人殖民统治初期香港新闻法制的起步（1841—1900）

19 世纪中叶，以英国为首的西方帝国主义国家发动了两次鸦片战争，英国先后逼迫清政府签订了《南京条约》（1842）、《北京条约》（1860）和《展拓香港界址专条》（1898）三个不平等条约，英皇同枢密院依据这三个条约颁布了《香港宪章》（1843）、《九龙敕令》（1861）、《新界敕令》（1898）和《城寨敕令》（1900），从而奠定了殖民统治香港的基本格局。与此同时，随着香港近代报业的发展，港英政府移植英国法制模式在香港建立了一套以注册监管为主体的新闻法律制度，引领香港迈入近代新闻法制的起步期。

1844 年 1 月 11 日，英国在香港的立法机构——定例局（即立法局前身）正式成立，开始按照英国的法律体系制定香港法律。2 月 28 日，定例局通过第 1 号法例——《"殖民地"香港之法律》，同时通过第 2 号法例——《书籍报刊出版及持有之规范条例》①，由首任香港总督璞鼎查颁布，4 月 1 日起正式施行。法例规定办报只需要进行备案性质的注册，无须缴纳保证金，如不签署登记声明，则会受到相应的处罚。这是英国殖民统治时期香港地区的首部成文新闻法

---

① Ordinance to Regulate the Printing of Books and Papers and Keeping of Printing Presses, The-Friend of China and Hong Kong Gazette, March 2, 1844, pp. 264-265. 该条例也译作《监管书籍及报刊印刷及设置印刷机条例》，见梁伟贤、陈文敏主编：《传播法新论》，（香港）商务印书馆有限公司，1995 年版，第 44 页。

规，也是香港有史以来第一部专门的新闻法规，其揭开了香港近代新闻法制史的帷幕。

到 19 世纪五六十年代，办报开始在香港兴盛，仅 1841 年至 1860 年，香港所出版的英文和中文报刊的总和超过全国其他地区的总和。① 当时，因报章揭露港英政府官员贪污和滥用职权而引起诉讼的现象时有发生，令政府十分恼火，遂采取立法手段对报界施压。1860 年，港英政府对《书籍报刊出版及持有之规范条例》进行修正，于 11 月 30 日颁布了《修正报纸出版条例》。② 该法例首创了香港地区报刊管制的担保人和保证金制度，提高了在香港办报的准入门槛，利于港英当局对舆论的控制。在早期，管制诽谤诉讼的法律依据是在香港生效的英国本土的《诽谤法》。1854 年 12 月，香港高等法院曾宣布英国议会通过的《诽谤法修正案》等 9 项法例在香港施行。③ 诽谤法案以及《修正报纸出版条例》的施行，使报界对于政府官员的批评有所减少，但效果甚微。1860 年一位英国上议院议员在议会上指出，"在英国所有'属土'中，没有一个的诽谤情况像香港那样泛滥及臭名昭著"。④ 面对频发的诽谤案，港英政府于 1887 年 2 月 26 日颁布《诽谤条例》⑤，取代英国的《诽谤法修正案》。该条例对香港地区违反诽谤与侵害名誉类犯罪规定的出版物作出了明确的管制规定。

随着香港报业的蓬勃发展，港英当局意识到有必要进一步加强管制。1886 年 7 月 12 日，港英政府颁布《印刷业及出版业条例》⑥，同时废止《书籍报刊出版及持有之规范条例》和《修正报纸出版条例》。《印刷业及出版业条例》增加了印刷人和出版人的透明度，提高了保证金，确立了报刊查阅登记制，这表明政府对报刊的监管趋于严厉。1888 年 2 月 1 5 日，港英政府颁布《书刊保存

---

① 黄瑚：《中国新闻事业发展史》，复旦大学出版社，2001 年版，第 78 页。

② The Amendment Newspapers Ordinance, The Hong Kong Government Gazette, December 1, 1860, pp. 258-259.

③ Hong Kong Government Gazette, December 4, 1854, pp. 201-202.

④ 转引自李少南：《香港的中西报业》，王赓武主编：《香港史新编》（下册），三联书店（香港）有限公司，1997 年版，第 501 页。

⑤ The Defamation and Libel Ordinance, The Hong Kong Government Gazette, February 26, 1887, pp. 187-188. 也译作《诽谤暨妨害名誉条例》，见马沅编译：《香港法律汇编》（第一卷），（香港）华侨日报有限公司，1953 年版，第 223-224 页。

⑥ The Printers and Publishers Ordinance, The Hong Kong Government Gazette, March 27, 1886, pp. 219-223. 该条例也译作《承印人与出版人条例》，见梁伟贤、陈文敏主编：《传播法新论》，（香港）商务印书馆有限公司，1995 年版，第 44 页。

登记条例》。① 至此，《印刷业及出版业条例》和《书刊保存登记条例》一起，建立了香港新闻法制的基本框架，并成为日后法例修订的依据。②

此一阶段，港英政府还颁布了《邮政局条例》（1887）、《电讯条例》（1894）等相关法例，这些法例均持较为宽松的管制立场，没有对报刊实施审查的规定，这与当时香港殖民统治的政治与社会环境是基本吻合的。

纵观英国殖民统治香港初期 50 多年间所颁布的新闻法令，呈现出两个特点。首先，形成了"事前注册为主、事后追惩为辅"的内容体系。彼时的香港报业，资本以外资为主，华资为辅；语言以英文为主，中文为辅；内容以商业行情和信息为主，政治新闻和评论为辅；读者以洋商、官员和华商为主，普通香港华人读者为辅。特殊时代背景所孕育的近代香港新闻业没有也根本不可能对港英殖民统治构成挑战，港英当局实际上也无须对新闻业实施严厉的监管。因此，港英当局将注册登记制度的建立作为当时新闻立法的重点，只是规定报刊的印刷、出版、发行与保管等程序，报刊若不登记将会受到相应的惩处，同时辅以具有惩罚性色彩的诽谤条例。

其次，蕴含了"新闻自由为表、殖民专制为实"的法制本质。英人殖民统治香港以后，施行英国的法律制度，英式新闻自由的理念也随之移植至香港，这体现于以注册登记为主的法制内容与形式之上。然而，"香港移植外来法是英国殖民政策的副产品"③；建立在掠夺和侵略本性之上的立法动机，总督直接主导的立法程序，英国本土法律和港英法例在香港享有的至高无上的法律地位，再加上由警察总署或高等法院负责报刊登记的程序，这些因素使得香港的新闻法律制度刻上了深深的殖民主义烙印，只是这一特点往往被在香港办报较为自由宽松的表象所掩盖。

应该说，英国殖民统治初期的香港新闻法制具有两面性，从本质上讲，这些法律法规是殖民统治在新闻传播领域的移植和延伸，殖民主义色彩显而易见；但同时，这些法律又吸收了英国法律文化的先进成分，开启了近代香港新闻法制的历史先河，草创阶段的历史地位亦不容抹杀。

---

① The Copies of Books Preservation and Registration Ordinance，The Hong Kong Government Gazette，18th February，1888，pp. 168-169. 该条例也有记载为《殖民地书籍注册条例》（The Co-lonial Books Registration Ordinance），见梁伟贤、陈文敏主编：《传播法新论》，（香港）商务印书馆有限公司，1995 年版，第 346 页。

② 梁伟贤、陈文敏主编：《传播法新论》，（香港）商务印书馆有限公司，1995 年版，第 346 页。

③ 徐静琳：《演进中的香港法》，上海大学出版社，2002 年版，第 411 页。

二、英国殖民统治中期香港新闻法制的发展（1900—1945）

自 1900 年到"二战"以后香港沦陷期结束的近 50 年间，香港地区新闻法制步入发展期。这一时期，中国内地局势动荡，各种社会力量纷纷到号称"自由港"的香港创办报刊，香港成为思想言论斗争的重要战场。慑于革命舆论的强大威力，港英政府为了维持其殖民统治，一次又一次地颁布法令对报刊内容实施严格管制，香港地区的新闻法制从注册监管向内容审查领域拓展。

香港地区实施新闻内容管制肇始于 20 世纪初。1907 年 6 月，资产阶级革命派机关报《中国日报》所经销的上海《民报》特刊——《天讨》，刊发了一幅清朝皇帝被削去半个头颅的漫画，港英政府认为这幅漫画损害跟"友邦"的关系，于是将其没收。针对《中国日报》和其他中文报刊的反清宣传，1907 年 10 月 11 日，港英政府颁布《煽乱刊物条例》,① 条例规定，"任何在香港境内印刷、出版、销售或是散发的，含有可能引发中国社会混乱或是唆使他人犯罪内容的印刷或手写的报纸、书刊或其他出版物者，将依法被判有罪"。这是港英当局管制中文报纸言论自由的开始。次年，港督颁布《禁止煽乱刊物入境规则》,② 在流通环节上对可能从中国内地输入香港的所谓"煽乱刊物"实施监控。

1914 年至 1918 年，香港因与英国的关系不可避免地被卷入第一次世界大战，香港一方面担负着为协约国提供战争费等资源的任务，另一方面又必须服务于英国的战时政策，对可能影响战事、不利于协约国的消息实施管制。1914 年 4 月 23 日，港英政府颁布《煽乱刊物条例》（本条例不同于上文中的《煽乱刊物条例》，两部条例仅是中文译名相同——编者注）,③ 首次明确规定：在香港出版的刊物，不得刊载有损香港或内地治安和政局稳定的内容。次年 3 月 5 日，颁布《煽乱刊物（持有）条例》④，修正 1914 年颁布的《煽乱刊物条例》，扩大

---

① The Seditious Publishing Ordinance, The Hong Kong Government Gazette, October 11, 1907, p. 1288. 有关该法例的名称有不同的记载，有记载为《禁止报章登载煽惑友邦作乱之文字专律》，见方汉奇《中国近代报刊史》（下），山西人民出版社，1981 年版，第 515 页。也有记载为《中国刊物（禁止）条例》，见梁伟贤、陈文敏主编《传播法新论》，（香港）商务印书馆有限公司，1995 年版，第 47、347 页。

② The Hong Kong Government Gazette, 1st May, 1908, p. 534. 该规则名称为作者所加。

③ Sedition Publications Ordinance, The Hong Kong Government Gazette, April 24, 1914, pp. 130-132.

④ Sedition Publications (Possession) Ordinance, The Hong Kong Government Gazette, March 5, 1915, pp. 119-120.

管制范围。与此同时，港英当局为了维持香港在殖民统治下"文明"的外表，先后颁布了《淫亵刊物条例》(1914年)①和《淫亵展览物条例》(1918年)②，试图遏制色情刊物的泛滥。

1926年6月19日，省港大罢工爆发。罢工组织呼吁言论、出版自由，其不但没有得到港英当局的响应，反而遭到了更加严厉的压制。21日，总督司徒拔宣布紧急戒严令。③25日，港英政府颁布《紧急管制规则》，强调未经批准，任何人不得印刷、出版、散布包含中文的报纸、标语牌或小册子，或者引进或自办相关刊物。④港英政府在华民政务司设立专门的新闻检查处，对华文报纸、邮件和电报实行审查。上述《规则》成为港英政府实施新闻检查的法律依据。

从1927年到1937年，中国内地发生国共内战，舆论争斗延伸到香港，推进了港英政府加强出版物监管的立法进程。港英当局于1927年12月23日颁布新的《印刷业及出版业条例》，⑤同时废除1886年的《印刷业及出版业条例》。该条例扩充了"报刊"的定义范围，将周期从26天扩展到1个月；增加了报刊注册时负责的人员，东主、印刷商、出版商以及总编辑均需注册登记；调整了报刊管理体系，港督会同行政局、警务处长、裁判司等均有权对刊物印刷、出版的相应流程实施管制；取消保证金制度。此后，港英政府又根据当时报业发展状况及管制需要多次修订《印刷业及出版业条例》：1930年，恢复保证金制度；⑥1933年，扩大管制范围，将报刊的发行间隔从不超过"1个月"调整为"3个月"；⑦

---

① Obscene Publications Ordinance, The Hong Kong Government Gazette, June 5, 1914, pp. 196-197.

② Indecent Exhibitions Ordinance, The Hong Kong Government Gazette, May 31, 1918, pp. 229-230.

③ 余绳武、刘存宽主编：《20世纪的香港》，中国大百科全局出版社、(香港)麒麟书业有限公司，1995年版，第106页。

④ Regulations under the Emergency Regulations Or-dinance 1922, The Hong Kong Government Ga-zette, June 25, 1925, pp. 318-319.

⑤ The Printers and Publishers Ordinance, The Hong Kong Government Gazette, December 23, 1927, pp. 563-569.

⑥ The Printers and Publishers Amendment Ordi-nance 1930, The Hong Kong Government Ga-zette, March 3, 1930, pp. 7-8.

⑦ The Printers and Publishers Amendment Ordi-nance 1933, The Hong Kong Government Ga-zette, February 17, 1933, p. 93.

1934 年，加强港督会同行政局管制报刊的权力范围；① 1937 年，又一次修正。②
通过若干次的修订，港英政府明显强化了对印刷、出版业的管制。港英当局表
面上允许不同政党报刊在香港创办和论争，对中国事务的评论不加干预，但以
这些报刊言论不危及港英政府的管治权威为底线。

　　1937 年抗日战争全面爆发以后，战争风云迅速波及香港，港英当局制定了
一系列新闻法规以钳制抗日舆论。港英政府于 1938 年 9 月 2 日颁布了《煽乱条
例》和《违禁出版物条例》，③ 禁止传播和扩散有"煽乱意图"和"不良"的
出版物。同年 10 月 7 日，港英政府颁布《紧急措施规例》，④ 规定未经华民政
务司同意，不得参加集会、发表煽乱言辞或散布煽乱刊物。12 月 22 日，港英政
府又颁布《修正煽乱条例》。⑤ 1940 年 1 月 13 日，港督颁布《传播物控制
令》，⑥ 规定凡未经检查的报刊、书籍、图片等各类传播物均禁止向境内外流
通。1941 年 8 月 29 日，港英政府颁布《印刷业及出版业条例修正规则》，在原
条例第 4 部分增添一条："如果登记官认为必要，他可以为维护公共安全、防御
战争或者有效诉讼，或者为维持社区的供应与服务等而拒绝任何报刊的登记申
请。"⑦ 依托这些法规，港英当局实施严密的新闻检查。当时，"出入香港的电
文、书信、通讯等都逃不过检查员的眼睛、笔和剪刀。到了 1941 年，这方面的
检查就更加严密，举凡涉及政治、军事及'诋毁'日本或影响时局的言论和通
讯，一律被剪掉"。⑧ 港英政府正是通过这些法令的授权，进一步控制舆论，企
图使香港的局势不因抗战而发生变化，达到其稳固殖民统治的目的。

---

① The Printers and Publishers Amendment Ordi－nance 1934, The Hong Kong Government Ga-
　zette, September 14, 1934, p. 733.

② The Printers and Publishers Amendment Ordi－nance 1937, The Hong Kong Government Ga-
　zette, July 30, 1937, p. 594.

③ Sedition Ordinance, The Hong Kong Government Gazette, September 2, 1938, pp. 649-650;
　The Prohibited Publication Ordinance, The Hong Kong Government Gazette, September 2,
　1938, pp. 652-653.

④ Regulations under the Emergency Regulations Or－dinance 1922, The Hong Kong Government
　Ga-zette, October 7, 1938, pp. 728-729.

⑤ Sedition Amendment Ordinance, The Hong Kong Government Gazette, December 23, 1938,
　pp. 923-933.

⑥ Control of Communication Order, The Hong Kong Government Gazette, December 23, 1938,
　pp. 932-933. 也有译作《禁止擅运刊物令》，见马光仁：《中国近代新闻法制史》，上海
　社会科学院出版社，2007 年版，第 239、348 页。

⑦ 《印刷业及出版业条例修正规则》，TheHong Kong Government Gazette, August 29, 1941,
　p. 1332.

⑧ 关礼雄：《日占时期的香港》，三联书店（香港）有限公司，1995 年版，第 24 页。

在此阶段，港英当局还于 1903 年颁布了《无线电报条例》，1926 年修订颁布了《邮政局条例》，1936 年修订颁布了《电讯条例》，以及列有附表的《无线电讯规则》和《许可证条件》。《无线电讯规则》首次对诞生于 20 世纪上半叶的广播媒介作出相关规定。

此外，1941 年到 1945 年是日军占领香港的"沦陷"期，日本殖民统治者在香港施行日本法律。1941 年和 1942 年，日本殖民者先后颁布《新闻事业令》和《映画演剧检阅规则》等，这些成为日本军政厅和总督府在香港对报刊和电影实施统治的主要法令。短暂的三年零八个月，成为英国殖民统治香港 150 年间英国法律的"空窗期"。

纵观此阶段颁布的新闻法令法规，呈现出以下特点。

首先，形成了"内容监管为主、注册监管为辅"的内容体系。20 世纪上半叶，中国内地风云变幻的情势对香港的冲击明显趋深，而港英当局的新闻管制也明显趋严，表现为：立法密度明显趋高，此阶段颁布的新闻法规是前一阶段颁布法规的 4 倍多；立法内容日趋全面，几乎涵盖了从注册登记到印刷发行的所有环节。港英当局对当时的舆论时时警惕，处处设防，对传播内容实施全方位的审查和控制，令新闻界遭到空前的压制。《港英政府公报》记载，仅 1941 年 6 月至 11 月的半年时间里，香港就至少有《生活》《星岛周报》《国风日报》等 12 种报刊遭到取缔或被迫停刊，[1] 平均每月有两种。

其次，确立了"新闻立法为体、新闻检查为用"的管制模式。统治者的利益成为影响新闻业发展的决定性因素，当新闻舆论影响到港英当局的殖民统治利益时，当局便会通过立法的形式冠冕堂皇地管制新闻媒体、实施新闻检查，新闻法制成为港英政府管制舆论的"合法外衣"。港英当局曾在第一次世界大战、省港大罢工和抗战时期实施三次新闻检查。[2] 比如 1939 年 8 月，港英政府在华民政务司设立"华文报纸新闻检查处"，由一位主任及三位委员组成。"从每天晚上 7 时到翌日凌晨，各委员分三班工作。不论任何中文报纸、杂志，在出版之前要先选清样两份送到检查处，一份留在报社作存底，一份经检查后交回报社。由负责检查的委员认可，签字作实，才能发表。"[3] 新闻立法与新闻检查相互利用，主要目的是通过对中文报刊的事先检查使当时报刊的舆论力量难

---

① 这些报刊取缔或停刊的记载参见《香港政府宪报》1941 年 6 月 6 日、6 月 13 日、6 月 20 日、8 月 8 日、8 月 22 日、9 月 19 日、11 月 7 日等。

② 李少南：《香港的中西报业》，见王赓武主编：《香港史新编》（下册），三联书店（香港）有限公司，1997 年版，第 526 页。

③ 谢永光：《香港抗战风云录》，（香港）天地图书有限公司，1995 年版，第 72 页。

以施展，这也"和英国人自诩的法治精神不合"。①

值得注意的是，此阶段香港新闻法制的历史局限性暴露无遗。出于殖民统治的需要而建立起来的香港法律体系充满了奴役和歧视色彩，由于警惕中国内地革命风潮的可能蔓延，港英当局颁布的绝大多数新闻法规限制了占香港总人口95%以上的华人的言论出版自由、思想自由乃至政治活动，使华文媒体禁锢重重。因此，当时香港虽然成为祖国内地舆论战场的延伸阵地，但香港的报刊只能在上述法规的夹缝中求生存。

三、英国殖民统治后期香港新闻法制的延续（1945—1985）

从"二战"结束英国乘势恢复在香港的殖民统治，到1985年5月27日《中英关于香港问题的联合声明》正式生效前，香港迈入英国殖民统治的后期，港英政府"固守"其在香港的殖民统治，"在一种恐惧管治权威受到挑战和威胁的情况下"②，进一步延续了有关新闻内容监管法规的制定。英国加紧了对香港的建设，香港的社会政治、经济与文化环境发生较大的变化，香港的新闻业也蓬勃发展，而港英政府却一反常态地"制定出一套与英国本土新闻自由背道而驰的出版法"③。

抗战胜利以后，国际国内的形势急剧变化，尤其是新中国成立以后，港英当局不仅迅速调整了对华政策，同时也调整了新闻媒体的监管法规。1949年，港英当局颁布第8号法例，修订1922年《紧急措施条例》，赋予"港督会同行政会议在紧急状态下可以颁布各种法令"④ 的权力。12月28日，总督葛洪量根据特别授权颁布行政法规《紧急措施（主要）施行规则》。⑤ 该规则虽不是专门的新闻法规，但第二章的第5条到第28条对出版物及通讯的检查与管制制定了十分详尽的施行要求，规定港英政府可以强令报纸刊载官方的消息和执行新闻检查。此后，港英政府还曾援引《紧急措施条例》颁布过相关法规。1967年5

---

① 邹韬奋：《新闻检查》，《韬奋文集》（第三卷），生活·读书·新知三联书店，1955年版，第147页。

② 梁伟贤、陈文敏主编：《传播法新论》，（香港）商务印书馆有限公司，1995年版，第48页。

③ 梁伟贤、陈文敏主编：《传播法新论》，（香港）商务印书馆有限公司，1995年版，第354页。

④ Emergency Regulations Ordinance, Laws of Hong Kong CAP. 241, Hong Kong Government Print-er, 1950. pp. 451-453.

⑤ 《紧急措施（主要）施行规则》（Emergency Principle Regulations），《香港年鉴》（第四回）（中卷），（香港）华侨日报有限公司，1951年版，第19-37页。

月，"反英抗暴"斗争爆发后，港英政府一度宣布进入紧急状态。5 月 24 日，颁布紧急法例，防止煽动性广播；6 月 1 日，颁布《1967 年紧急（防止煽动性标语）规例》；6 月 24 日，颁布《1967 年紧急（预防恐吓）法例》，禁止举行带有威胁性的集会；7 月 20 日，颁布法例，禁止口头或文字的谣言传播。① 此外，还于 7 月 22 日、8 月 1 日和 9 月 5 日三次修正《紧急措施（主要）规则》。② 这些紧急状态下制定并颁布的法令，虽属于一般性法律，但其对于新闻业的影响却非常大，是香港新闻法制史上不容忽视的"非专门性"新闻法规。为了防止中国内地的革命思潮蔓延至香港，20 世纪上半叶颁布的《煽乱条例》《煽乱刊物条例》和《印刷业及出版业条例》等已经无法适应和满足港英政府对于新闻媒体及舆论的控制需要。1951 年 5 月 17 日，港英政府颁布《刊物管制综合条例》，③ 该条例"是由于 1949 年中国共产党夺得政权前后，左派报纸纷纷在港成立，港英政府感到有加以控制的必要而订立的法例"。④ 该法例包含"总则""报纸登记及发行规则""印刷机（领照营业）规则""新闻通讯社规则"和"印刷品（管制）规则"五个部分，五部分共同构建了新闻业管制的完整体系。该法例大大限制了出版自由，规定港英政府可以管制一切在香港的报刊、通讯社和印刷所。"它把过去订立的相关法例重新整理充实，成为一条承前启后、最全面、最严密的监管新闻出版业的法例。"⑤

香港自 1957 年创办电视以后，电视的影响日益扩大。原先管制电子传播的依据《电讯条例》已经无法满足需要。1964 年 1 月 6 日，港英政府通过《电视条例》，首次"提供了对商业电视广播的法定管制"⑥。对广播牌照、持股限制、播放技术条件、节目等做出规定，强化了当局对于电子媒介的监管权。同年 12 月，港英当局颁布《电视（节目标准）规则》和《电视（广告）规则》。⑦ 1973

---

① 陈昕、郭志坤主编：《香港全纪录（卷二：1960—1997 年）》，中华书局（香港）有限公司，1998 年版，第 79-80 页。

② 《香港年鉴》（第二十一回）（第三篇），（香港）华侨日报有限公司，1968 年版，第 40-41 页。

③ 《刊物管制综合条例》（Control of Publication Consolidation Ordinance），见马沅编译：《香港法律汇编》（第四卷），（香港）华侨日报有限公司，1953 年版，第 158-161 页，又译作《出版物管制综合条例》《充实出版物管制条例》。

④ 陈韬文：《权力结构、经济发展与新闻体制：香港和新加坡的比较》，《现代传播》1997 年第 3 期。

⑤ 李谷城：《香港报业百年沧桑》，（香港）明报出版社有限公司，2000 年版，第 190 页。

⑥ 梁伟贤：《九七前香港新闻法例的变动趋势》，《法学评论》1989 年第 3 期。

⑦ 《香港年鉴》（第十九回）（第三篇），（香港）华侨日报有限公司，1966 年版，第 73-74 页。

年 1 月 2 9 日，立法局三读通过 1973 年《电视（修订）法案》，① 该法案对持牌人等作出更加明确的规定，进一步落实了总督会同行政局在管制电视牌照方面的权力。

由于香港特殊的社会环境，战后一些趣味不高的软性新闻、色情内容和揭秘新闻等风行一时。香港报业公会在 1959 年 3 月 18 日的年会上指出："香港黄色小报刊数量惊人，此种情形，足以影响整个报业之声誉。"② 面对这样一种越来越严重的现象，港英政府有意识地加强了管制。1949 年将 1918 年颁布的《不雅物品展示条例》改为《不雅物品展示及色情刊物综合条例》，1959 年则改为《不雅物品展示（修订）条例》。1975 年，港英当局于 8 月 15 日颁布了《不良出版物条例》，③ 除了继续禁止"不雅的""色情的"和"厌恶的"出版物以外，该条例首次明确规定，禁止任何对青少年（16 岁以下人士）有损害的"不良出版物"，希望借此对色情及淫亵刊物的泛滥起到阻遏作用。

港英当局曾于 1950 年对 1888 年的《书刊注册条例》进行修订，到 1976 年 9 月 26 日，港英政府再次制定并颁布《书刊注册条例》。④ 与报刊、通讯社注册需要以出版社机构整体办理注册登记不同的是，书刊的注册以个别出版物单本为单位进行登记。注册程序较之报刊注册而言也较简单，只需要出版人办理相关手续即可。

此外，英国殖民统治后期香港还颁布了《英国电影条例》（1947）、《电影检查规则》（1953）、《不良医药广告条例》（1953）、《公安条例》（1967）、《失实陈述条例》（1 969）、《版权（香港）宪令》（1972）、《版权条例》（1973）等与新闻传播活动有关的法规，丰富了香港地区新闻传播的法律体系。

此阶段的新闻法制也延续了前一阶段的基本特点，即具有"内容监管为主、注册监管为辅"的内容体系。与前两阶段相比，此阶段的新闻法制还有以下特点。

首先，表现出"立法严、执法宽"的政策特点。为了建立、维护和保持在香港的殖民统治，港英政府采取了柔性的殖民策略。一方面，在立法过程和法

---

① 《电视（修订）法案》，《香港年鉴》（第二十七回）（第三篇），（香港）华侨日报有限公司，1974 年版，第 28-29 页。

② 转引自张圭阳：《金庸与明报传奇》，（台湾）允晨文化实业有限公司，2005 年版，第 31 页。

③ 《不良出版物条例》（Objectionable Publications Ordinance），见《香港年鉴》（第二十九回）（第三篇），（香港）华侨日报有限公司，1976 年版，第 30 页。

④ Books Registration Ordinance, Laws of Hong Kong CAP. 142, 1-2, Hong Kong Govern ment Printer, 1989, pp. 1-2.

律内容上十分严厉。1951 年的《刊物管制综合条例》被认为是港英统治时期最严厉的新闻法。在该条例颁布后，港英当局曾两度援引该法例，一是 1952 年"三一事件"中《大公报》遭停刊，二是 1967 年"反英抗暴"运动中 3 家本地报刊遭停刊。另一方面，港英颁布的严苛新闻法令几乎是"备而不用"。虽然各类规定十分严苛，但只要办理注册登记手续便可在香港创办任何类型或内容的刊物。"二战"以后，香港报业呈现出百花齐放之势，政党报、商业报、文化报、小报等共存于市场，反映了港英当局宽松办报的执法实际现状。1951—1961 年间，香港注册报刊 173 家，其中时事新闻类 132 家；1962—1972 年间共197 家，其中时事新闻类 148 家；1973—1983 年间共 190 家，其中时事新闻类73 家。在《刊物管制综合条例》颁布后的 30 多年间，香港共注册报刊 560 家，平均每年注册近 17 家。①

其次，形成了"法律规范为主、道德约束为辅"的控制格局。延续时期的香港新闻法制不仅从法律上赋予各种新闻传播机构及其行为的规范化要求，同时也提出了不少有关道德领域的要求。《刊物管制综合条例》禁止损害社会风化、亵渎社会公德等犯罪行为，《不良出版物条例》重点检查有损社会道德的刊物，《电视（节目标准）规则》要求传播"提倡道德或有益社会之节目"。法律和道德规范相辅相成，相互促进，有利于法治秩序的构建。

虽然不少法令几乎是"备而不用"，但"对香港的办报人来说，那些富有弹性的规定，已足以构成相当的精神威胁了"②。新闻媒体受到无形的压力，在实施监督时，必然会有所顾忌。可见，在香港新闻法制逐渐进步的情况下，其负面影响仍客观存在。

四、英国殖民统治末期香港新闻法制的调整（1985—1997）

自 1985 年中英《联合声明》生效，到 1997 年 6 月 30 日中国政府恢复对香港行使主权之前，是英国殖民统治香港的末期。港英当局为掩盖其殖民专制本质，采取"监管自由化"政策，打着新闻自由的"幌子"调整和放松了有关新闻媒体管制的法令法规。

中英《联合声明》生效以后，英国政府表面上与中国展开有关香港问题的

---

① 参见梁伟贤、陈文敏主编：《传播法新论》，（香港）商务印书馆有限公司，1995 年版，第 27 页。

② 林友兰：《香港报业发展史》，（台湾）世界书局，1977 年版，第 118 页。

谈判和合作，实际上则推行了一系列"非殖民化"① 措施，企图阻挠香港的顺利回归。不顾中方的反对，英国人"别有用心"地在香港推行所谓"民主化"改革，港英当局连续推出"代议政制""居英权计划""人权法案""政改方案"等议题，设置了一道道障碍，中英之间也展开了激烈的较量，这些"非殖民化"举措一次又一次地被中国政府挫败。表面上看来，这些"非殖民化"措施表明港英当局作出了一些顺应社会潮流的改革，采取民主化进程逐步放弃直接行使殖民统治权，但另一方面港英政府却将自己培养起来的政治精英逐步推向领导地位，从而最大限度地保护了宗主国的经济和战略利益。实质上看，港英当局则是"要把香港变成一个独立或半独立的政治实体，延长撤退后英国对香港的殖民影响"②，这是港英当局一种以退为进的"再殖民化"，是一种希冀进一步巩固港英殖民统治的"伪民主化"，与中英《联合声明》精神背道而驰。这是过渡期香港新闻法制调整的基本背景和主要原因。

进入回归过渡期，港英政府开始检讨几乎"备而不用"的1951年《刊物管制综合条例》。1986年12月19日，港英政府同时公布《1986年刊物管制综合（修订）条例草案》和《1986年公安（修订）条例草案》。前者拟取消管制和查禁报刊的条款，以减少对新闻自由的限制。③ 港英政府也建议，撤销原条例中有关恶意报道可能惊动或扰乱公众舆论的条文，并将之加入修订的《公安条例》中作为补充条款。④ 对此，社会各界意见不一，这使得原定于1987年1月21日立法局对草案的二读三读一再推迟。直到3月11日，立法局才将两草案付诸二读，有14位议员发言支持，12位反对，2位弃权。二读通过后，立即进入委员

---

① 所谓"非殖民化"（decolonization）政策，是指当英国在其某个殖民地的独立日期即将届临之际，会在殖民后期迅速将殖民地的一些政府部门分割，逐渐改由独立管理委员会负责，目的是将权力下放，让原本政府拥有的一些权力改由公营机构负责，或者原本的一些公营机构就借机独立，这是英国在"非殖民化"过程中的一贯政策。见郑镜明：《英国"非殖民化"与BBC模式的移植经验》，（香港）《信报财经月刊》1998年5月。"非殖民化"和"民族解放运动"是一个历史过程的两个方面，"民族解放运动"强调的是民族主义者争取民族独立的活动，"非殖民化"则强调殖民国家在殖民帝国瓦解过程中的活动。前者强调殖民帝国的衰亡是民族主义力量的强大和斗争的结果，后者强调本文殖民国家给予殖民地独立的主观能动性。见张顺洪：《大英帝国的瓦解——英国的非殖民化与香港问题》，社会科学文献出版社，1997年版，第1页。
② 刘曼容：《香港政治制度与香港社会》，广州：广东人民出版社，2009年版，第44页。
③ 《香港年鉴》（第四十一回）（第三篇），（香港）华侨日报有限公司，1988年版，第4-5页。
④ 《香港年鉴》（第四十一回）（第三篇），（香港）华侨日报有限公司，1988年版，第5页。

会审议，经过激烈讨论，三读通过两（草案）修订的条例。①

1987 年 3 月，港英当局颁布《本地报刊注册条例》，② 包括附属的《报刊注册及发行规则》和《新闻通讯社注册规则》，大大简化了报刊注册程序，撤销了《刊物管制综合条例》及有关对内容的限制性条款。与此同时，有关"虚假新闻"条文的争议一直不断。1988 年 12 月 9 日，布政司霍德建议撤销该条款。1989 年 1 月 19 日，港英当局最后正式撤销了《公安条例》中关于"虚假新闻"的第 27 条。至此，香港新闻法制进入了彻底放松对内容监管的阶段。

色情刊物充斥市场一直令香港社会各界关注。1985 年 11 月 12 日，香港记者协会曾发表报告书，呼吁撤销现行出版法例、对《不良出版物条例》作重大修订。③ 1986 年 8 月 15 日，港英政府刊登宪报，公布《1986 年管制淫亵、暴力及不雅物品条例草案》。④ 次年 9 月 1 日港英政府颁布《管制淫亵及不雅物品条例》⑤，正式取代《不良出版物条例》，同时生效的还有《管制淫亵及不雅物品规例》和《管制淫亵及不雅物品规则》，⑥ 从而形成了完整的淫亵及不雅物品监管体系。

香港广播电视事业发展一日千里，成为与市民生活日益紧密的一部分。原先广播电视的管理机构、管理政策已经不能适应现状。1987 年 7 月 8 日，立法局通过 1987 年《广播事务管理局条例》，⑦ 9 月 1 日生效。条例决定设立广播事务管理局，并制定其法定权力和职责，负责监管香港所有电视及广播。根据条例规定，广播事务管理局制定并颁布了《电视业务守则——节目标准》《电台业务守则——节目标准》《卫星电视业务守则——节目标准》《卫星电台业务守则——节目标准》和《收费电视业务守则——节目标准》，使广播电视节目的日

---

① 《立法局会议过程正式纪录》，香港政府印务局，1987 年 3 月 11 日，第 641-698 页。

② Registration of Local Newspapers Ordinance，Laws of Hong Kong CAP. 268，Hong Kong Government Printer，1987，pp. 1-7.

③ 《一年来之香港报业》，《香港年鉴》（第三十九回）（第三篇），（香港）华侨日报有限公司，1986 年版，第 112 页。

④ 《香港年鉴》（第四十回）（第四篇），（香港）华侨日报有限公司，1987 年版，第 5-6 页。

⑤ Control of Obscene and Indecent Articles Ordi-nance，Laws of Hong Kong CAP. 390，Hong Kong Government Printer，1987，pp. 1-21.

⑥ Control of Obscene and Indecent Articles Regula-tions，Control of Obscene and Indecent ArticlesRules，Laws of Hong Kong CAP. 390，Hong Kong Government Printer，1987，pp. A1-A2，B1-B27.

⑦ 《立法局会议过程正式纪录》，香港政府印务局，1987 年 7 月 8 日，第 1192-1194、1203 页。

常运行有（行政）法可依。

鉴于商营电视台和电台的经营牌照分别于 1988 年和 1989 年底期满，港英政府从 1984 年起便开始讨论牌照期满后的广播政策。为了"维护今后本港的电视广播事业的独立自主性"①，1988 年 7 月 20 日，立法局三读通过《电视（修订）条例》，对有关持牌控股（控制）权、专利税征收和广告播映等作出重点修订。港英政府一贯奉行"积极不干预"政策，广播电视法规主要在宏观上对频道资源调配提出指导。

除上述新闻法规外，过渡时期港英当局还修订和颁布了其他一些法规，如 1987 年的《电影检查条例》及其后的修订，基本确立了香港的电影管制体系。1997 年 6 月 27 日颁布的《官方机密条例》，将英国 1911 年至 1989 年《官方机密法令》适用于香港的条文本地化，其中有关资料保护的规定要求新闻报道不得与该条例的规定相抵触。

当然，在过渡期对香港地区新闻法制影响最大的莫过于《香港人权法案条例》。1991 年 6 月 5 日，港英当局在未同中方磋商的情况下，单方面通过了《香港人权法案条例》。6 日，中国外交部发表声明，严正指出："英方不顾中国政府多次申明的原则立场，执意要在香港制定一个对香港特别行政区基本法的贯彻产生不利影响的人权法案。对此，中方表示遗憾，并保留在 1997 年后适当时候按基本法的有关规定，对香港的现行法律包括人权法案进行审查的权力。"②事实上，后来香港上诉法院在相关审理中也曾经指出，修订的《英皇制诰》有如下作用："《英皇制诰》禁止立法机关在立法时违反在香港适用的《公民权利和政治权利国际公约》，从而使《人权法案》享有凌驾性地位。《人权法案》是在香港适用的《公约》的体现。因此，任何与《人权法案》相抵触的立法都是违宪的，法院作为宪法的监护者将会予以推翻。"③ 这项规定赋予了《人权法案》凌驾于香港其他法律之上的地位，"把香港带进违宪审查的时代"④。此后，港英当局以《人权法案》为依据，对其他香港法律进行大"审查"：以"抵触"《人权法案》为由，废除了 50 多项条例，同时以"贯彻"《人权法案》为由，

---

① 《谭王口鸣议员致辞》，《立法局会议过程正式纪录》，香港政府印务局，1988 年版，第 1232 页。

② 转引自陈昕、郭志坤主编：《香港全纪录（卷二：1960—1997 年）》，中华书局（香港）有限公司，1998 年版，第 395 页。

③ 香港上诉法院在 R v Chan Chak-fan 案（〔1994〕3 HKG 145，153）的判词。转引自陈弘毅：《香港特别行政区的法治轨迹》，中国民主法制出版社，2010 年版，第 45 页。

④ 陈弘毅：《香港特别行政区的法治轨迹》，中国民主法制出版社，2010 年版，第 45 页。

新制定了一批法律。①

纵观过渡时期港英当局的新闻法制建设与调整状况，主要表现出以下特点。

首先，呈现出"自由为表、专制为核"的法制思维。香港回归之前，港英当局为洗刷其不民主形象，掩盖其殖民专制的本质，大力鼓吹新闻自由，加速修订和颁布有关法令，使新法例更加宽松和带有自由化色彩。港英当局以"不管制"替代传统的"管制"，取消了对新闻媒介在传播内容过程、行为、渠道等方面的诸多限制，而实行市场准入的"放任"和自由化机制（对于属于公共资源的电子媒介频道仍实施审批制）。尤其是《香港人权法案条例》，表面上放宽了对言论及新闻自由的法律规范，但实质上却是港英当局实施其"非殖民化"政策而在上层建筑领域的表现，乃是港英当局希望在香港回归以后建立起一个"没有英国人的英国社会"，渗透更多更大的思想意识力量，在撤退后延续英国殖民统治的影响。而另一方面，虽然经过修订大部分与新闻传播有关的法例都变得越来越宽松，但仍有少数法例制约香港的新闻自由。港英政府继续保持《紧急措施条例》，这意味着一旦进入紧急状态，港督仍然可以下令实施新闻预检制度，禁止刊物的进出口，命令传播媒介刊载官方消息。在表面上放松管制，在实质上加强渗透，港英当局双管齐下，在过渡时期构筑了一套有利于维护殖民统治形象的新闻法律制度，这套法律制度只是戴着保障香港居民权利的高帽，而行延续殖民统治影响之实。

其次，形成了"立法主导凸显、行政主导弱化"的立法格局。长期以来，香港一直实行港督集权、行政主导的模式，绝大多数法律都由"总督会同行政局制定"。由于香港的新闻法制基本是英国的翻版，因此，通过行政手段建构的香港的新闻法制，其本质无非在于为香港新闻业设计一条符合港英政府意志的发展轨迹，均以维护殖民统治当局及其宗主国的利益为宗旨。

进入过渡期，伴随着港英当局政治改革的进程，香港的新闻立法也逐渐偏向于由立法主导，在一定程度上改变了过去以政代法、以政领法的格局。新闻法律的颁布与施行虽然仍然有工具性与功利性的一面，但已经相对趋于理性，更加呈现出新闻立法的长效性与价值性，更多地从法治化建设的需要出发。

五、结语

英国殖民统治香港 150 余年间，港英当局制定了名目繁多的新闻法规，呈现出由松趋紧、再转松的演变轨迹，法律制度的两面性始终贯穿期间。一方面，

---

① 徐静琳：《演进中的香港法》，上海大学出版社，2002 年版，第 220 页。

港英当局所建构的新闻法制体系是殖民统治的产物，或多或少地带有殖民主义的烙印。虽然英国是世界上最先倡导言论出版自由的国家，但是，"长期以来为维护殖民统治，统治者并未……对香港实施宽松的新闻自由，只是在香港新闻工作者斗争下，统治者才像'挤牙膏'似的，逐步放松"①。在香港回归过渡期，中国政府努力落实中英《联合声明》的基本精神，于1990年4月4日颁布了《中华人民共和国香港特别行政区基本法》，为香港回归祖国后的继续稳定、繁荣提供了最根本的法律保障。"基本法体现了中国既要收回政权，又致力维持香港繁荣稳定的决心，也是港人实践一国两制的宪制文件。"②《基本法》明确了香港回归后新闻法制的基本方向，其第27条规定："香港居民享有言论、新闻、出版的自由，结社、集会、游行、示威的自由，组织和参加工会、罢工的权利和自由。"③ 殖民时期的香港虽然制定了为数不少的新闻法律条文，但从来都没有一条是有关言论出版、新闻自由的保障性规定。不管港英政府如何修订、调整和"洗刷"，其殖民统治的根本性质没有变，其缺乏民主的实质没有变，其150多年的根深蒂固影响并非一时之功即可彻底荡涤。

另一方面，香港新闻法制中包含了资本主义法制的开放元素和相对的民主机制。港英当局通过移植和修正，建构了法制较为健全、司法相对独立、保障基本到位的新闻法制体系。香港新闻法制总体上是趋于宽松的，客观上顺应了香港新闻业发展的内在要求，对于香港新闻传播媒介的发展具有积极作用。1990年4月4日由全国人大审议通过的《中华人民共和国香港特别行政区基本法》第8条明确规定："香港原有法律，即普通法、衡平法、条例、附属立法和习惯法，除同本法相抵触或经香港特别行政区的立法机关作出修改者外，予以保留。"第160条也规定："香港特别行政区成立时，香港原有法律除由全国人民代表大会常务委员会宣布为同本法抵触者外，采用为香港特别行政区法律，如以后发现有的法律与本法抵触，可依照本法规定的程序修改或停止生效。"④ 尤其是在中国即将恢复对香港行使主权的大背景下，经过中国政府的据理力争和严正交涉，港英当局释放其宗主国享受数百年的新闻自由，使香港终于摆脱

---

① 刘澜昌：《香港在一国两制下的新闻生态》，（台湾）秀威信息科技股份有限公司，2008年版，第11页。

② 史深良：《香港政制纵横谈》，广东人民出版社，1991年版，第223页。

③ 《香港特别行政区基本法》，载香港特别行政区基本法起草委员会秘书处编：《关于中华人民共和国香港特别行政区基本法的重要文件》，人民出版社，1990年版，第122页。

④ 《中华人民共和国香港特别行政区基本法》，北京：法律出版社，1990年版，第4、42页。

了束缚已久的思想枷锁,轻装上阵,尽管港英当局在主观上是为了给中国政府治理香港制造麻烦,但其行为客观上毕竟还是为回归以后的新闻法治化建设奠定了一定的基础。

当然,香港要真正落实新闻自由,既要对殖民统治的影响作清理,也应保留有利于香港繁荣稳定的东西,这或许是我们面对香港新闻法制史的应有态度。

(原载《法律文化研究》2016年12月)

新闻业务与观念变迁

触电的谎言与真相："电传假新闻"
事件的媒介记忆重访

王润泽　杨奇光

摘要：假新闻不是新鲜事，中国新闻史上曾发生多起经由电报这一当时的"新媒介"制造和传播的假新闻事件。作为文本中的记忆，在突发新闻事件中，报馆往往为了时效性而忽视对电报的核实，电报局员工在电码转录过程中也常"误伤"真相，而战争、政治类新闻则是"电传假新闻"真正的重灾区，其背后是不同政治立场和利益关系间的博弈。作为记忆中的媒介，电报既引发了"技术崇拜"也导致"技术失信"。从将"电传新闻"等同于"真实新闻"到有意识核实电报信源、判断信息真伪，专业性媒体建构起自身的合法性，同时也在声援和反思那些因制造假新闻而受迫害之报人报馆的过程中，塑造了维护新闻界文化权威的集体记忆。通过重访"电传假新闻"事件，本文进一步探讨已死媒介的现代传播学意义，同时也为技术与后真相的现实焦虑提供历史参考。

关键词：假新闻　电报　媒介记忆　新闻真实

一、引言

《科学》杂志上的一项研究发现，推特上的假新闻（特别是政治类新闻）比真新闻传播得更快、更深、更广。[①] 当"假新闻"经由英国脱欧、美国大选"通俄门"发酵为国际化"爆款"词时，处在"后真相时代"的大众虽坐拥各式便捷的新媒介，却对"何者为真"感到越发惶惑，即便是专业新闻媒体也常常处于这样一种窘境——一面在讨伐新媒介（主要是社交媒介）散播不实消息的过程中为专业主义正名，一面却在各类迭现的新闻反转事件中"杀敌一千，

---

① Vosoughil, S., Roy, D. & Aral, S., The Spread of True and False News Online. Science, 359 (6380), 2018, pp. 1146-1151.

自损八百"。

现实的焦虑不妨从历史中寻找释疑。其实，电报①作为曾经的"新媒介"（相较于传统邮政书信）在 19 世纪 70 年代引入中国后也曾制造并传播了众多假新闻。虽然以"时效性"著称的电报催生了"电传新闻体"并推动近代中国进入"新闻电讯时代"②，然而被赋予期望的电报很快因为一系列"电传假新闻"的出现而成为人们质疑的对象。清末，"1882 年上海被海啸吞没"，北宁之战中国"被获胜"……民初，"东北军暗扶清王""冯玉祥在湖南独立"……诸多经由电报传播的假新闻"不知何日方罢休"，"电报随笔捏造，人民受其愚弄"③。小报造假，大报也难辞其咎。不同政治派别编造假新闻以获取所谓宣传效果，"新闻的政治性和真实性如何相统一"第一次成为一个严肃问题。④

然而中国新闻史上的"电传假新闻"却被现有"媒介记忆"研究有所遗忘。既有研究较多关注战争、革命、灾难、名人逝世等重大事件的媒介记忆文本，但媒介记忆研究"不应仅仅局限于狭隘的'记忆工作'，也不能只关注有意识的记忆建构（例如纪念报道）"，而应以新闻媒介为主体并将新闻生产视为一种"记忆实践"⑤。具体而言，媒介记忆研究的对象包括"媒介自己叙述或经由媒介叙述的集体过去"和"关于媒介本身的记忆"⑥，特别是当媒介从形式上消

---

① 注：本文中的电报指经由陆上电缆和海底电缆传播的有线电报，不包括无线电报。19 世纪 40 年代，莫尔斯制作了实用的电报装置并使用点、线代表字母。在中国，电报技术是带有殖民侵略性质被动传入的，1865 年，一位英国商人未经政府批准，擅自在上海架设了长达 16 英里的电报线路；1870 年，丹麦大北电报公司同样私自将海底电缆铺设到了上海。据记载，"香港到上海海中之电报铁线业已造成，定于九月二十三日于海中曳系至上海"，"此举乃大但国电报公司所行"（参见《中国教会新报》1870 年第 109 期）。1880 年，电报总局由李鸿章在天津设立，电报技术引入中国后主要用于传递谕旨（参见宁树藩：《中国近代报刊的业务演变概述》，《新闻大学》1981 年第 1 期，第 83-90 页），1880 年的一道上谕中便已出现了"电报"二字，"惟此次上谕有电报二字，都人皆谓为创见也"（参见《申报》1880 年 8 月 24 日），而中国新闻史上真正第一条"新闻专电"的出现则是在 1882 年，其内容是"清廷查办云南按察使渎职"（参见《申报》1882 年 1 月 16 日）。

② 邓绍根：《论晚清电报兴起与近代中国新闻业的发展》，《安徽大学学报（哲学社会科学版）》2013 年第 4 期。

③ 《自由谈话会》，《申报》1913 年 5 月 30 日。

④ 宁树藩：《中国近代报刊的业务演变概述》，《新闻大学》1981 年第 1 期。

⑤ 李红涛、黄顺铭：《新闻生产即记忆实践——媒体记忆领域的边界与批判性议题》，《新闻记者》2015 年第 7 期。

⑥ Neiger, M., Meyers, O. & Zandberg, E., On Media Memory: Editors' Introduction. In Neiger, M., Meyers, O. & Zandberg, E. (Eds.). On Media Memory. London: Palgrave Macmillan, 2011, pp. 1-24.

失之后，"记忆便成为它的信息"①。

由是，"媒介自己叙述或经由媒介叙述"的假新闻事件和"关于电报在新闻传播实践中的记忆"构成了本文研究的两大对象并衍生出三类具体问题：（1）"假新闻"不是一个仅存在于当下时空中的传播现象，历史上的"电传假新闻"事件究竟有哪些典型案例？是什么因素导致的？（2）电报作为已死媒介在"假新闻"的生产和传播中扮演了怎样的角色？当时的新闻媒体是如何对待电报信源并进行新闻核实的？（3）"电传假新闻"造成了怎样的社会影响？又为新闻界塑造了怎样的集体记忆？上述问题也分别指向文本、技术和机构这三重分析维度。

二、电报、媒介记忆与假新闻研究

媒介记忆理论认为，发挥存储和中介功能的各类媒介在信息采集、组织、分类和传播的过程中建构了公众的集体记忆，媒介记忆的运行离不开作为物质基础的媒介技术以及与媒介相勾连的政治、经济和社会文化生态。②③ 媒介记忆研究通常围绕文本（context）和机构（agency）这两大概念展开，但忽视了技术因素在媒介记忆实践中产生的影响，作为已死媒介的"电报"及其与"假新闻"相关的记忆则更是被遗忘。

现有关于电报的媒介记忆书写多关注作为技术的电报在传播学意义上的表现。《作为文化的传播》（*Communication As Culture*）一书中，詹姆斯·凯瑞（James W. Carey）曾指出，电报技术使得信息的传播独立于运输工具的载体并使得运输（transportation）和传播（communication）分离，这从根本上改变了"传播"一词的性质。④ 从政治经济学的角度出发，理查德·约翰（Richard R. John）在《网络国家：美国电信业的发明》（*Network Nation：Inventing American Telecommunications*）一书中阐释了电报与邮政、电话的不同发展历程以及新电报

---

① 吴世文、杨国斌：《追忆消逝的网站：互联网记忆、媒介传记与网站历史》，《国际新闻界》2018 年第 4 期。

② Lohmeier, C. & Pentzold, C., Making Mediated Memory Work：Cuban-Americans, Miami Media and the Doings of Diaspora Memories. Media, Culture & Society, 36 (6), 2014, pp. 776-789.

③ Hoskins, A., Media, Memory, Metaphor：Remembering and the Connective Turn. Parallax, 17 (4), 2011, pp. 19-31.

④ Carey, J. W., Communication As Culture：Essays on Media and Society. Boston：Unwin Hyman, 1989, pp. 213.

技术与政府、公众的交互关系。① 在具体新闻业务领域，电报技术建构了新的叙事模式——"电传新闻体"，这种以倒金字塔形式为代表的新闻文体标志着美国的新闻报道从"故事模式"向"信息模式"转变。② 尽管耗时更长，但最终采用电传新闻体的中国新闻叙事也与西方叙事结构相一致。③ 从语言风格来看，西方电报语言去掉了口语和方言成为一种"科学的语言"④，与之相似的是，中国的电报语言风格也表现为"淘汰详细描述并分析内容的做法，代之以提供单纯事实"⑤。此外，电报技术还推动了中国报纸发行号外、增加专电数量和设立特请"访员"，特别是民国成立后，电讯在报纸上出现的频次增加，电报技术促进了新闻报道的全面性、时效性、真实性和客观性观念的实践，并同这些观念产生互动。⑥

中国"电传假新闻"方面的研究鲜见于一些报人的回忆性文章，如李浩然在《十年编辑之经历》中将电传新闻失实的原因总结为：电报局扣押新闻电，政府、军队审查删减以及电信半夜到来无时间核查等。⑦ 学者肖江波通过研究战争报道中的电传假新闻发现，近代的"新闻真实"是有限的真实，战争报道中的假电报表现出的是一种"希望的真实"。⑧ 西方"电传假新闻"的研究则主要围绕 19 世纪晚期美国的电传假新闻现象展开。19 世纪晚期的美国记者为了稿费收益，经常通过杜撰新闻细节的方式让身处远方而无从核实的报社编辑信以

---

① John, R. J., Network Nation：Inventing American Telecommunications. Cambridge, MA：Harvard University Press, 2010, pp. 54-55.

② Schudson, M., Discovering The News：A Social History of American Newspapers. New York：Basic Books, 1978, pp. 106-120.

③ 陈昌凤：《电传新闻对中美新闻叙事结构的影响——1870—1920 年代〈申报〉与〈纽约时报〉的叙事结构比较》，《国际新闻界》2009 年第 1 期。

④ Carey, J. W., The Dark Continent of American Journalism. In Munson, E. S. & Warren, C. A. (Eds.). James Carey：A Critical Reader. Minneapolis：University of Minnesota Press, 1986, pp. 144-188.

⑤ 黄旦：《传者图像：新闻专业主义的建构与消解》，上海：复旦大学出版社，2005 年版，第 83 页。

⑥ 王润泽、余玉：《技术与观念的互动：民初传播技术进步与新闻业务发展》，《国际新闻界》2016 年第 3 期。

⑦ 李浩然：《十年编辑之经历》，《新闻报馆三十年纪念册》，1929 年。

⑧ 肖江波：《中国近代新闻真实的实践嬗变（1872—1912）》，中国人民大学新闻学院博士论文，2017 年。

为真，从而增加自己稿子的见报率。① 近年来学术界的讨论热点还聚焦于如何评价电报技术为新闻业带来的"时效性"。以 Kielbowicz 为代表的一派认为，电报技术不论在内容还是形式上都使得以时效性著称的新闻报道受到观众的追捧，如今公众所熟知的突发新闻报道（breaking news）即来源于电传新闻。② 另一派以理查德·约翰为代表的研究者则批判以技术决定论的思维将电报技术等同于高时效性的媒介，并指出，电报并不一定是较旧媒介而言更优质的媒介，历史上美国记者通过电报制造了众多违背新闻真实性理念的假新闻。③

总体上看，现有研究注意到了电报技术的应用对于新闻真实存在的"两面作用"，但这些研究以一般性的描述或历史叙述为主，虽涉及电传假新闻的内容，但多是通过信源不明的传言或二手文献展开论述，缺少以"假新闻"的"真文本"为一手研究史料的案例分析，也未能对媒介技术之于新闻传播业的意义展开媒介记忆考察。

三、研究设计

在概念界定上，为了避免越俎代庖地讨论"'假新闻'是不是新闻"这类"白马非马"类的哲学问题，④ 同时为了论述严谨，本文借鉴杨保军对于"假新闻"的定义——以不实的"新闻事实"为依据而报道出来的"新闻"⑤。具体而

---

① Tucher, A., The Ture, the False, and the "Not Exactly Lying": Making Fakes and Telling Stories in the Age of the Real Thing. In Canada, M. (Ed.). Literature and Journalsim: Inspirations, Intersections, and Inventions from Ben Franklin to Stephen Colbert . London: Palgrave Macmillan, 2013, pp. 91-118.

② Kielbowicz, R. B., Electrifying News! Journalists, Audiences, and the Culture of Timeliness in the United States, 1840—1920. Time & Society, 2013, pp, 1-31 (published online).

③ John, R. J., Letters, Telegrams, News. In Bernier C., Newman, J. & Pethers, M. (Eds.). The Edinburgh Companion to Nineteenth Century American Letters and Letter-writing. Edinburgh, UK: Edinburgh University Press Ltd, 2016, pp. 119-135.

④ 注："新闻"与"新闻报道"存在分野——"新闻无所谓真假，假的就不是新闻，有真假的是新闻报道，所谓'假新闻'其实是假新闻报道"（参见芮必峰：《新闻与新闻报道》，《新闻大学》2004 年第 2 期，第 17-21 页），且现有概念史研究中的"新闻"也多指代"新闻报道"，后者是一种"约定俗成"的"主导概念"（参见操瑞青：《作为假设的新闻真实：新闻报道的知识合法性建构》，《国际新闻界》2017 年第 5 期）。

⑤ 杨保军：《认清假新闻的真面目》，《新闻记者》2011 年第 2 期。

言，本文所指的"电传假新闻"主要是指在客观事实层面上的不实新闻报道。①记录假新闻或是能够反映假新闻的报道文本类型主要包括以下三类：（1）经由电报技术传播、被媒体报道并最终呈现在报刊上的假新闻（一般媒体通过"更正"的方式承认此前报道不实）；（2）经由电报技术传播并被媒体认定为假的新闻，例如电报局所发的假电报以及官员政客捏造的电报等；（3）"电传假新闻"所引发后续社会事件的报道和相关评论。

　　本研究将中国"电传假新闻"出现的时间范围确定为自19世纪70年代电报技术引入中国起，至20世纪30年代初结束。② 获取"电传假新闻"的文本是研究的关键，本文主要使用文本分析和文献研究法，通过关键词穷尽检索的方式在报刊数据库中获取有关"电传假新闻"的相关文本，最终在总计157篇文本中获得有效文本41篇。③ 研究文本主要来源于最早利用电报技术传输新闻、较早设立访员以及大规模推出新闻专电的商业报纸代表——《申报》和"忘己之为大，无私之谓公"的政论报纸代表——《大公报》，同时兼涉部分杂志和小报。

四、"假新闻"与"真文本"

媒介记忆研究聚焦新闻再现中的"历史"元素，"电传假新闻"能够被人

---

① 注：界定"假新闻"离不开"新闻真实"的概念，学者杨保军认为"新闻真实与否，就是看新闻与其报道的客观对象是否符合"（参见杨保军：《新闻真实论》，北京：中国人民大学出版社，2006年版，第8页），当代中国马克思主义的"新闻真实观"则是指坚持"事实真实"、"过程真实"、强调"统一性"或"全面性"的"统一真实观"（参见杨保军：《统一性：当代中国马克思主义新闻真实观的典型特征》，《新闻大学》2018年第1期，第27-34页）。此外，新媒体环境中，"有机真实""前瞻真实""反映（性的）真实"以及"再现（性的）真实"等成为"新闻真实"新的表现方式或实现类型（参见杨保军：《新媒介环境下新闻真实论视野中的几个新问题》，《新闻记者》2014年第10期；杨保军：《新闻真实需要回到"再现真实"》，《新闻记者》2016年第9期）。还有学者从"知识合法性"的角度将新闻真实作为一种"假设真实"（参见操瑞青：《作为假设的新闻真实：新闻报道的知识合法性建构》，《国际新闻界》2017年第5期）。

② 注：1865年英国商人最早私自在中国架设电报，本文将19世纪70年代作为研究时段的大致起点。历史上，有线电报和无线电报曾并行发展，1916年法国在上海顾家宅设立了第一座无线电台，但到1927年时最能引起竞争的还是新闻专电（参见王润泽：《中国新闻媒介史》，北京：北京大学出版社，2011年版），因而本研究将中国电报时代的假新闻结束时间大致锁定在20世纪20年代末至30年代初。

③ 注：主要通过"与"逻辑对"电报（文）+假""电报（文）+不实""电报（文）+谣言""电报（文）+更正"等关键词组在《申报》数据库、《大公报》数据库和"民国期刊全文数据库"进行穷尽式检索。

们认知并成为一种媒介记忆离不开新闻报道的历史记录作用。"假新闻"虽然在客观事实上"假"，但能够再现"假新闻"的"真文本"则真实存在于媒体的相关报道中且可溯及，它们正是"假新闻"的"真记忆"，也是能够再现"媒介自己叙述或经由媒介叙述的集体过去"的"真文本"。尽管造假主体多样、传播过程复杂，但通过归纳法可对"电传假新闻"进行溯因式归类。"电传假新闻"的出现既包括客观原因——突发事件电报来不及核实、人工错误抄写电报导致信息失实等，也包括主观原因——因政治利益需要或报业竞争需要而故意编造电报。如果说前者是对真相的一种"误伤"，那么后者则明显是传播谎言的"蓄谋"。

（一）突发事件中的假新闻

尽管电报技术极大增强了信息传播的时效性，但当地震、洪水、海啸等灾异突发时，电报局或媒体往往为了"抢时效"而忽视信息核实。1882 年，苏州吴中地区发生了一场持续一秒的小地震，然而这场"本亦无甚惊异"的小地震却被传导致"上海潮水大至洋场平地"，"水深八尺，均被淹没"。这则消息经由电报传播，甚至连官场"亦多误信"，还有人称发生了海啸，苏州的电报局人满为患，全部挤满了打探消息的人，甚至"有雇船来沪以探家属音耗"，一时间人心惶惶。直到"沪信到苏"，"众喙始息"，《申报》评论此事"是真无端取闹矣"①。

《申报》另一篇题为《襄水果有神乎》的报道还曾描述襄河发洪水导致民船倾覆的事情。报道称，发水前襄河附近的龙王庙便有怪响，因而人们"谓此次水灾，因不敬龙王所致"。后来《申报》指出，翻船事件并非人们不敬龙王导致的，真相是电报局误事所致——"电局报告湘潭水势应有二十六尺，乃误作六尺，以致未及预备，且更误报时期不及鸣锣告警"②。

（二）误伤的真相

电报局员工在编辑电码、转录文字的过程中也常出现失误。1884 年"日本兴师"一事便被证实是电报局误传的假新闻。当年中国派驻高丽的电报局工作人员"误闻日本国兴师入寇"，于是立即禀报，中方"飞派北洋兵舰二艘前往备敌"，英法各国得知此消息也迅速"派兵输赴高"，然而，"讵兵船到后，烽火不惊"，这时各方才知道此前的电报是误报的，电报员因此被撤。③

---

① 《谣惑无端》，《申报》1882 年 8 月 9 日。

② 《襄水果有神乎》，《申报》1908 年 4 月 18 日。

③ 《电报不实》，《益闻录》1886 年第 573 期。

《申报》曾记载电报局司事因"误缮朱谕"导致假传谕旨而引发社会动荡的事件。当时电报局所接朱谕内容为，"立大阿哥为穆宗毅皇帝嗣子"，但在发报的过程中"电局司事误缮立大阿哥为皇帝"，结果导致人心惶惶、谣言四起。由于"此事关系何等重大"，电报局司事最终因"漫不经心，既将电码误翻，且更率尔传布"被"严密稽查""照章惩处"①。

直至1931年，还有因电文誊抄出错而导致错误信息传播的事件，这次出错的主体是著名的《大公报》。在有关1931年国民会议进行情况的报道中，《大公报》因为电码的技术错误而导致信息失实。5月15日的《大公报》将本该18日闭幕的"国民会议第八次会"误报为"十六日闭幕"，翌日，《大公报》又声明更正："下午国民会议第八次会、为最后一次……十八日晨行闭会式……（昨电十六日闭幕系电码之误特此更正）。"②

（三）战争、军事新闻与利益斗争

战争、军事类新闻是"电传假新闻"的重灾区。其实早在北魏时期，当"露布"作为主要传播媒介时，政治家们便利用露布这一"盛极一时的宣传武器"③ 故意制造涉及战事的假新闻，"'作露布'来宣扬战役获胜对于提高士气聚拢军心有极大效果"④。"自有电报，则此省之事片时可达他省"，特别是与传统间谍刺探军情相比，电报"较之遣入间谍犹有中途被俘与探听不实，贻误军机之虑者，判然两途矣"⑤。

民国成立前后，政局跌宕，斗争激烈，各类"电传假新闻"也在这一时期泛滥。1912年，内务部步军统领衙门发出的一则电文声讨了部分捏造电报、制造假新闻的报馆，这从侧面反映出当时新闻传播界的混乱情形："京师各报馆深明事理，持平立论者固居多数，而意存破坏肆意诋毁者亦复不少……或诬蔑军队为宗社党羽，或捏造电报淆惑治安，或谤毁前清亲贵以希图敲，或泄露国务秘密以自炫新奇。"⑥ 鲜明的政治立场和利益关系则是假新闻现象背后深层次的原因。"鼓吹革命之报纸，辄纪民军胜而官军败，拥护帝政之报纸，则纪官军胜而民车败"，在民国初年的南北征伐中，"祖南者扬南而抑北，袒北者扬北而抑

① 《因误成谣》，《申报》1900年2月13日。
② 《十五日下午六时四十分发南京专电》，《大公报》1931年5月16日。
③ 方汉奇：《中国新闻事业通史》（第1卷），北京：中国人民大学出版社，1992年版，第16页。
④ 赵云泽、楚航：《古代传播媒介"露布"政治功能考察》，《新闻春秋》2017年第1期。
⑤ 《军情必须慎密说》，《申报》1883年12月20日。
⑥ 《关于新闻社员被捕之原因》，《大公报》1912年6月5日。

南，虚构新闻，捏造电报，双方均不能免"①。

"暗扶清王"是民国初年一起典型的假新闻案例。《大公报》记载，北京《中央新闻报》曾捏造电报，制造了关东军"暗扶清王"的假新闻。"五月三十一日，又接东督吉林都督及孟统制电称，中央新闻五月十九日专电栏载有奉天来电：赵尔巽、张作霖……暗扶某清王与宗社党，密议图谋不轨，一面请政府厚给关东军饷，冀遂鬼蜮伎俩等语，末署特派员电字样"，后经查证，电报局当时并没有收到《中央新闻报》的电报，因而"暗扶清王"纯属捏造，报馆经理郑翰之被捕后在参署最终也供认捏造电报的事实，吉林都督称"无疑该报创立异说，嗾使内乱"②。还有一些媒体通过捏造各省独立的消息以掀起舆论波澜。1916 年、1917 年曾先后有故意捏造的电报宣称"云南独立"和"湘省独立"。对于"云南独立"，警厅辟谣称，"不过少数党匪伏莽未清，捏造电报报纸，希图煽惑"③，对于"湘省独立"的传言，当时的政府也予以否认④。

《申报》还曾详细记载了一起《中华新报》《经世报》等报纸捏造电报制造"冯旅独立"的假新闻事件。当时，冯玉祥在常德宣布独立的谣言大肆传播，如7 月 11 日，《中华新报》《经世报》载有"事实上其独立已渐明了""常德独立已明确无疑"等语。7 月 12 日，《新京报》《大中报》则载有："冯在湖南独立沪上人士极为注意""冯有独立之意殊可确信"等语。⑤ 这篇题为《京警厅对于谣传冯旅独立之布告》的报道指出，"检查近来报纸纪载常德冯旅独立之事，其认为无稽谣传词而辟之者固属不少，而隐约其词迹近淆惑者，亦间有之"，然而"查冯旅长玉祥赤心为国服从中央，自克复常德以来，迭有军情文电报告，政府绝无所谓独立之说"，因而很难说此种谣言不是"奸人从中捏造，散布民间，希图扰乱军心破坏治安，以施其煽惑之诡计"。

除了上述因政治利益的驱使而编造的假新闻外，一些新闻报馆还会通过制造新闻专电的方式竞争读者注意力资源，"至各报纸竞争之焦点，则纯以电报赌胜负，而附以编辑印刷与评论"⑥。一些没有经济能力外派记者拍发专电的报馆则想方设法编造新闻专电，一些小报甚至贿赂电报局收发员，窃取他报专电或者直接伪造，有时报馆刊登某则电报的原因并不是其新闻价值大，而仅仅是因

---

① 《问评一》，《大公报》1914 年 8 月 31 日。
② 《关于新闻社员被捕之原因》，《大公报》1912 年 6 月 5 日。
③ 《警厅公布》，《大公报》1916 年 1 月 7 日。
④ 《政府否认湘省独立》，《大公报》1917 年 7 月 27 日。
⑤ 《京警厅对于谣传冯旅独立之布告》，《申报》1918 年 7 月 17 日。
⑥ 张一苇：《华北新闻界》，《报学月刊》1929 年第 2 期。

为电报的昂贵和其难获得性。

五、"假新闻"与"新媒介"

作为记忆中的媒介和技术手段，电报与其他舶来技术融入中国的方式类似——新技术甫一出现首先引发的是民众基于"华夷异俗"心理的恐慌、质疑乃至抵触，但尔后经由报刊媒介对于电报技术的推广①，人们很快意识到"炼魂魄成气以传电报"②的荒谬。尽管国人最初是从中华传统文化中"五行"和"气"的角度去解释电报这一传播技术，但电报之于信息传播的重要性已经成为一种共识。在经贸领域，电报在中国的使用"把对华贸易的两端用电报联系起来"③，"音传铁马，人间留有用之书。影掣金蛇，海底纳排空之气"，这一"创自西洋，近更疯传，遍及中国"的电报"谢纸笔之纷批，庚邮远达，悟阴阳之激耀，申洩同符。纵横四方，瞬息万里"，人们最终意识到这一技术"固无损乎根本，良有裨于国家。正宜碁布寰区，应星躔而绕地，何必风生议论"④。在新闻业，报馆对于电报这一新媒介的认知存在矛盾。起初，报馆将电报视为一种权威消息源，但伴随"电传假新闻"的出现，专业媒体和职业报人开始怀疑电报技术可能对新闻真实构成的损害。于是，在新闻实践过程中，特别是在报馆对于电报信源的态度产生转变以及尝试核实新闻真实性的努力中，电报作为一种媒介的记忆也被侧面记载。

（一）技术崇拜：电报被视为一种可靠的信源

电报应用于中国新闻传播业之初，专业报馆和职业报人都将电传新闻等同于真实的新闻，甚至将电报作为核实信息的手段和依据，在处理可疑信息时有时会完全依赖后续到来的电报。1879 年有传言称英国将对进口自中国的茶叶加收关税，于是"存栈各茶皆纷纷报税出栈，三日之内计出茶价值二十万两"，但是《申报》认为"此说大约不实"，原因是"英廷定欲加税必有电报，今已一月有余，而仍无动静，非风传之误而何"⑤。可见，在国际信息传播不畅、报馆鲜有驻外记者的时代，电报是《申报》认定"华茶加税"这一风闻为虚假信息

---

① 注：对电报技术引介的报刊包括《六合丛谈》、《上海新报》和《香港新报》等，其中《上海新报》刊载的有关电报的新闻多达 160 余篇［参见邓绍根：《论晚清电报兴起与近代中国新闻业的发展》，《安徽大学学报（哲学社会科学版）》2013 年第 4 期］。
② 《谣言宜禁止》，《点石斋画报》1896 年第 3 期。
③ 邮电史编辑室：《中国近代邮电史》，北京：人民邮电出版社 1984 年版，第 43-46 页。
④ 《中国电报创始记》，《益闻录》1881 年第 119 期。
⑤ 《华茶加税风闻》，《申报》1879 年 5 月 8 日。

的判定依据。《申报》不急于发布新闻而将电报作为可靠消息源的经典案例还发生在1894年7月。当时有传言称，载有北洋军的招商局美富轮船被日本兵船开炮攻击，《申报》是在子夜获知此传言"未及侦探详明"，因而"不敢以无据之词滥登报牍"，翌日一早，《申报》先是询问知情者，然后当电报到来后"始悉美富第一次运兵抵高毫无阻滞"。《申报》在题为《谰语无稽》的文章中对此事评论称，"观此情形似乎不逞之徒故意捏造谣言"，"抑此语出自日本人之口，曲为装点，以惑我华人乎，本馆不必置辩，惟有以谰语目之而已矣"①。

除了作为可靠的信息源，电报技术在1889年"西人巡捕殴打考生"的事件中还发挥着及时传递消息、完善新闻细节信息的作用，并作为平息社会愤怒的缓冲剂。汉口发生的一起"西人巡捕殴打考童"的消息首先由《申报》馆派驻当地的访事人通过专电发出，由于专电内容极为简单，对该事件中的具体细节语焉不详，民间谣言四起，认为是西人巡捕故意打伤考生。后来另一份"述之更祥"的电报交代了事情的原委：汉阳的考童渡河到对岸的汉镇闲游，因为看到繁华的街景忍不住东张西望，当时巡街的华捕"嘱其留心碰撞"，考童认为对方态度傲慢于是向华捕投掷石头，"势不能支"的华捕呼喊西捕支援殴打考童，结果局面失控，好在地方官及时出现，最后"逐各散归"②。

电报的缺失在当时的人们看来甚至直接意味着真实性的缺失。1900年义和团运动爆发后，京津两地电报中断，"土匪遂乘间播散谣言，肆其鼓煽"③，"电报阻隔消息稽迟"，给"不逞之徒遂播散谣言"提供了契机，土匪期冀在混乱中趁火打劫外商，各类谣言一出导致"中外商民纷纷束装欲行"④。

（二）技术失信：电报被视为对真实的干扰

徐宝璜将"正确""完全""迅速""丰富"作为新闻价值判断的重要标准，其中排位第一的要素"正确"即指不以讹传讹，不颠倒事实。⑤ 然而，电报绝非一直以积极的、优质的媒介形象促进"正确"之价值。如果说"有闻必录"⑥

---

① 《谰语无稽》，《申报》1894年7月26日。
② 《汉电译登》，《申报》1889年7月9日。
③ 《言简意赅》，《申报》1900年7月9日。
④ 《示禁谣言》，《申报》1900年8月13日。
⑤ 徐宝璜：《新闻学概论》，《新闻学刊》全集，上海：上海光新书局1930年版，第4页。
⑥ 注：关于"有闻必录"最早出现的时间在学术界有争议，宁树藩认为"有闻必录"一次最早出现于1883年（参见宁树藩：《"有闻必录"考》，《新闻研究资料》1986年第1期），而操瑞青通过考察《申报》"杨乃武与小白菜案"的报道推定，"有闻必录"的出现不晚于1876年（参见操瑞青：《建构报刊合法性："有闻必录"兴起的另一种认识》，《新闻与传播研究》2015年第3期）。

是报馆在纷繁复杂的电报信源面前保证信息全面性的一种巧妙策略（"有闻必录"也被指出是报馆报道不实新闻的挡箭牌），那么"宁摈而不录"则从反面进一步说明电报这一新媒介带来的信息干扰以及专业媒体在新闻真实实践中的矛盾心态。

1884 年中法在越南展开了"北宁之战"，关于战事结局众说纷纭，《申报》援引《循环日报》的消息称"现闻有西国电音传报，北宁已为中国官军克复"，这则消息的来源是"得诸电报局人所述"①，然而此前有法国方面的消息则称自己是战胜国。对此，《申报》并没有做出立即的判断，而是将全部的消息以"述闻"的方式记载下来。对于电报"宁摈而不录"的案例发生在 1908 年。光绪和慈禧分别于 1908 年 11 月 14 日和 11 月 15 日驾崩的消息被电报扩散，谣言四起。"京师谣言甚多，各公使均极注意使馆日发电报"②，《申报》称"本馆自闻国变以来，迭接京外可惊可骇之电信，不下数十通。报馆虽有有闻必录之例，本馆夙存实事求是之心，故宁摈而不录，以免震动"③。可见，对于电报《申报》表现出了质疑态度，而此时的专业媒体也已开始实施新闻核实的专业化程序（详见下文第六部分）。

民国初年，军阀混战中假电报频现，以至于当时的民意"赞成、反对全凭电报为标准"，这些假电报是"鬼蜮之徒往往假托要人名义"捏造的，其目的多在于"淆人听闻"，待当事人澄清真相为时已晚，对此《大公报》评论：

　　　　然方今官府检查电报十分严紧，而此种假电竟容拍发亦殊可疑，大约是项电报多系假造一稿送报馆登载，以图造谣。言者并非真曾拍发者也，是故假电诚须严查惩，一以儆百，庶几诈伪诬蔑之风稍息乎。然而自有假电发现，电报之效力乃愈失其信用矣。④

从上述评论中不难看出，电报这一技术已经在人们的认知观念中失其效力。

---

① 《北宁战务述闻》，《申报》1884 年 3 月 26 日。
② 《专电：电四（北京）》，《申报》1908 年 11 月 19 日。
③ 《论谣言之害》，《申报》1908 年 11 月 25 日。
④ 《假电报》，《大公报》1917 年 8 月 6 日。

六、"假新闻"与新闻界

(一) 新闻事实核实的初步努力

从建构自身合法性的角度来说，力求新闻真实并赢得受众信任是媒体追寻合法化地位的内在要求。① 在中国近代新闻界的集体记忆中，"新闻核实"是一种努力而非西方式的专业化程序，深植其中的是作为机构的报馆和职业报人关于"新闻真实"的独特文化观念。"真实性"在中国近代新闻实践中是有所缺失的，特别是"近代报刊中社会新闻的真实性比例很低"②。对于"电报"所传布的消息，以《申报》为代表的专业媒体在"有闻必录"和"宁摈而不录"的过程中也对"新媒介"中的信息进行着核实，尽管这种"核实"在早期多是以"私意度之"——尚无专业信源核实、交叉检验等现代核实手段的使用。

早在电报技术刚刚进入中国不久的 19 世纪 70 年代，《申报》对于电报消息进行核实方面的初步尝试在 1875 年"马嘉理（马加利）事件"③ 的报道中就有所体现。马嘉理是英国派往中国的翻译官，1875 年 2 月 21 日当马嘉理在云南准备同进行土地探测的英国探险队会合时，引起了当地军民的疑惑，双方交涉未果，马嘉理被击毙。《清史稿》记载，这起事件导致后来《烟台条约》的签订，"昭雪滇案"是条约中之一端，此外还涉及"优待往来"和"通商事务"。④ 在《烟台条约》签订前，英国要求中国巨额赔银以昭雪滇案的传言四起，然而"英京城太吾士新报馆"发出的一则电报中却称赔银"仅欲抚恤马君家属"。《申报》尽管对于这则电报"疑信参半"，但还是认为"其说更似合理"，原因大致有三：第一，太吾士新报馆"向来探事俱能确实"；第二，此前有消息称如"事如不谐"，那么英国"即须发兵"，但现在"尚按兵未动"；第三，英国舆论认为"戕杀马君加利之事，既系云南边人所为，实非中国国家授意"，基于此，《申报》的态度是，"谅此信决非子虚也，本馆更以私意度之"⑤。虽然《申报》的判断被证明是错误的（《烟台条约》规定，清政府对马嘉理事件及以前中英之间的案件各赔偿 20 万两白银），但在那个时代条件下，《申报》能够对经由电报

① 操瑞青：《作为假设的新闻真实：新闻报道的知识合法性建构》，《国际新闻界》2017年第 5 期。

② 王润泽：《中国新闻媒介史》，北京：北京大学出版社 2011 年版，第 336 页。

③ 注："马嘉理事件"也称"滇案"，《申报》报道中将"马嘉理"写作"马加利"，《清史稿》中写作马嘉理。

④ 赵尔巽等编：《清史稿》，卷 154，志一百二十九，邦交二（英吉利），1929 年。

⑤ 《论中英近信》，《申报》1875 年 9 月 11 日。

这一新媒介传播的消息展现出求证意识并在文本中向读者展示判断的可能依据和论证过程，这一专业性做法还是值得肯定的。

除《申报》外，《大公报》也在电报信息的核实中体现出了专业化。即便是对于官方的电报，《大公报》也会根据前线特派记者的报道进行核实，并在假新闻出现时及时更正。1903 年，军机处接到来自广西的电文称"浔州克复，其会匪即窜至郁林，未及防堵，故尔失守"①，这则消息被《大公报》刊登在 9 月 9 日的"时事要闻"专栏。一个多月后的 10 月 22 日，《大公报》又发布了一则"更正"，指出之前的电报是假新闻。这则"更正"指出，"前本报曾纪军机处接广西电云'浔州克复''郁林失守'一节，兹据广西特派员函述，当日电文恐不确已"，真正"失而克复"的"或系柳州"而不是浔州，浔州和郁林两地实则并无战乱并且"颇形安谧"②。

《大公报》在面对 1917 年各京报传言的"湘省有独立之说"时也表现出了独立和审慎的态度：

> 昨日京报多载湘省有独立之说，记者特向政府探询，据云并未接到此种电报。但汉口地方近破获大宗军火确系运往湘省者，现已扣留云。此湘省独立之说当不实也。③

不难发现，《大公报》判断"湘省独立"为假新闻的依据主要有二：第一，通过记者向政府求证获知政府并未接到电报；第二，事实依据是，可能支持湘省独立的大宗军火现已被扣留。

（二）"假新闻"的惩处与新闻界的声援

新闻媒体依靠言语与视觉符号展开记忆工作，与作为社会机制的新闻业自身的独特价值、历史和权威联系在一起。④ 中国新闻史上，作为制造和传播"电传假新闻"的机构（报馆）和个人（报人）曾遭受来自官方异常严厉的惩处，报界为此展开了声援和自我检讨，并在这一集体记忆的书写中修补新闻界的整体形象，维护新闻界的文化权威。

---

① 《时事要闻》，《大公报》1903 年 9 月 9 日。
② 《时事要闻》，《大公报》1903 年 10 月 22 日。
③ 《政府否认湘省独立》，《大公报》1917 年 7 月 27 日。
④ Zelizer, B. & Tenenboim-Weinblatt, K., Journalism's Memory Work. In Zelizer, B. & K. Tenenboim-Weinblatt, K. (Eds.), Journalism and Memory. London: Palgrave Macmillan, 2014, pp. 1-14.

民国初年，《中央新闻报》因捏造"暗扶清王"假电报直接导致了报人被逮捕。《大公报》曾分别于 1912 年 6 月 4、5、6 日连续三天对这起事件进行了报道。第一篇题为《捕拿新闻社员之骇闻》的消息记载了北京《中央新闻报》报社经理、主笔被捕的经过：

> 正阳门外樱桃斜街西口外……中央新闻社门前……两游缉队管带率领各该队兵约二百人并两厅巡警缉探队等甚伙拥进该报社，并有各队分在该社前后及南北两巷口隔断交通，似捕大盗。逾时闻院内摔砸之声，又逾时由内绑出该报社之十一人……分装车内，由队兵荷枪拥护，解往崇文门外南营参将衙门寄监候……①

对于逮捕《中央新闻报》经理和主笔，内务部步军统领衙门之通电中给出的理由是"本部本衙门有维持地方安宁责"，如果坐视不管，那么"无识市民"会附和谣言，可能会"贻害商民，骚动市面，波及友邦商旅，致招大祸"，"当此建设之时，报为言论机关有代表舆情之责"，此次严惩该报馆便能够"保全自由营业之各报，维持地面公安"②。

事后北京报界联合会曾准备在虎坊桥湖广会馆开会预议对待办法，但消息走漏，警卫队禁卫军包围了会馆，会议只能取消。《大公报》发表了《对于北京中央新闻报社员被捕之概言》的评论，文章对内务部和捏造电报的报馆都各打一大板——"官厅滥用威权即妨害公理，报馆捏造黑白即为谣惑人心"③。《大公报》认为，此案的起因是《中央新闻报》捏造的电报污蔑了军队，对此"以普通报律而争论罚可也"，然而官厅滥用威权，内务部即便要拘捕其助力，派一名警力足够，但军警二百余人包围报馆，并以绳索将报馆人员绑在囚车上，此事"虽满清专制时代无此"。但《大公报》也反思涉事报馆的做法不当，原因是，尽管"言论自由本报界应有之权利"，但报纸捏造假新闻的属于"一报之不知自爱而使报界受其影响"的行为，特别是政局动荡中，报纸的唯一天职应该是"保护公益""维护公安"。

前文所述"冯旅独立"这一假新闻事件中，涉事报馆也遭到了政府部门的严厉训斥："报纸登载新闻本应审核从事，俾符事实之真相。此等国絮军事上重

---

① 《捕拿新闻社员之骇闻》，《大公报》1912 年 6 月 4 日。
② 《关于新闻社员被捕之原因》，《大公报》1912 年 6 月 5 日。
③ 《对于北京中央新闻报社员被捕之概言》，《大公报》1912 年 6 月 6 日。

大问题，乃竟率尔登载。""京警厅"原本"应按照戒严法第十四条第一项办理"严肃查处报馆，但因为报馆也是转载通信社的消息，因而"念共风通信社先有此种谣传，各该报等容有误信之处，暂从宽宥"。即便如此，"京警局"发表的布告措辞对于报馆仍不无恐吓之意："希即一面饬令该通信社更正及查询此项谣传之来历，一面饬传前登各报主任人严加训饬……倘再任意纪载无稽谣言，经本司令部认为妨害时机，即当按法执行各报馆，勿谓本司令部言之不预也。"[1]

七、结论与讨论

媒介与记忆这两者间的关系在梵迪克看来是一种"互相形塑的过程"[2]。通过回溯中国新闻史上"电传假新闻"事件可以发现，作为新闻报道文本中的"真记忆"，"电传假新闻"事件的发生既有客观因素，也有主观动因。假新闻从来不是新鲜事儿，历史研究的意义正表现为能够为现实焦虑提供可能的参考。媒介记忆视角下，"电传假新闻事件"的重访既为"技术决定论"的争议再次提供了历史注解，同时也为揭示电报这一已死媒介的现代传播学意义提供想象空间。

打破"技术决定论"的藩篱，以历史的视角来看待新闻传播业中技术的地位不难发现，新技术并不必然意味着更优质的新闻生产手段。电报尽管曾作为专业媒体获取信息的快速、可靠的信源（甚至成为媒体判定真相的依据），但同时也制造了横亘于"有闻必录"和"宁摈而不录"这两类新闻实践观念间的历史张力，更频频引发人们对于技术的信任危机。媒介技术超越自身客观技术属性的复杂性还表现在，技术本身还为特定历史时空条件下新闻业中的机构和个人提供话语实践的资源。媒体在核实电报信源、判断电报信息真假的过程中建构起自身合法性，也在声援和反思因制造假新闻而遭受迫害之报人报馆的过程中塑造了维护新闻界文化权威的集体记忆，在上述过程中，电报技术作为或被批判的对象、或为求证真相的手段，同时为新闻机构和个人在靠近真相的努力中丰盈了彰显专业精神的话语资源。

"技术与新闻真实"是后真相时代的新闻生产者和新闻消费者共同面对的焦虑性话题。如果说詹姆斯·凯瑞（James W. Carey）所论证的电报技术的历史传

---

[1] 《京警厅对于谣传冯旅独立之布告》，《申报》1918年7月17日。

[2] Van Dijck. Mediated Memories in the Digital Age. Stanford，CA：Stanford University Press，2007，p. 2.

播学意义表现为，电报技术使信息传播第一次脱离了运输载体，那么电报作为曾经的新媒介与当今不断迭代的各类新媒介可能存在的相似之处，亦即前者可能为后者提供的借鉴意义——消亡媒介的现代传播学意义，则潜藏在人们通过技术趋近"新闻真实"、抵达"真相"彼岸的危险旅途中。新媒介为专业新闻机构和公众提供了更多求证真相的资源和途径，但与此同时，信息洪流下的新媒介也会让人们靠近真实的过程更加艰险曲折，新技术在重塑媒介未来形态的同时亦对新闻真实等新闻专业的理念与实践构成挑战。关于媒介技术的研究存在巨大挖掘空间，媒介技术的理论研究如何能够更好地与新闻传播史研究相结合也值得进一步思考。

（原载《现代传播（中国传媒大学学报）》2018 年第 10 期）

《陕西国民日报》的国民革命新闻观

李　文　贺才钏

摘要：本文认为，《陕西国民日报》的新闻观是基于近代反帝反封建的革命潮流和北伐时期的具体斗争目标而形成的，它延续了刘天章、雷晋笙、魏野畴等近代陕西旅外求学进步青年先前报刊活动的新闻思想，从而形成了以反帝反封建的价值目标为核心的新闻观，主张通过报刊唤醒民众，支持国民革命。《陕西国民日报》的新闻观主要包含三个层面的内涵，一是"报纸本系舆论工具"的新闻性质观，二是"导社会于至善至美之境"的新闻价值观，三是"取材须确实可靠""辞句须浅显明白"的新闻业务观。总之，《陕西国民日报》的新闻观就是以国民革命的最终胜利为价值目标的国民革命新闻观，它具有时代性、革命性的特征。

关键词：《陕西国民日报》　国民革命　北伐时期　反帝反封建

《陕西国民日报》是 1926 年底创刊于西安的一份以宣传国民革命为主的报纸。报名中的"国民"二字，即指涉国民革命。1924—1927 年的国民革命，是以国共两党为领导力量，以推翻北洋军阀统治为主要目标的战争和政治运动，其高潮阶段是北伐战争。1926 年 11 月西安解围后，陕西的革命运动在共产党的领导下走向高潮，陕西省、县国民党党部基本上是共产党员和共青团员建立起来的。共产党员李子洲、魏野畴、杨明轩等被选为国民党陕西省党部执行委员，魏野畴还兼任宣传部长。① 在这种背景下，《陕西国民日报》于 1926 年 12 月 22 日创刊，雷晋笙任社长，孟园梧任总编辑，黎光霁、吕凤岐、金鸿图等任编辑，除孟园梧为国民党左派人士外，其余都是共产党员。1927 年 2 月，中共陕甘区委成立，对《陕西国民日报》进行改组，区委候补委员刘天章兼任社长，雷晋

---

① 陕西省地方志编纂委员会编：《陕西省志·报刊志》，西安：陕西人民出版社，1997 年版，第 175 页。

笙调任省立第一中学校长。编辑冯润璋回忆说："陕西《国民日报》名义上是国共两党合办的报纸，实际上等于我们的党报。因为社长刘天章、编辑白超然、杨慰祖、袁禾生、谢幼石和负责出版发行的王璋峰，除谢幼石外，其余全都是共产党员。"① 因此，《陕西国民日报》名义上是国民党陕西省党部的机关报，实际上是由共产党员主持的报纸。

《陕西国民日报》反对北洋军阀的统治，支持北伐战争；谴责帝国主义压迫中国的事实，报道反帝爱国民族运动，转载外报同情中国革命的言论；反对封建势力，支持学生运动、妇女解放、农民运动，体现了共产党支持国民革命的立场。《陕西国民日报》成为北伐时期陕西人民的喉舌，日销量2000多份，是当时陕西地区发行量最大的报纸。在1927年7月的"清党"中，社长刘天章和编辑白超然被捕，报社被改组，报纸于8月中旬停刊。

一、《陕西国民日报》新闻观的基础

魏野畴、雷晋笙和刘天章等人的新闻思想，是在反帝反封建的长期斗争中形成的，尤其与共产党早期的斗争目标密不可分。在创办《陕西国民日报》的过程中，他们的新闻思想起到了为国民革命鼓与呼的作用。

魏野畴（1898—1928）于1913年考入西安三秦公学中学班，刘天章（1893—1934）于1914年春考入西安三秦公学留日预备科。1915年西安掀起反日反袁（世凯）的斗争，两人同为参加者。1917年，魏野畴考入北京高等师范史地部，而刘天章则于1918年夏考入北京大学预科。刘天章是北大学生会的负责人之一，是五四运动的积极分子和骨干。② 1920年1月20日，刘天章和魏野畴、杨钟健、李子洲等人创办旅京学生刊物《秦钟》月刊。《秦钟》的宗旨是："（一）唤起陕人自觉心，（二）介绍新知识于陕西，（三）宣布陕西社会状况于外界。"③ 从《秦钟》发刊词中，已经可以看出刘天章等人反帝反封建的新闻思想：

八年以来，吾侪果有一日之自由否耶？外则强敌侵凌，内则军阀跋扈，

---

① 冯润璋：《我担任陕西〈国民日报〉编辑的回忆》，见中国人民政治协商会议编：《西安文史资料（第11辑）》，西安：西安市委员会文史资料研究委员会，1987年版，第150-152页。

② 中共党史人物研究会编：《中共党史人物传（第十二卷）》，西安：陕西人民出版社，1996年版，第158页。

③ 《发刊词》，《秦钟》1920年第1期，第2页。

牺牲我财产，剥夺我生命，钳塞我口舌，摧残我舆论，蔑视公理，蹂躏人权，吾人之不自由，既已如彼其甚矣。而精神上则旧伦理拘束吾人之思想，恶习惯墨染吾人之性情，浊社会减削吾人之能力，使吾人天赋本能莫由发展，终日沦胥于狂风骇浪之环境中，而不克摆脱，以自拔于人生最乐之域。①

《秦钟》后来因反动军阀的压迫和旅京陕西学生联合会的内部分化而停刊，共出 6 期。1921 年 10 月 10 日，刘天章又与杨钟健、李子洲等人创办《共进》半月刊，针对"陕西年来土匪遍地，民贼肆虐，天灾流行，民不聊生"②的种种悲惨景象，提出了《共进》的宗旨："提倡桑梓文化，改造陕西社会"③，次年 10 月又在该刊的基础上发起成立陕西旅京学生的团体——共进社，将《共进》的宗旨改为"提倡文化，改造社会"④，开始关注国内外革命潮流和政治局势。《共进》的主要内容是反对帝国主义和封建军阀的统治。时任陕西省长和督军的直系军阀刘镇华祸陕，《共进》从第 5 期到第 16 期刊载了《去刘篇》《去刘运动》《去刘之言》《我的去刘后的主张》《刘祸一斑》《去刘之后》《时局变化中警刘之言》等主张驱除军阀刘镇华的文章。刘天章在《去刘之后》一文中提出，"要打倒军阀，免除我们的痛苦，达到我们要享的幸福：除过'直接行动'四字而外，别无办法"⑤。同年 10 月，刘天章又在《共进》中提出"中国要好，非先打倒军阀不可"⑥。明确提出打倒军阀的主张。《共进》从 1921 年 10 月创刊到 1926 年 9 月停刊，共出 105 期。它延续了刘天章等人在《秦钟》时期反帝反封建的办刊主张，体现出更明确的政治斗争立场，被称为"西北文化的晨钟！社会改造的导师！国民革命的先锋！"⑦

北京求学时期，刘天章与李大钊常有接触。1920 年冬，刘天章加入了社会主义青年团。次年中共"一大"召开后，刘天章经李大钊介绍加入了中国共产

---

① 《发刊词》，《秦钟》1920 年第 1 期，第 2 页。

② 本刊同人：《刊行的原因》，《共进》1921 年第 1 期，第 1 页。

③ 本刊同人：《刊行的原因》，《共进》1921 年第 1 期，第 1 页。

④ 《共进社简章》，《共进》1922 年第 23 期，第 1 页。

⑤ 天章：《去刘之后》，《共进》1922 年第 16 期，第 2 页。

⑥ 《本社社员刘天章君覆张树森君函》，《共进》1922 年第 24 期，第 1 页。

⑦ 《张仲超为共进社二届大会的题词》，《五四时期的社团（三）》，北京：生活·读书·新知三联书店，1979 年版，第 350 页。

党。① 魏野畴也于 1923 年初经李大钊、刘天章介绍，加入了中国共产党。② 与魏野畴、刘天章为陕西同乡的雷晋笙（1898—1931）于 1919 年初考取上海震旦大学法政科。1920 年春，雷晋笙与同学严信民编辑陕西旅沪学生会的刊物《秦铎》，内容主要是反对帝国主义侵略和封建军阀统治，不到半年即停刊。③ 后与严信民创办《新时代》旬刊，主张用劳工革命的方法改造中国，共出 10 期，因经费困难停刊。④ 雷晋笙于中共一大召开后由社会主义青年团团员转为中国共产党党员。⑤ 1924 年春，雷晋笙回到西安，筹建党团组织。初任陕西省教育厅主办的《教育月刊》的编辑，推动该刊主编王授金把刊物变成宣传新文化和反帝、反封建的阵地。⑥ 1924 年秋，雷晋笙联络吕佑乾、崔孟博等教育界人士，成立了西北青年社，出版了《西北青年》周刊。12 月，又成立西北晨钟社，出版了《西北晨钟》旬刊。这两份刊物实际上是中共地下团的刊物，揭露了帝国主义、封建军阀的罪恶，宣传了新思想。⑦ 1925 年 6 月，雷晋笙发起成立的雪耻会，利用《教育月刊》《新秦日报》，编印《雪耻特刊》、《雪耻》三日刊、《沸血》周刊，宣传上海五卅惨案中帝国主义和军阀的暴行。⑧ 这一时期，陕西还有魏野畴主办的《西安评论》三日刊，1925 年 8 月 12 日在西安创刊，揭露军阀的黑暗统治，宣传革命思想，共出 36 期。

由上，近代中国的现实刺激刘天章等人通过创办刊物的方式救陕、救国。加入中国共产党之前，他们即参加反日反袁的斗争和五四运动，创办了《秦钟》《秦铎》《共进》等刊物，传播了民主、科学的五四精神和反帝反封建的救国主张。加入中国共产党之后，他们从求学地回陕筹建党团组织，参与陕西地区的

---

① 中共党史人物研究会编：《中共党史人物传（第十二卷）》，西安：陕西人民出版社，1996 年版，第 159 页。

② 中共党史人物研究会编：《中共党史人物传（第五卷）》，西安：陕西人民出版社，1996 年版，第 139 页。

③ 中共党史人物研究会编：《中共党史人物传（第十七卷）》，西安：陕西人民出版社，1996 年版，第 108 页。

④ 中共党史人物研究会编：《中共党史人物传（第十七卷）》，西安：陕西人民出版社，1996 年版，第 109 页。

⑤ 中共党史人物研究会编：《中共党史人物传（第十七卷）》，西安：陕西人民出版社，1996 年版，第 109 页。

⑥ 中共党史人物研究会编：《中共党史人物传（第十七卷）》，西安：陕西人民出版社，1996 年版，第 111 页。

⑦ 中共党史人物研究会编：《中共党史人物传（第十七卷）》，西安：陕西人民出版社，1996 年版，第 111 页。

⑧ 中共党史人物研究会编：《中共党史人物传（第十七卷）》，西安：陕西人民出版社，1996 年版，第 114 页。

国民革命，创办了《西北青年》《西北晨钟》《西安评论》等刊物，抨击帝国主义和封建军阀的统治。1922 年 7 月，中共二大确立了"消除内乱，打倒军阀，建设国内和平；推翻国际帝国主义的压迫，达到中华民族完全独立"①的奋斗目标。从上述刊物的主要内容中可以看出，刘天章等人的报刊主张与中共二大确立的奋斗目标是一致的。1924 年 1 月，国民党一大的召开，标志着国民党改组的完成和国共合作的正式建立。在这样的背景下，中国共产党帮助国民党进行国民革命，具体落实国民革命的工作。以上这些新闻思想及其指导下的办报实践为《陕西国民日报》新闻观的形成奠定了基础。

二、《陕西国民日报》新闻观的内容

雷晋笙、刘天章于中共一大后加入了中国共产党，成为党的成员，执行党的政策。在《陕西国民日报》创刊期间，为了实现国民革命的目标，他们创造性地树立了国民革命新闻观，即以打倒帝国主义支持下的北洋军阀，实现国民革命的最终胜利为价值目标的新闻观。

（一）"报纸本系舆论工具"的新闻性质观

《陕西国民日报》刊登的各类报社启事较能体现该报对于新闻性质的认识。从创刊到终刊的半年多里，《陕西国民日报》刊登了以"编辑部""本社""本报"为主体的启事共 19 则。在这一时期可考的报刊文字中，《陕西国民日报》提出了"报纸本系舆论工具"的观点。如该报 1927 年 7 月 25 日的头版，即刊有"报纸本系舆论工具，凡登载投寄新闻评论诸文，概以公正确实为准则，始能导社会于至善至美之境，方不负国家设报之本意。乃近来稿中往往有语近互诘、辞涉谩骂者，似不合国家设报之本意，本报碍难登载。嗣后投稿诸君务请俯纳此意"②的文字。这里，《陕西国民日报》认为报纸的本质是舆论工具；它也积极发挥报纸作为舆论工具的作用，利用"社论""社评""评论""言论"

---

① 中共中央党史研究室. 中央档案馆编：《中国共产党第二次全国代表大会档案文献选编》，北京：中共党史出版社，2014 年版，第 9 页。
② 《报纸本系舆论工具》，《陕西国民日报》1927 年 7 月 25 日，第 1 版。

"时评""代论"等形式，对北伐战争、强迫教育运动①、蒋介石反革命政变等重大事件作了及时、深入的评论。表1是作者对《陕西国民日报》评论文章的统计，该表体现了《陕西国民日报》在舆论方面的主导方向，即支持北伐、支持国民革命。

表1　《陕西国民日报》评论文章统计表

标题	署名	发表时间	发表位置	主要内容
奉系军阀势力的分析	子修	1927年2月9日	第2版	反奉
反对英帝国主义出兵	味冬	1927年2月11日	第2版	反英帝国主义
怎样反抗英帝国主义的武力压迫	/	1927年2月14日	第2版	反英帝国主义
反英运动中的印度人和印度工人	/	1927年2月17日	第2版	反英帝国主义
纪念世界妇女解放运动	/	1927年3月8日	第2版	支持妇女解放
纪念"三一八"的双重意义	慰祖	1927年3月18日	第2版	反段；反帝
奉系军阀倒塌的时机	天章	1927年3月25日	第2版	反奉
援助沪工人的意念	慰祖	1927年3月29日	第2版	支持国民革命
援助上海工人大罢工	于右任	1927年4月1日	第2版	支持国民革命
黄花岗十六周年纪念	于右任	1927年4月2日	第2版	反帝反封建
敬告陕西各军队书	冯玉祥	1927年4月5日	第3版	号召国民联军东征
江南肃清后中国革命的局势	天章	1927年4月13日	第2版	支持国民革命
会师中原各方应走的道路	幼石	1927年4月16日	第2版	支持国民联军东征
你为什么失学？	惜言	1927年4月18日	第2版	反帝反封建
为什么要举行强迫教育大运动	于右任	1927年4月18日	第2版	唤起民众进行革命
接受革命教育	禾生	1927年4月19日	第2版	唤起民众进行革命
请进不要钱的露天学校	/	1927年4月20日	第2版	唤起民众进行革命
护党运动与蒋介石背党	天章	1927年4月25日	第2版	反蒋

---

① 所谓的"平民教育运动"（即强迫教育运动——引者）是大革命时期在陕西开展的一项针对普通民众的扫除文盲运动。1927年时，陕西全省人口计940万，不识字者在80%以上。国共合作时的国民联军驻陕总部为了提高陕西民众素质，先后提出"驻陕总部拟定强迫教育大运动计划""国民联军驻陕总部平民教育简章"等针对普通民众教育的进步主张，并于同年4月18日在莲花池举行强迫教育运动大会，由此掀起了轰轰烈烈的陕西"平民教育"运动。转引自谢林主编：《陕西省图书馆馆史（上）》，西安：三秦出版社，2009年版，第111页。

续表

标题	署名	发表时间	发表位置	主要内容
北京事件	晓渊	1927 年 4 月 28 日	第 2 版	反封建；援助中共
中国工农阶级今年五一中应有的觉悟	慰祖	1927 年 5 月 1 日	第 2 版	反帝反封建
汪精卫复职	惜言	1927 年 5 月 3 日	第 2 版	支持汪精卫复职
怎样纪念五四	惜言	1927 年 5 月 4 日	第 2 版	反帝反封建
纪念人类的导师马克思先生	/	1927 年 5 月 5 日	第 2 版	宣传共产主义
五九国耻纪念	松寿	1927 年 5 月 9 日	第 2 版	反帝反封建
（代论）蒋介石的死刑已宣告了	汪精卫	1927 年 5 月 16 日	第 2 版	反蒋
（代论）中国革命的新阶段与国民革命的新使命	邓演达	1927 年 5 月 26 日	第 2 版	支持国民革命
欢迎农民代表	梦周	1927 年 6 月 5 日	第 2 版	支持国民革命
倭奴侵略我国策略之表面	/	1927 年 7 月 23 日	第 1 版	反日帝国主义
政府底基点	铁	1927 年 7 月 29 日	第 2 版	支持南京政府

对表 1 中的评论文章进行分析后，作者发现，《陕西国民日报》主要从三个方面营造了支持国民革命的舆论。

1. 分析北伐战争形势与中国革命局势

1927 年 3 月，北伐军占领南京、上海。4 月，北伐军会师中原，冯玉祥领导的西北国民革命军准备出潼关东征。《陕西国民日报》发表了刘天章撰写的社论《江南肃清后中国革命的局势》，指出北伐军占领上海，对于中国国民革命有极重大的意义：

第一，革命军尽得长江要害，长江以南从此得共同的统一于青天白日旗帜之下。这样使国民革命的势力立于进可战，退可守的地位，得以：一、安然从事后面党务政务的整理；二、在江北皖豫战争中，因为后方无忧，可立于主动的地位去参加。第二，因为统一了长江，□□□内地贸易中惟一中枢的汉口和国际贸易□□中心的上海则消极方面切断了军阀财政的来源，打破了帝国主义经济侵略中国的系统，而积极方面因为汉口上海同入国民政府把握，中国经济重心即由军阀政府转移于国民政府，政治外交视线亦因之转移于国民政府。①

这篇社论还对当时国民联军出潼关东征表示支持，"当现在皖豫战争的局势之下，国民军誓师东出，真算是'兵以时动'了"②，并指出"陕西的民众，即确有了觉悟了。他们都愿意立在党的指导之下，从事国民革命的工作。他们明白了国民军出关和奉系军阀努力奋斗的意义，在谋中华全民族的解放，在拥护民众的利益"③。《陕西国民日报》通过这篇社论，分析了北伐军占领上海后中国革命局势的积极变化，从正面肯定了革命军占领上海、江南肃清的意义，又鼓舞了国民联军东出潼关的士气，从而引导民众支持国民革命，较能体现报纸作为舆论工具的作用。

2. 分析强迫教育运动的革命意义

1927 年 4 月，国民联军驻陕总司令部④在陕西开展了强迫教育运动。驻陕总部指出，"教育以培养国民革命实际斗争人材，实现民族民权民生主义，达到世界革命为宗旨"⑤，《陕西国民日报》也出版增刊来专门刊登强迫教育运动的命令、宣言、社论、报道等。《陕西国民日报》发表了于右任撰写的社论《为什么要举行强迫教育大运动》，对举行该运动的四个原因做了分析：

（一）自辛亥革命后，十六年来，我们陕西人民悲悲惨惨在军匪的铁蹄下，贪官污吏的摧残下讨生活，社会经济，一般的破产了，各级的学校停顿了，……我们想要竭尽自己的能力，谋补偿陕西十六年的损失，还得从教育方面入手，因为一般人不认得字，缺乏知识，所以不能觉悟，不能奋斗，才有这十六年的祸害。陕西人急需的是一般知识，有了知识，才能认识自己政治上的地位，才能维持自己的社会生活。所以这次强迫教育运动，

---

① 天章：《江南肃清后中国革命的局势》，《陕西国民日报》1927 年 4 月 13 日，第 2 版。
② 天章：《江南肃清后中国革命的局势》，《陕西国民日报》1927 年 4 月 13 日，第 2 版。
③ 天章：《江南肃清后中国革命的局势》，《陕西国民日报》1927 年 4 月 13 日，第 2 版。
④ 国民联军驻陕总司令部（简称驻陕总部）是 1926 年底反围城斗争胜利后冯玉祥的西北国民联军进驻西安后成立的，它是陕西党组织领导下的统一战线的政权，是战争时期临时性的军事政府，其中心任务是领导陕西人民进行军事的、政治的革命斗争，彻底打垮封建势力、军阀统治和一切反革命分子的反抗，完成国民革命。转引自中共陕西省委党校党史教研室、陕西省社会科学院党史研究室：《新民主主义革命时期陕西大事记述》，陕西人民出版社，1980 年版，第 117 页。
⑤ 《国联驻陕总司令部关于强迫教育之命令》，《陕西国民日报革命强迫教育增刊第一张》1927 年 4 月 18 日，第 1 版。

是含补偿损失的意义的。（二）中国人的死敌是帝国主义者和军阀；但一般民众，字也不认识，哪里晓得什么是帝国主义者，什么是军阀？甚至连自己身受的痛苦，也说不出他的根源；就是知到了，也没法子抵抗。现在我们唯一的责任，在唤醒民众；强迫教育就是唤醒民众的初步，也就是完成国民革命工作的基础。（三）……因为要巩固新社会的基础，所以才举行强迫教育运动。（四）……我们因为要为培养适应新时代的人们，所以要实行强迫教育。①

于右任指出，"陕西人急需的是一般知识"，并提出"现在我们唯一的责任，在唤醒民众"，试图引导民众接受文字启蒙，接受革命思想，从舆论上支持国民革命。驻陕总部也提出"教育革命化！教育社会化！"②的口号，来号召强迫教育运动。《陕西国民日报》专门为强迫教育运动出版增刊两大张，是其唯一的增刊，可见强迫教育运动作为当时唤起民众进行革命斗争的一种武器，对于国民革命的重要性。与《陕西国民日报》以往对国民革命及其高潮阶段——北伐战争的正面报道与评论不同，《陕西国民日报革命强迫教育增刊》主要对"国民革命工作的基础"——强迫教育运动进行集中报道与评论，从侧面支持了国民革命，这形成了《陕西国民日报》支持国民革命的又一重要舆论。

3. 分析蒋介石反革命活动

1927年4月，蒋介石背叛革命，南方之"四一二""四一五"大屠杀，北方之"四二八"惨案接踵而来，白色恐怖笼罩全国。③《陕西国民日报》发表了刘天章撰写的社论《护党运动与蒋介石背党》，历数蒋的叛党罪行，并设问："这比之中国历年的军阀专制，有什么差别，这不能不算是党内不幸的腐化？"④刘天章又接着提出护党与反蒋的主张：

　　　我们的党，是全体党员的党，是集权民主制的党，我们的党是为被压迫民族谋利益的奋斗的党；我们的党是打倒帝国主义和国内军阀专制制度的党；那么我们的站在主义的驱策之下，对于党内的不幸的腐化现象，要

---

① 于右任：《为什么要举行强迫教育大运动》，《陕西国民日报革命强迫教育增刊第一张》1927年4月18日，第2版。

② 《强迫教育大运动宣言》，《陕西国民日报革命强迫教育增刊第一张》1927年4月18日，第1版。

③ 梁兴亮：《大革命时期的陕西〈国民日报〉》，《新闻研究资料》1986年第3期，第206页。

④ 天章：《护党运动与蒋介石背党》，《陕西国民日报》1927年4月25日，第2版。

是坐视旁观不去纠正，便无异乎我们卖了主义，向军阀和帝国主义者投降！我们正确的方法，便是根据总理的遗产、主义和政策，站在党的纪律之下，努力护党，努力反对背党的蒋介石。①

当革命遭受挫败之时，《陕西国民日报》及时对蒋介石的反革命活动做出评论，用"纠错"的态度护党、反蒋，是为了国民革命能走向最后的胜利。这与刘天章等人一贯追求进步的革命态度与舆论主张相符，从舆论上支持了国民革命。5月1日，《陕西国民日报》还发表了总编辑杨慰祖撰写的社论《中国工农阶级今年五一中应有的觉悟》，总结了北伐以来孙传芳、吴佩孚主力被消灭，张作霖、张宗昌"已在革命民众前发抖，内部分裂，而到了最后的挣扎！"② 的成绩，转而指出，"事实告诉我们，蒋介石由右倾而一变为新式军阀了！一切反动势力、买办阶级、土豪、劣绅、小军阀、失意政客，都在摇旗呐喊于蒋介石的中山主义真正信徒的招旗之下，联合战线向我们进攻了！"③ 提醒人们北伐虽然取得了成绩，但是革命进程中旧的障碍仍然存在，新的军阀已经起来反革命了。这篇社论最后呼吁"打倒违背总理三大政策的蒋介石！""国民革命万岁！"④

江南肃清后，国民革命形势向好，中原会师在即，《陕西国民日报》利用评论分析时势，鼓舞士气，指明了斗争方向。强迫教育运动开展时，它又出版增刊，呼吁民众接受文字启蒙，接受革命思想。蒋介石发动反革命政变后，它及时揭露了其新军阀的本质，提醒人们巩固北伐的成果。由上，《陕西国民日报》在舆论上支持北伐，支持国民革命，这是"报纸本系舆论工具"的新闻性质观的具体体现。

（二）"导社会于至善至美之境"的新闻价值观

《陕西国民日报》提出："报纸本系舆论工具，凡登载投寄新闻评论诸文，概以公正确实为准则，始能导社会于至善至美之境，方不负国家设报之本意。"⑤ 这里，《陕西国民日报》强调"公正确实"的新闻、评论能"导社会于

---

① 天章：《护党运动与蒋介石背党》，《陕西国民日报》1927年4月25日，第2版。
② 慰祖：《中国工农阶级今年五一中应有的觉悟》，《陕西国民日报》1927年5月1日，第2版。
③ 慰祖：《中国工农阶级今年五一中应有的觉悟》，《陕西国民日报》1927年5月1日，第2版。
④ 慰祖：《中国工农阶级今年五一中应有的觉悟》，《陕西国民日报》1927年5月1日，第2版。
⑤ 《报纸本系舆论工具》，《陕西国民日报》1927年7月25日，第1版。

至善至美之境",这体现了它的新闻价值观。

1927年,中国革命正处于北伐战争时期。《全国农民第一次代表大会宣传纲要》指出:"国民革命的目的,是打倒帝国主义,铲除封建势力,建设民主政治的国家。"① 冯玉祥在《敬告陕西各军队书》中也指出:"我们国民军,在青天白日旗帜之下,做国民革命的工作,以国民党的主义为主义,以求中国之自由平等为目的。至如何实现这种主义,如何达到这种目的,可以分两个步骤:第一是铲除卖国军阀,第二是打倒帝国主义。"② 可见,当时革命者心目中所向往的"至善至美之境",即是没有军阀,没有帝国主义的国家。表2是作者对《陕西国民日报》各类新闻报道的统计表,这些报道较能体现该报"导社会于至善至美之境"的价值目标。

表2 《陕西国民日报》各类新闻报道统计表

新闻类别	标题	发表时间	发表位置	主要内容
特别新闻	英国实行以武力压迫中国之外电	1927年2月11日	第3版	反帝
国际新闻	帝国主义内部已经破裂	1927年2月9日	第2版	反帝
	英帝国主义之末日	1927年2月11日	第3版	反帝
	日报对英之抨击谓英之对华政策不合时宜	1927年2月12日	第3版	反帝
	英共产党对汉案之同情	1927年3月3日	第3版	反帝
	如雪片飞来的各地反英通电	1927年3月5日	第3版	反帝
	俄报对英通谍之批评	1927年3月27日	第4版	反帝
	对华不干涉运动	1927年4月8日	第2版	反帝
	万国妇女联盟 将派代表来华	1927年4月11日	第2版	妇女运动
	苏俄开庆祝中国北伐胜利大会	1927年4月13日	第3版	支持北伐
	葡萄牙革命将告成功	1927年5月9日	第3版	支持世界革命
	土耳其报界同情中国民族运动	1927年6月8日	第3版	支持中国民族运动
	菲律宾劳工党帮助中国革命运动之壮谋	1927年6月14日	第2版	支持中国革命运动
	韩人自由独立运动	1927年6月24日	第2版	支持世界革命

---

① 《全国农民第一次代表大会宣传纲要》,《陕西国民日报》1927年5月26日,第4版。
② 冯玉祥:《敬告陕西各军队书》,《陕西国民日报》1927年4月5日,第3版。

续表

新闻类别	标题	发表时间	发表位置	主要内容
国内新闻	广州英法当局怕群众收回沙面租界	1927 年 2 月 8 日	第 2 版	收回租界
	国民政府将收回外人在福州侵夺去的权利	1927 年 2 月 9 日	第 2 版	收回权利
	奉系军阀铁蹄下之北京新闻界	1927 年 2 月 12 日	第 2 版	反奉
	革命化之新四川	1927 年 2 月 12 日	第 2 版	反封建
	北伐军占领上海	1927 年 2 月 27 日	第 2 版	支持北伐
	革命军大举入皖	1927 年 3 月 4 日	第 2 版	支持北伐
	湘省土豪劣绅之末日已至	1927 年 3 月 4 日	第 4 版	反封建
	比五卅惨案更惨之上海大屠杀 孙传芳纵兵行凶 斩杀工人学生数十 沪商全体罢市志悼	1927 年 3 月 11 日	第 2 版	反封建
	英日帝国主义与奉军阀之交欢步骤	1927 年 3 月 17 日	第 2 版	反帝反封建
	奉军阀之末日迫矣	1927 年 4 月 2 日	第 3 版	反奉
	英美印劳工代表来华 英代表根其以武力压迫中国	1927 年 4 月 5 日	第 3 版	反帝
	国际工人代表团抵粤后之各界欢迎	1927 年 4 月 5 日	第 2 版	支持国际工人运动
	国民政府之崭新政治 收回邮政权 统一航政权 撤废领事裁判权	1927 年 4 月 6 日	第 2 版	民族运动
	国民政府决收回教育权 不移归华人管理认为废校	1927 年 4 月 8 日	第 2 版	收回教育权
	上海市民大会 决议收回沪租界	1927 年 4 月 21 日	第 2 版	收回租界
	蒋介石使人捣乱江西省党部	1927 年 4 月 25 日	第 2 版	蒋介石反革命政变
	蒋介石印行反动印刷物概须一律销毁	1927 年 6 月 6 日	第 2 版	反蒋
	汉口妇女放足运动	1927 年 7 月 9 日	第 2 版	妇女解放
	浙省收回教育权	1927 年 7 月 25 日	第 2 版	收回教育权

新闻类别	标题	发表时间	发表位置	主要内容
本省新闻	五军军党部开对汉惨案大会之情形	1927年2月1日	第3版	反帝
	赤水近讯二则 农民与恶绅斗争之胜利 各村组织劳动儿童团	1927年2月8日	第4版	农民运动
	绥德"三一八"惨案纪念会	1927年4月2日	第4版	反帝
	本省农民运动近况	1927年4月8日	第3版	农民运动
	拥护国军出师中原之先声 省农协昨发出通电 愿代表全陕七百万农友以实力援助	1927年4月11日	第4版	农民支持国民联军东征
本城新闻	政治保卫部注意登载军事消息	1927年2月8日	第3版	新闻检查
	政卫部禁出刷印反革命的刊物	1927年4月3日	第3版	取缔反革命言论
	严禁表演反革命戏剧	1927年4月15日	第4版	取缔反革命戏剧
	西安学生联合会新近之工作	1927年2月8日	第3版	学生运动
	天足会最近布告	1927年2月11日	第3版	妇女解放
	长安县农民协会开成立大会预志	1927年3月4日	第2版	农民运动
	中山学院妇女运动班	1927年4月2日	第3版	妇女运动
	更上一层楼之西安学生联合会	1927年4月8日	第3版	学生运动
	西安各界反帝国主义大同盟成立	1927年6月10日	第2版	反帝
社会新闻	公安局严禁算卦面相拆字	1927年2月8日	第3版	反封建
	禁止各机关人员着长衣	1927年4月7日	第3版	反封建
	妇女缠足	1927年8月3日	第3版	反封建
	秘密卖淫	1927年8月4日	第3版	反封建
	旧家庭横毒之一斑	1927年8月10日	第3版	反封建

对表2中的新闻报道进行分析后，作者发现，《陕西国民日报》主要是从反帝、反封建两个方面支持国民革命、支持北伐的。

1. 反对北洋军阀的统治，支持北伐战争

北洋军阀统治中国长达16年，本质上施行的依然是半殖民地半封建化的统治。帝国主义的侵略和军阀统治相结合，给中国社会造成了更为深重的灾难。①《陕西国民日报》对北伐战争做了大量报道，将舆论的矛头指向孙传芳、吴佩孚、张作霖等北洋军阀。北京通信《奉系军阀铁蹄下之北京新闻界》，揭露了奉系军阀对北京新闻界的压迫行径：

　　盘踞北京之奉系军阀对于当地报纸检查异常严密，遇稍有不利于己之论文或消息，报纸检查员抽去，故现今北京报纸空白之处触目皆是，有数种报纸因不堪奉系军阀之压迫，现正预备迁往天津租界内照常出版，并严厉抨击军阀之恶迹。投机之报纸为避免检查员之骚扰起见，已完全不载涉及政治或军事之消息，反为军阀欢迎。北京国民公论报拟为一种用英文出版之国民党党报，因军阀检查特别严密，现已自行宣告停版，至目下北京之通讯社亦均陷于半停顿状态。因军事政治两方面消息均无从探刺，即偶得一二消息亦辄被检查员取去，故不如不谈国事为佳。总之奉系军阀铁蹄下之北京新闻界已经宣告破产，殊不若国民政府下有言论自由极也。②

这篇报道描述了奉系军阀钳制舆论、摧残言论自由的各种行径，并用"铁蹄"这样的字眼来表达对奉系军阀压迫行径的不满与谴责。除此之外，《陕西国民日报》还对吴佩孚、孙传芳等直系军阀首领的祸国行径、最新举动进行追踪报道，如《孙传芳又在上海大捕国民党员》③《吴佩孚已无法收拾豫局》④《吴佩孚、曹锟被囚》⑤《比五卅惨案更惨之上海大屠杀 孙传芳纵兵行凶 斩杀工人学生数十 沪商全体罢市志悼》⑥，等等。《陕西国民日报》还通过援引外报的相关报道，如《外电中之孙传芳退却情况 狼狈不堪 求援无处》⑦ 来增强反对北洋军阀的舆论场强。相比之下，《陕西国民日报》对于妇女解放、农民运动、学生运动的报道则使用"新近""更上一层楼""最近""预志"等中性偏褒扬的词语，表达肯定态度。

① 曾宪林等著：《北伐战争史》，成都：四川人民出版社，1991年版，第2页。
② 《奉系军阀铁蹄下之北京新闻界》，《陕西国民日报》1927年2月12日，第2版。
③ 《孙传芳又在上海大捕国民党员》，《陕西国民日报》1927年2月9日，第2版。
④ 《吴佩孚已无法收拾豫局》，《陕西国民日报》1927年2月9日，第2版。
⑤ 《吴佩孚、曹锟被囚》，《陕西国民日报》1927年2月9日，第2版。
⑥ 《比五卅惨案更惨之上海大屠杀 孙传芳纵兵行凶 斩杀工人学生数十 沪商全体罢市志悼》，《陕西国民日报》1927年3月11日，第2版。
⑦ 《外电中之孙传芳退却情况 狼狈不堪 求援无处》，《陕西国民日报》1927年3月8日，第2版。

2. 谴责帝国主义压迫中国的事实，支持反帝爱国民族运动

针对陕西 1927 年兴起的非基（督教）运动、反英运动，《陕西国民日报》都做了立场鲜明的报道，提出了"打倒帝国主义的新工具基督教！""收回基督教的教育权！""取消教会学校！"① 的口号。《陕西国民日报》还使用稿件组合的方式，表达对英帝国主义的反对立场。如该报 1927 年 2 月 9 日第 2 版的"国内要闻"栏，就登载了《对英提五项要求》《交涉痛斥英人》《群众反英大示威》《英各机关均闭门》等一组稿件，进行反英帝国主义的宣传。《陕西国民日报》为了使一般民众更加深刻地了解帝国主义，还利用专栏对帝国主义侵略陕西的具体行径做了通俗的分析：

> 你若以为帝国主义的势力，尚没有伸展到陕西来，那你就是在梦里生活！试问陕西人穿的呢纱洋布以及日常消耗品，不是帝国主义者大工厂的商品吗？试问陕西连年受军阀土匪们摧残蹂躏，不是帝国主义资助饷械，背后指使的吗？陕西土产原料如棉花、羊毛等出产不是帝国主义者的洋行公司所垄断的以贱价贩卖过去了吗？陕西人民思想之开倒车，不是帝国主义文化侵略的证据吗？总之陕西人民之居不安，食不饱，家庭手工业遭弃，农民毁业，小商破产，新工业不能兴立，哪一样，不是帝国主义侵略的结果呢？②

"至善至美之境"在当时指涉没有军阀、没有帝国主义的国家。为了最终实现国民革命的胜利，实现打倒帝国主义和封建军阀的目标，《陕西国民日报》紧扣时代主题，刊登了大量反对北洋军阀统治的报道，揭露了北洋军阀钳制舆论、摧残人权的行径，还向民众揭露军阀与帝国主义互相勾结的事实，以及帝国主义侵略陕西人民的具体细节。这些报道反映了《陕西国民日报》坚定的反帝反封建立场，较能体现其"导社会于至善至美之境"的新闻价值观。

（三）"取材须确实可靠""辞句须浅显明白"的新闻业务观

《陕西国民日报》鼓励通讯员采写新闻，以补报社力量之不足，它经常刊载以"编辑部""本社""本报"为主体的报社启事，向社会布告其新闻业务方面的标准。在这一时期可考的报刊文字中，《陕西国民日报》提出了"取材须确实可靠""辞句须浅显明白"的新闻业务要求，以及一些浅显的新闻理论。表 3 是

---

① 《西安非基大同盟会宣言》，《陕西国民日报》1927 年 6 月 22 日，第 2 版。
② 《帝国主义之在陕西》，《陕西国民日报》1927 年 4 月 18 日，第 2 版。

作者对《陕西国民日报》报社启事的统计，这些内容较能体现该报对新闻记者职业素养的要求，主导形成了该报的新闻业务观。

表3 《陕西国民日报》各类报社启事统计

标题	发表时间	发表位置	主要内容
本社编辑部启事	1927 年 2 月 10 日	第 2 版	新闻语言与新闻写作
各地通讯员先生	1927 年 3 月 2 日	第 1 版	新闻的几大要素
本社启事	1927 年 3 月 25 日	第 1 版	社会新闻的地位与新闻选择标准
投稿的先生们注意	1927 年 6 月 9 日	第 4 版	新闻要素与新闻时效性
本报欢迎投稿	1927 年 7 月 23 日	第 2 版	新闻价值
本报启事	1927 年 7 月 25 日	第 1 版	地方、教育、社会新闻的征集
本社编辑部启事	1927 年 7 月 25 日	第 1 版	新闻来源
本报特别启事	1927 年 7 月 18 日	第 1 版	新闻来源

1. 提出新闻业务的要求

《陕西国民日报》在一则征稿启事中提出新闻业务多的要求：

　　（一）文字须缮写清楚（二）辞句须浅显明白（三）必须加新式标点于行中每标点占一格（四）取材须确实可靠（五）每行最好估十六格（六）本报新闻共分六类　一特别新闻　报酬特优　二国外新闻　三国内新闻　四本省新闻　五本城新闻　六社会新闻（七）来稿登载与否概不退还（八）来稿必须拟定题目（九）来稿每页次数须注明（十）来稿须注明作稿时间地址及作者真姓名（十一）来稿本社有修改权①

其中，"取材须确实可靠"是《陕西国民日报》一贯主张的对于新闻真实性的要求。《陕西国民日报》在反帝反封建的同时，提出"报纸为社会写实"②"新闻评论诸文，概以公正确实为准则"③ 等强调新闻真实性的观点，看似与其"观点纸"的身份不符，实则体现了办报主体坚持新闻真实性，坚持真理，追求进步的新闻观。《陕西国民日报》坚持反帝反封建的革命态度，对帝国主义和封

---

① 《本社编辑部启事》，《陕西国民日报》1927 年 2 月 10 日，第 2 版。
② 《本社启事》，《陕西国民日报》1927 年 3 月 25 日，第 1 版。
③ 《报纸本系舆论工具》，《陕西国民日报》1927 年 7 月 25 日，第 1 版。

建势力采取"内外结合"的报道策略，即报道国内革命斗争与转载外报同情中国革命的言论相结合，但这些新闻与评论都是建立在事实基础之上的。只不过在新闻事实的选择上面，《陕西国民日报》显然倾向以反帝反封建的革命斗争为主，所以报纸总体上呈现出革命立场。"辞句须浅显明白"也是《陕西国民日报》所一贯主张的，该报大部分内容都采用白话，并加新式标点，这一点在前面的新闻与评论中已经有所体现。

2. 提出浅显的新闻理论

除了对新闻真实性做出要求之外，《陕西国民日报》还对新闻时效性做出了要求，如"事情已经过去多日的即可不必寄来"①，"本报社会新闻栏欢迎投稿。各界人士如有以新颖及重大事件见惠者"② 等；对新闻价值的内涵进行渗透，"社会新闻尤占报纸重要位置。如有能以最新鲜、最详细、最有影响社会价值之社会新闻投稿，本社无任欢迎"③，等等。为了提高通讯员采写稿件的质量，《陕西国民日报》还提出了新闻要素的内涵：

> 各地通讯员先生④
> 本部要向你们请求下列的几件事情请你们牢牢地遵守：
> 一　何事即发生事件之性质
> 二　谁□□□之主要人及关系人
> 三　发生事件的日期和时间
> 四　发生事件的地点及其他
> 五　事件发生的远因及近因或是偶然出人意料的
> 六　现在该事结果如何
> 七　你个人对于该事件的见解及评论
> 八　字迹务必誊写清楚
> 这是构成新闻的要素，如缺其一就不能成为新闻请注意！

通过这些浅显的新闻理论，《陕西国民日报》间接地向新闻记者渗透了新闻业务的理论基础，促使其提高新闻职业素养。由上，《陕西国民日报》主要通过报社启事向其新闻记者队伍传播了新闻本体的理论与业务知识。这些报社启事

---

① 《投稿的先生们注意》，《陕西国民日报》1927 年 6 月 9 日，第 4 版。
② 《本报欢迎投稿》，《陕西国民日报》1927 年 7 月 23 日，第 2 版。
③ 《本社启事》，《陕西国民日报》1927 年 3 月 25 日，第 1 版。
④ 《各地通讯员先生》，《陕西国民日报》1927 年 3 月 2 日，第 1 版。

所倡导的新闻业务观，如"取材须确实可靠""辞句须浅显明白"等，在《陕西国民日报》的报刊文本中得到了充分的体现，说明它的认识和实践始终是相统一的。

三、《陕西国民日报》新闻观的特征

（一）《陕西国民日报》新闻观的时代性

《陕西国民日报》创刊于1926年12月，终刊于1927年8月，它的出版时间，与北伐战争的起止时间大致同步。它的出版，是为了顺应革命形势的需要，更好地唤醒民众，支持国民革命；而它的被改组以至停版，是由于第一次国共合作破裂时，在"清党"的政治环境下，它的新闻观为当局所不容。从该报的发展轨迹和历史使命可以看出，《陕西国民日报》的新闻观具有时代性的特征。

《陕西国民日报》的命运始终与北伐战争、国民革命联系在一起。它反映了北伐时期最强的时代呼声——"打倒列强，除军阀"，以实现没有军阀，没有帝国主义的国家为价值目标。它主张通过报纸启蒙民众，呼吁民众接受革命思想，支持国民革命。这里使用的"启蒙"，与五四启蒙精神同源，意指通过新思想、新知识的输入，刷新原有的封建陈旧观念，唤醒麻木的民众，以期使其明了自身的处境与受压迫的根源，进而起来革命。刘天章等人创办《秦钟》时就提出"改革之法，当使国民有觉悟心"①的主张，意在用报刊批判现实，使民众觉醒并认识到自己受苦受难的根源。《秦钟》还提出"欲求陕西之启发，尤当输入适于现代生存之文明于陕西"②，主张输入新知识、新思想，以刷新原有的封建陈旧观念，开启民智。

及至北伐时期，《陕西国民日报》延续了刘天章等人在五四时期所形成的启蒙救国的新闻思想，通过报纸启蒙民众，唤醒民众。它使用浅显明白的文字，向民众揭露了帝国主义与封建势力的祸国行径，使其明了自身的处境与受压迫的原因，进而参与和支持国民革命。它还利用评论文章分析时势，指明斗争方向。为强迫教育运动出版增刊，呼吁民众接受革命教育和文字启蒙，也是革命时代动员民众参与和支持国民革命的有力手段。因此，《陕西国民日报》抓住帝国主义、封建势力和人民大众的矛盾，并试图通过报纸的舆论力量解决这一时代矛盾，体现了其新闻观的时代性。

综上，从《陕西国民日报》的发展轨迹和历史使命可以看出它的新闻观具

---

① 《发刊词》，《秦钟》1920年第1期，第2页。
② 《发刊词》，《秦钟》1920年第1期，第2页。

有时代性的特征。它延续了刘天章等人在五四时期所形成的启蒙救国的新闻思想，主张通过报纸启蒙民众，唤醒民众，呼吁民众参与和支持国民革命，这也体现了《陕西国民日报》新闻观的时代性。

(二)《陕西国民日报》新闻观的革命性

《陕西国民日报》报名中的"国民"二字，即指涉第一次国共合作背景下的国民革命。国民革命的目的，是推翻帝国主义支持下的北洋军阀的统治。《陕西国民日报》的新闻观是以"导社会于至善至美之境"的价值目标为核心的新闻观，意味着办报主体希望通过反帝反封建的斗争来实现国民革命的最终胜利，实现没有军阀，没有帝国主义的国家。因而，从与帝国主义支持下的北洋军阀进行抗争，"打倒列强，除军阀"以实现社会的彻底转变的斗争需要上来看，《陕西国民日报》的新闻观具有革命性的特征。

与反帝反封建的斗争需要相伴而生的，是《陕西国民日报》反映革命舆论，唤起革命意识和为国民革命鼓与呼的办报实践。这些构成了该报在"导社会于至善至美之境"的新闻观影响下的实际革命斗争。《陕西国民日报》紧扣反帝反封建的时代主题，对陕西当时轰轰烈烈开展起来的反英、非基（督教）运动以及全国范围内的收回租界、收回教育主权、收回邮政权等反帝爱国民族运动予以热情报道，同时对帝国主义与封建势力的祸国行径予以无情揭露，将舆论的矛头指向帝国主义支持下的北洋军阀以及当时成为"新式军阀"的蒋介石。《陕西国民日报》还刊载了驻陕总部取缔反革命言论的命令，"现在革命时代，反革命分子每欲逞其阴谋，为不利于革命政府，或造谣污蔑，或作反动宣传，各印字馆、印书局、刻字局不明了其阴谋之所在，被其利用，为之制造反革命的宣传品，殊属不合。既往不咎，嗣后凡各印字馆、印书局、刻字局如有接到毁谤革命政府、反革命言论之印刷品及刊物稿件，必须呈报本部核办。如匿而不报或径自印刻，一经查出，即以勾结反革命论"①。通过限制、取缔反革命的传播活动，驻陕总部向社会传递了其坚决的革命立场。《陕西国民日报》刊载此类稿件，也有力而鲜明地反映了革命舆论。因而，从《陕西国民日报》的办报实践中也可以看出，该报反映革命舆论，唤起革命意识，为国民革命鼓与呼的革命斗争体现了其新闻观的革命性。

综上，《陕西国民日报》"导社会于至善至美之境"的新闻观意味着办报主体希望通过反帝反封建的斗争来实现国民革命的最终胜利，实现没有军阀，没有帝国主义的国家。与此相伴，《陕西国民日报》的各类办报实践也体现了其新

① 《政卫部禁止刷印反革命的刊物》，《陕西国民日报》1927年4月3日，第3版。

闻观的革命性。

结语

《陕西国民日报》是在第一次国共合作的背景下，出现在西安城里的一份以宣传国民革命为主的报纸。它名义上是国民党陕西省党部的机关报，实际上是主要由共产党员进行工作的报纸。《陕西国民日报》的新闻观主要包含三个层面的内涵，一是"报纸本系舆论工具"的新闻性质观，二是"导社会于至善至美之境"的新闻价值观，三是"取材须确实可靠""辞句须浅显明白"的新闻业务观。这一新闻观是在刘天章、雷晋笙、魏野畴等一批近代陕西旅外求学进步青年反帝反封建的报刊思想的基础上形成的，成为《陕西国民日报》有关国民革命的新闻报道的理论基础。《陕西国民日报》紧扣北伐时期反帝反封建的时代主题，以打倒帝国主义支持下的北洋军阀，实现国民革命的最终胜利为目标，从而形成了其独特的国民革命新闻观。

（原载《新闻春秋》2017 年第 2 期）

民国时期中国新闻界对苏联社会主义
新闻事业的考察与态度

齐　辉　秦润施　付红安

摘要：20 世纪 30 年代，在西方新闻业日渐衰退与苏联社会主义新闻业全面崛起的背景下，中国新闻界对苏联社会主义新闻事业给予了异乎寻常的关注。20 世纪 30—40 年代中国新闻业界对苏联新闻事业的优势和成绩进行了大量研究与积极推介。国人盛赞和欣美苏联新闻业所取得的成就，形成了一股"以俄为师"，同情认可社会主义新闻制度的思潮。通过苏联新闻业的窗口，国人了解了苏联新闻事业国有制新闻理念与运作模式。苏联新闻事业的特点、理念与实践，适时顺应了近代中国新闻界文人论政的精神传统与报人救国的现实需求，在此基础上所形成和建立的社会主义新闻业的好感，成为左右中国新闻人政治抉择的社会心理基础之一。

关键词：中国新闻界　苏联　社会主义新闻事业　马克思主义新闻观

近百年中国新闻思想的发展历程深受自由主义、文人论政与社会主义三大思潮的激荡与影响。1939 年《大公报》指出，"中国报人本来以英美式的自由主义为理想，是自由职业者的一门，其信仰是言论自由与职业独立"①，视自由主义为精神圭臬。李金铨则认为，中国近代报刊在"救亡图存"的主题下，承担着"启蒙、革命与追求国家现代化"的多重角色，在"结合中国士大夫传统及现代知识分子精神"之后形成了鲜明的"文人论政"传统，视其为民国新闻人重要思想遗产②。以往研究对中国新闻自由主义与文人论政已经有了较为清晰的线索与认知。反观对近代中国社会主义新闻观的历史研究，已有研究视角多集中于马克思、恩格斯等无产阶级领袖人物及中国共产党的新闻理念与实践。

---

① 《抗战与报人》香港《大公报》，1939 年 5 月 5 日。

② 李金铨：《文人论政：民国知识分子与报刊》，台湾：政大出版社，2008 年版。

事实上，民国时期苏俄新闻事业对于中国新闻观念的形成也有着重要的影响，在中国共产党的努力与实践之外，国统区新闻界与民众对社会主义新闻观念的接触、认知与传播同样值得重视。民国时期国统区新闻界如何接触和认知社会主义新闻观念？民国标榜自由主义的新闻界对社会主义新闻理念报以何种态度？又如何内化为实践？对于这些重要问题，国内新闻史研究尚付阙如。值得注意的是在既有研究中，论者多关注自由主义、文人论政与社会主义在新闻观念上的矛盾与对立。诚然三种新闻理念包含不同的价值取向与内在诉求，但若回归中国新闻史的具体语境中考量，自由主义与社会主义"不仅不是截然对立甚至可以有相互会通之处"①。自由主义、文人论政与社会主义在近代中国新闻观念形成中不仅表现为对立、疏离与冲突，在特定时空之下亦可有对话、互动与融通，或许这才符合历史多元且复杂的相貌。

1917年十月革命后，列宁、斯大林、布哈林等领导人，将马克思、恩格斯新闻思想与俄国的历史国情相结合，创造性地建立起苏维埃社会主义新闻体制。1932年伴随着苏联"一五"计划提前完成，苏联社会主义新闻体制日臻完善，为国家建设发挥了巨大的作用。中苏互为邻邦，苏联新闻事业的极速推进，为急于探索救国与行业出路的中国新闻界带来了新的希望。20世纪30—40年代，素以新闻自由与言论独立为期许的民国新闻界，持续不断地对苏联新闻事业给予关注、考察与推介，以此为契机掀起一股研究苏俄的热潮。"苏联的报纸如何发展？""如何吸收了广大读者？""在社会主义建设中，他们用什么方法在人民中间造成一个独特武器？"② 带着这诸多疑问，中国新闻界以苏联为窗口了解社会主义新闻事业的体制特征与运行模式。部分民国报人成为社会主义新闻事业的拥趸，他们对苏联新闻事业的体制优势由衷地赞赏和认同，甚至提出中国应仿效苏联，实现新闻体制的"国有化"。笔者试以民国时期中国新闻界对苏联新闻事业的考察为切入点，在史料文献的微观梳理中管窥中国新闻界对社会主义新闻事业引介与态度，揭示社会主义新闻观念在近代中国传播的内在张力。

一、从"西方"到"东方"：中国新闻界兴起与"苏俄热"

1921年报人潘公展指出，"一年以来，社会主义的思潮在中国可以算得风起云涌了。报章杂志底上面，东也是研究马克思主义，西也是讨论鲍尔希维主

---

① 朱正高：《自由主义与社会主义的对立与互动》，《中国社会科学》1999年第6期。
② 陈寄近：《今日苏联的新闻事业》，《清华周刊》1936年第44卷第11/12期。

义……社会主义在今日的中国，仿佛有雄鸡一鸣天下晓的情景"①。俄国十月革命和"一战"后欧洲社会主义运动的高涨，促成了五四时期马克思主义在中国的传播。至20世纪30年代，随着世界经济危机给资本主义世界以重创，国人再度对西方世界出现了严重的信仰危机。经济危机中，西方新闻出版业发展乏力，号称头等出版强国的德国，1933年出版的书目总数只相当于1913年的61%。而美国1933年出版3000种读物，仅相当于1913年的四分之一。法国从1920年到1939年近20年间，日报销量仅增长了200万份②。与西方世界新闻业萧条萎缩形成反差的是，苏联新闻事业却借助"一五"计划的提振，取得了辉煌成绩。正如国内新闻界所言，"五年计划开始实行以来，功效大著……苏俄境内所有建设已焕然一新，凡是到苏联去旅行的人看见了所有的一切，都显露着一种新的色彩，由此便不由自主地赞美而惊叹不止"③。西方新闻业的"支离破碎"与苏联新闻事业的"突飞猛进"，给中国新闻界以巨大震动④，他们在反思西方新闻业的同时，迅速将关注和学习的目光从"西方"转向"东方"。

1932年中苏两国恢复邦交，双边关系的改善进一步助推中国各界对苏联研究的浓厚兴趣，此间各大报刊中随处可见对苏联各项事业的研究。受此影响，中国新闻界研究的"苏俄热"也顺势兴起，国人热衷于苏联新闻事业的进步与成绩，力图学习其成功经验。1930年代后，中国新闻人纷纷走出国门，远赴苏联考察新闻业。戈公振、胡愈之、邹韬奋等知名报人向国内发回了大量旅苏游记和通讯，其中不乏对苏联新闻事业的描述。⑤ 此外，袁殊、冯有真、戈宝权、胡仲持、曹谷冰等报人则对苏联新闻事业进行了更为全面和细致的考察和研究。他们回国后借助文章、演讲等方式介绍苏联新闻事业的状况，成为中国新闻界中对苏联新闻业有切身考察与专门研究的报人。具体见表1。

---

① 潘公展：《近代社会主义及其批评》，《东方杂志》1921年第18卷，第4号。

② ［法］阿尔贝著：《世界新闻简史》，许崇山等译，北京：中国新闻出版社，1985年版，第105页。

③ 影呆：《苏俄的报纸》，《礼拜六》1933年 第496期。

④ 戈宝权：《苏联新闻事业的概况》，《新闻记者》（汉口）1938年第1卷第2期。

⑤ 如邹韬奋在《真理报的最新设备》一文中就对《真理报》采用先进印刷排版设备做了较详细的介绍。在《言论自由的问题》中，他表达了对苏联新闻事业的肯定，认为虽然"完全"的新闻自由无论是在资本主义社会还是在社会主义社会都未曾达到，"但'多数'已比'少数'进一步，却是无疑的事实"。邹韬奋：《言论自由的问题》，《萍踪寄语（三）》，生活书店，1934年版，第290页。

表 1　旅苏报人考察新闻业情况表

作者/笔名	旅苏经历	文章/著作	刊物/刊载时间
戈宝权	1935 年赴苏联任天津《大公报》驻苏记者	《苏联的新闻事业》	《宇宙风》1937 年第 34 期
		《苏联新闻事业的概况》	《新闻记者》（汉口）1938 年第 1 卷第 2 期
		《苏联的新闻事业》	《中苏文化》1938 年十月革命纪念特刊
		《苏联新闻事业》	《旋风》1939 年第 1 卷第 1 期
袁殊/碧泉	上海《文艺新闻》主编	《苏联新闻概观》	《绸缪月刊》1936 年第 3 卷第 1 期
		《苏联新闻概观（续）》	
胡仲持/宜闲	胡愈之弟，《申报》电讯编辑	《苏联的新闻事业》	《申报月刊》1933 年第 2 卷第 11 期
曹树铭	重庆《中央日报》驻特派员	《苏联新闻事业之组织》	《中苏文化》1937 年第 2 卷
冯有真	中央通讯记载，1936 年赴苏考察	《国营的苏联新闻事业》	《新闻杂志》1936 年第 1 卷第 6 期
石家驹	中央社汉口分社记者	《苏联新闻事业的剖析》	《国闻周报》1937 年第 14 卷第 46 期
曹谷冰	《大公报》记者，1931 年 3 月至 6 月赴苏联考察	《苏联视察记——苏俄的新闻事业》	天津大公报馆 1931 年出版

从 1925 年黄天鹏在《新闻学刊》发表《苏俄的新闻事业》一文起，至 20世纪 30—40 年代中国新闻界对苏联新闻事业的考察已渐成气候，相关著作和文章借助大众传媒得以广泛传播。在民国图书中，甘家馨著《欧美新闻事业鸟瞰》、谢六逸著《国外新闻事业》、容又铭编著《世界报业现状》、程其恒著《各国新闻事业概述》，均将苏联新闻业视为世界新闻事业的重要组成部分与英、美、日等新闻业强国并列而立详细介绍。在著作之外，民国报刊是推介苏联新闻业的主力，仅笔者搜集的 1925—1948 年有关苏联新闻业各类相关论文史料已有 90 余篇，涉及杂志近 70 种。其具体发表情况见表 2。

表 2　苏联新闻业相关文章发表情况

刊物名称	篇数统计	刊物名称	篇数统计	刊物名称	篇数统计
《东方杂志》	1	《月报》	1	《世界知识》	1
《军事杂志》	1	《人间觉》	1	《时代》	1
《文艺新闻》	1	《读书青年》	1	《上海文化》	1
《礼拜六》	1	《中苏文化杂志》	3	《中央周刊》	1
《申报月刊》	1	《经世》	1	《新生》	1
《国际每日文选》	1	《现代青年》	1	《创进》	1
《红色中华》	3	《新闻记者》	3	《自由与进步》	1
《军国民杂志》	1	《战时记者》	1	《学习生活》	1
《独立评论》	1	《旋风》	1	《开明少年》	1
《中国与苏俄》	2	《新闻类编》	8	《中学生》	1
《华年》	2	《新闻学报》	1	《自由丛刊》	1
《旅行周报》	2	《新命》	1	《再生》	1
《新闻通讯》	1	《新闻杂志》	2	《陕西教育月刊》	1
《苏俄评论》	4	《国闻周报》	1	《宇宙风》	1
《新中华》	3	《申报馆内通讯》	1	《前途》	1
《时事类编》	1	《精忠导报》	1	《时代周刊》	1
《中央时事周报》	1	《大观楼旬刊》	1	《文化》	1
《新闻学刊》	2	《新闻战线》	1	《中国妇女》	1
《杂文月刊》	1	《出版通讯》	1	《艺术与生活》	1
《世界知识》	1	《文汇周报》	1	《新新新闻》	1
《绸缪月刊》	2	《中国建设》	1	《东北文化半月刊》	1
《清华周报》	1	《一四七画报》	1	总计：期刊 67 种，篇数 91 篇	
《报人世界》	1	《新时代月刊》	1		

　　从杂志类别而言，这些文章大致发表于四类刊物上：第一类是《东方杂志》《申报月刊》《国闻周报》《清华周刊》等综合学术文化类期刊；第二类是《新闻学刊》《报人世界》《新闻记者》《战时记者》等新闻专业期刊；第三类是《苏俄评论》《中苏文化杂志》等涉苏期刊；第四类则是《绸缪月刊》《世界知识》《文艺与生活》等文娱、旅游、知识类杂志。就报纸而言，《大公报》《中

央日报》《益世报》《申报》也有关于苏联新闻业的相关报道。就文章体裁而言，既有纪实通讯、特稿，也有消息和译文。这些文章内容庞杂，涉及苏联新闻体制、新闻政策、新闻法制、新闻自由、编辑发行、广告、报人生活等诸多方面，从不同视角，全面细致地考察了苏联新闻事业的各个层面。需要注意的是，从文章的年份分布看，1925—1948 年中，1933 年、1937 年和 1948 年三个年份发表的成果最多，年均近 10 篇（见表 3）。

表 3　民国期刊发文年代统计表

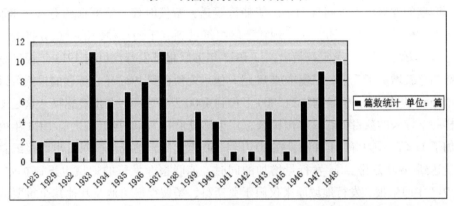

具体而言，1933 年中苏复交带动了中国对苏联的关注和相关研究。1937 年苏联援助中国抗战，中苏关系升温，助推了国人对苏联新闻业的考察。而抗战胜利后，苏联进驻中国东北，1946 年国共内战爆发后，新闻界密切关注苏联新闻业的宣传动向与运作模式。由此可见中国新闻界对苏联新闻业的考察热度与中苏政治关系的走向有着密切的联系。

二、"以俄为师"：中国新闻界对苏联新闻事业的态度

苏联"一五"计划的完成，促进其新闻事业的迅速繁荣，比沙俄时代更是取得了长足进步，种种成绩令中国报人赞叹不已。"苏联报纸在不经意间已经萌生了一种激进趋势""苏联的报刊大有一日千里之势，各工厂、矿山与学校，出版之报纸如雨后春笋无可胜数，在过去十八个月中间，报纸在农村中所销售之程度可谓空前未有"。① 在感叹苏联新闻业成就的同时，中国新闻界结合本国的报业境遇思考着这些问题：苏联的报纸如何发展着？如何吸收了广大的读者？在社会主义建设中，他们用什么方法使报纸在人民中间造成了这样一个独特的

① 《苏俄报纸热》，《旅行周报》1934 年第 1 卷第 4 期。

武器地位?① 带着疑问，国人以欣赏、崇拜和困惑的复杂心境考察苏联，寻求答案。

（一）"苏联新闻事业之突飞猛进已是一件不可否认的事实"

戈宝权在考察苏联新闻事业后曾说："苏联新闻事业之突飞猛进已是一件不可否认的事实，而其中最值得注意的几点就是报纸的数量和销量的激增，报纸发行地域和读者的广泛。"② 民国时期中国报人为苏联报纸巨大的发行量和广阔的发行地域所惊叹。他们不厌其烦地引用大量数据，证明苏联新闻业与沙皇俄国时期的发展已不可同日而语。胡仲持写道：帝俄时代，俄罗斯约有报纸859种，发行总量270万份，而"现在苏联报纸已到五千四百种，销行总数将近三千八百万份了"③。戈宝权指出，仅1932年苏联报纸发行数目与1913年报纸总数相比就增加了7倍，销量增加13倍，他乐观预言到1937年，苏联的报纸可以增加到10000种，销量增加到3900万份到4000万份之间，并由衷感叹"这是怎样一个惊人的数目"④。《军国民杂志》也称赞道："苏联报纸较之前1928年增加了11倍，其中有41种销量在10万到350万之间，估计全国每日出版报纸总量达到3600万份。"⑤ 发行量增加的同时，苏联报业发行的地域也迅速扩张。1913年旧俄报刊发行地域原来仅限于莫斯科、圣彼得堡两地及其他几个重要的工商业中心⑥，然短短数十年，报纸发行的地域已遍跨欧亚两洲，"无论是在中央亚细亚、远东、西伯利亚甚至远在北极圈以内，也有印刷的报纸了"⑦。

除了报纸发行量激增和发行地域的扩大，中国新闻人还关注到新闻事业发展对于苏联文化教育事业的巨大影响。戈宝权指出，苏联的文化方面最显著的特色要算是民众阅报习惯的普及⑧。旧俄时代，报纸读者"仅限于一般王公贵族和知识分子"，"当时全俄罗斯的人口有三分之二是文盲，不能读书写字，农村人口总数是一万一千五百万人，这许多人甚至终生都没有读过一份报纸"。而仅过了几年，新闻业的落后局面已经荡然无存。苏联时代"莫斯科周边每四个

① 陈寄近：《今日苏联的新闻事业》，《清华周刊》1936年第44卷第11/12期。
② 戈宝权：《苏联新闻事业的概况》，《新闻记者》（汉口）1938年第1卷第2期。
③ 宜闲：《苏联新闻事业》，《申报月刊》1933年第2卷第11期。
④ 戈宝权：《苏联的新闻事业》，《宇宙风》1937年第34期。
⑤ 《苏俄报纸六千七百种 销数多者达三百五十万》，《军国民杂志》1934年第1卷第4期。
⑥ 戈宝权：《苏联的新闻事业》，《中苏文化杂志》，《十月革命二十一周年纪念特刊》，1938年，第110页。
⑦ 戈宝权：《苏联的新闻事业》，《宇宙风》1937年第34期。
⑧ 宜闲：《苏联新闻事业》，《申报月刊》1933年第2卷第11期。

人即有一份报纸，甚至城市中一个人阅读几份报纸则更是一件极平常的事"①。赴苏考察期间，戈宝权亲见苏联国民对于阅读报纸的喜爱，"莫斯科市上每逢一批报纸送到就引集了一长列的人们，仿佛他们来争买额外的面包似的"②。胡仲持则指出，报纸发行量大不但养成了俄罗斯读者的读报习惯，更提高了识字率，而苏联官方所称识字率达 90%，正是"标准化的报纸"完成了"推动国民识字运动的使命"。

作为民族众多的国家，苏联报刊对于民族团结和民族文化的作用，也为中国新闻界所关注，尤其是民族文字众多，成为苏联新闻的一大特色。民族政策与新闻业相结合，共同推动了苏联民族新闻事业的复兴。苏联报纸三分之一是使用民族语言，少数民族报纸占发行总量的近"三分之一"，而之前仅占"十分之一"。苏联民族新闻业的发展得益于其民族政策。有人列举说，苏联有四十多个民族，于十月革命以后，始有文字，所以很长一段时间，"苏联设有专门的机构负责帮助各小民族出版报纸"，如今"在苏联一百四十种语言之中，不下八十余种都有自己的报纸"③。甚至一些人口稀少的民族也有了本族语言的出版物，其中阿巴金文、阿德益文、别鲁志文、卫普文、喀拉立文、库尔得文、图文文、涅涅次文、楚阔特文、爱斯基莫文，等等，均已书籍出版，实属创举④。

（二）苏联报纸上"找不出一切颓废无聊的调子"

中国新闻界特别注意苏联新闻业在经历国有化改造之后所发挥的体制优势，尤其是苏联对新闻内容的净化，得到了中国报人的普遍认可。西方进入自由报业竞争阶段后，新闻业不惜牺牲报纸的格调和报人的操守，报纸以刺激和煽情的"黄色新闻"来吸引读者，攫取利润，而苏联的新闻国有体制恰能有效避免西方自由主义报业恶性竞争和报业垄断所引发的弊端。胡仲持指出，苏联新闻业所遵循的规律与西方新闻业大量销售的方针恰巧相反，在苏维埃统治之下一切报纸都受到政府的管理，因此"北岩和赫斯特之流要想用新闻上崭新的新花样崭露头角在苏联是不可能的"⑤。赵康指出，苏联报业善于用积极和正面的信息引导民众，在苏联的新闻里面"找不出一切诲淫奸盗的黄色新闻，找不出一切颓废无聊的调子，处处注意到群众精神粮食的纯粹，并保证这种粮食能够为

---

①　戈宝权：《苏联的新闻事业》，《宇宙风》1937 年第 34 期。

②　宜闲：《苏联新闻事业》，《申报月刊》1933 年第 2 卷第 11 期。

③　石家驹：《苏联新闻事业的剖析》，《国闻周报》1937 年第 14 卷第 46 期。

④　［俄］费多谢耶夫：《苏联之出版事业》，《新闻类编》1948 年第 1654 期。

⑤　宜闲：《苏联新闻事业》，《申报月刊》1933 年第 2 卷第 11 期。

群众所消化"。《绸缪月刊》则认为苏联新闻"并不依循读者的低级趣味而暴露个人的丑事。凡是与公共生活有关的一切缺陷都有无情的指摘,而且有教训意味的矫正的批评"。① 胡仲持则称"那些在别的国家为了'人间的趣味'可以容纳的资料,在苏联的报纸上却严格地消除了"。这样做的原因"一则是限于篇幅,再则是由于道德的考量"②。

有鉴于商业广告对于新闻业的侵蚀和控制,中国报人大多将苏联拒绝商业广告和盈利,视为苏联新闻业的一大优势。"苏联新闻有一个极大的形式特色,就是广告栏的缺少",其原因恰恰是"由于苏联新闻不是以营利为目的"③。这让苏联新闻业不必仰赖广告商的鼻息而独立发声,所以在苏联"绝无屈服或依赖于广告主顾之事实发现"④。在拒绝商业广告的同时,中国报人也指出,苏联报纸的广告实际是以公告的形式存在,"尽管这些年苏联报纸中有逐渐增加广告的趋势,可是广告的作用仅限于公告"⑤。公告替代商业广告占据了报纸的主流,"广告与教育打成一片",例如科技类的广告就被视为"民众教育的重要方式之一,广大的人民大众因此和科学的进展有着密切的接触"⑥。由于对新闻事业的统一管制与分配,"报纸的出版与发行比较的有计划而合理"⑦。报纸的售价也极为便宜,"每份报纸的售价只十个戈比……任何人都有购买一份报纸的能力"。计划体制保证了报纸即使在完全没有商业广告的经营下,"不仅不亏本,每年反而有极大的盈余"⑧。

(三) 苏联新闻业"打破了一切旧的报界传统"

在中国新闻界看来,苏联新闻事业取得的所有进步和发展优势,都归功于其独一无二的新闻体制——新闻事业社会主义国有制,认为这是支撑苏联新闻业走向强大的制度基础。袁殊则对苏联报刊"国有"体制的理解是,"在这个国度里,政治是严格地支配了所谓 journalism,言论或报道亦已成为'国有'"⑨。西方资本主义国家的报纸,"完全以金融家作背景,苏联则不然,他们的报纸是

①　碧泉:《苏联新闻概观》,《绸缪月刊》1936 年第 3 卷第 1 期。

②　宜闲:《苏联新闻事业》,《申报月刊》1933 年第 2 卷第 11 期。

③　赵康:《苏联的新闻事业》,《新闻杂志》(南京 1937),1937 年第 1 卷第 1 期。

④　Johnson, A. E, Kenzie, V. M:《苏联新闻事业鸟瞰》,《报人世界》1936 年第 3 期。

⑤　戈宝权:《苏联的新闻事业》,《宇宙风》1937 年第 34 期。

⑥　[俄] Leonid 著:《苏联报纸登些什么广告》,端纳译,《自由丛刊》1947 年第 3 期。

⑦　冯有真:《现代史料:国营的苏联新闻事业》,《新闻杂志》1936 年第 1 卷第 6 期。

⑧　朱敬炘:《苏联的新闻界》,《申报馆内通讯》1947 年第 1 卷第 8 期。

⑨　[日] 黑田乙吉著,袁殊译:《苏联新闻概观》,《文艺新闻》1932 年第 46 期。

国营的"①。在国有体制下，中国报人还持续关注苏联报业运行的微观生态。"苏联报纸的出版是进行统一计划，除了全国大报如《真理报》《新闻报》是大众刊物，其余报刊则是出于一定的目的与使命而出版的。""报刊不通过报贩贩售，由独立于报社外的一个系统负责"，并且，"负责发行和推销的机关，将出版的各种报纸，根据报纸的性质、数量和各地的需要，予以适当的支配"②。在报人看来苏联报刊国有体制根本性质是为人民办报。"由于国家的基础是真正建筑在广大群众的共同的政治责任之上……这国有的特质也可说即是大众有。"③

中国报人特别重视对苏联报人地位的考察，认为在国有制下苏联新闻从业者社会地位高，生活安定有保障。冯有真指出苏联的报纸是社会的组织者及先导者，所以"报人地位很高而又绝对负责"。他以苏联《真理报》主笔拉狄克为例，说他是"在国际闻名的政论家。而《新闻报》主笔布哈宁，则是大哲学家"④。国人还特别关注了苏联报人的社会角色、薪酬等问题。《文化》月刊指出，在苏联"实行新闻记者的官吏化，及其养成工作"，"以法律规定记者之勤务时间及报酬"⑤。他们认可苏联新闻工作者作为苏共组织成员的身份，认为这样保证了苏联报人的良好生活待遇与政治地位。有文章甚至介绍苏联高级报人，"薪金竟与政府部长相埒"，苏联报人"薪金不必按照党员固定之标准，而往往反较为优越"⑥，其政治地位"尚在'特权阶级'之列也"⑦。

背靠于国有体制，中国报人惊异于苏联报纸对国家与社会拥有巨大的舆论影响力，是苏共与民众密切联系的纽带与喉舌。袁殊指出，苏联所有的报纸每月都能收到大量的读者来信，这些投书一部分送到各地的新闻中去，还有就是送达有关的官厅和团体，苏联报纸甚至专门组织社员处理此事，"所有的读者来信都必定经过新闻社社员过目"。此外在全苏各地分布着无数劳动通讯员。他们是业余记者，不断将工厂、农村和军营的消息传送给报纸，从而密切了报纸和民众的联系。冯有真指出："苏联的报纸不但是社会的先导者，机关的代言人同时还是良好的组织者，实际的工作者。"他以《农民新闻》和《工业化》为例说，两刊在国家农场和工厂中"做了许多实际的组织与教育工作"⑧。朱敬炘则

---

① ［俄］罗果夫：《苏联新闻事业概况》，《战时记者》1939年第6期。

② 朱敬炘：《苏联的新闻界》，《申报馆内通讯》1947年第1卷第8期。

③ 碧泉：《苏联新闻概观》，《绸缪月刊》1936年第3卷第1期。

④ 冯有真：《现代史料：国营的苏联新闻事业》，《新闻杂志》1936年第1卷第6期。

⑤ ［日］小野秀雄著，甄梦译：《苏联现代新闻》，《文化》（上海1935）1936年第3期。

⑥ Johnson, A. E, Kenzie, V. M：《苏联新闻事业鸟瞰》，《报人世界》1936年第3期。

⑦ ［日］小野秀雄著，甄梦译：《苏联现代新闻》，《文化》（上海1935）1936年第3期。

⑧ 冯有真：《现代史料：国营的苏联新闻事业》，《新闻杂志》1936年第1卷第6期。

评价："新闻业在苏联，已经和政治经济打成一片"，"在苏维埃社会主义政权下，报纸发挥了莫大的威力，完成了许多不可磨灭的劳绩"①。戈宝权对苏联新闻对社会的影响力有极高的评价，称赞苏联报纸达到了"系统化和合理化的程度了"，"报纸是灌输学术文化的工具"，更成为"民众舆论的喉舌"②。他在文章中乐观展望，"若将来纸张供给丰富，则苏联的新闻事业还会更加发达，这是现在大可预料的"③。正是在报纸"国有"体制上，新闻业才得以对苏联社会产生广泛而空前的影响，这一点得到了中国新闻界的普遍认可。

三、民国新闻界对苏联新闻业的批评与反思

20世纪30年代末期苏联报刊体制日渐成熟后，随之而来的问题与弊病也多有显现。对此身处局外的中国报人也有所警觉，对苏联新闻业所形成的斯大林体制也有含蓄且中肯的批评。首先中国新闻界认为苏联"有着极端否定个性的倾向"，从而导致报道形式的呆板与新闻内容的单调。胡仲持认为"欧美新闻业当做好材料的东西既然摒弃了"，那么苏联的新闻记者填满四页新闻的内容仅剩下外国新闻、社论和政府文告。报纸除了对募集公债和征发粮食等社会运动鼓吹不遗余力外，严格地限定了"人间的趣味"，"可以容纳的资料在苏联的报纸上都严格的消除了"，新闻的取舍仅限于"篇幅"和"道德的考虑"，"平常的犯罪离婚，以及各种的丑闻是报纸绝对禁止登载的"。"运动消息不过偶一登载，至于家事、时装、社会所闻、棋谱、交易所市情之类在苏联的报纸上也是看不到的。"④ 在冯有真看来，苏联新闻业缺少与外界的交流，新闻采访限制重重，缺乏报道的自由。他说，因为政治制度不同，苏联新闻界与外界"很少往来"，驻苏联外国记者外发的电报要受到外交人民委员会的严格审查，"看与苏联的政治有无妨碍"。对此他无奈写道："紧闭大门埋头建设的苏联，尽可能在保守他的神秘性。"⑤

在中国新闻界看来，苏联报人尽管有较高的政治地位，却也无形中丧失了新闻的独立精神与客观立场，苏联报人不敢开展批评报道与舆论监督。"所有报纸的编辑及采访人员，全是由党部当局小心挑选派任的……中央性的报纸听命

---

① 朱敬炘：《苏联的新闻界》，《申报馆内通讯》1947年第1卷第8期。
② 戈宝权：《苏联的新闻事业》，《中苏文化杂志》，1938年，《十月革命二十一周年纪念特刊》。
③ 戈宝权：《苏联的新闻事业》，《宇宙风》1937年第34期。
④ 宜闲：《苏联新闻事业》，《申报月刊》1933年第2卷第11期。
⑤ 冯有真：《现代史料：国营的苏联新闻事业》，《新闻杂志》1936年第1卷第6期。

于宣传部，地方性的报纸则以中央性的报纸言论为依归"，"千千万万的报纸，全可一律称为'官报'或'党报'"。如此一来，"在各省市的报纸，因为党的裁制及纸张的缺乏，所以都趋于极端的标准化的划一，毫无生气……在苏联独裁政体之下，一星儿一点儿的关于政治经济上的异议也绝对不容于报纸上"①，"若任何一报，无的放矢地攻击党政"，这无异于"'政治自杀'"。② 为了避免犯政治的错误，苏联新闻人只能写毫无生气的官样文章，"两三件实事，半打比较的数字，以及二百行长的文字，就此凑成一篇同所有机关的标准公文没有两样的大作，千篇一律，异常的公式化，毫无半点文学意味"③。

也有报人指出苏联新闻体制之下新闻价值被忽视，"苏俄的新闻虽有绝大的权力，但在独裁政治支配之下，没有发挥其本质之权能"④。新闻的信息功能与舆论监督形同虚设。比如在苏联，"否认犯罪行为是新闻材料"，"国际会议出席人物的争论与冲突，苏联人会否认为新闻"，"火车肇事，火烧房舍，船只沉没，诸如此的意外事件都不是新闻"。但是，"假如这些不幸事件，大规模发生于国外，却有例外"⑤。还有报人指出，"最重要而可靠的新闻来源都对苏联报纸关起大门"，甚至国内的饥荒灾难等事件其伤亡数字、事件细节等，苏联也是"均不公布"。即使有公布的新闻，也以官方消息为准，"不许动一个字"⑥。《新时代月刊》归纳的苏联"新闻登载标准"，即"只要新闻的性质百分之百属于苏联门户内的事情，那便毫无疑问，一概刊登。反之则唯有弃如敝屣，毫不足惜"⑦。需要强调和注意的是，与中国新闻界对苏联新闻事业的称赞相比，这些批评的内容在篇幅和深度上十分有限。出于引介与推广的需要，中国新闻界对苏联新闻事业评价与报道，以正面评价为基调，批评的深度仅限于对负面现象的描述。卫国战争之后，苏联新闻业深受斯大林体制的桎梏，对此国人尚未从体制层面对苏联新闻业进行认知与反思。

① 刘学濬：《苏联的报纸》，《独立评论》1933 年第 69 期。
② 张叙勤：《苏俄之新闻政策》，《苏俄评论》1934 年第 6 卷第 3 期。
③ 徐世廉：《苏联新闻内幕：编辑生命毫无保障》，《中央周刊》1948 年第 10 卷第 27 期。
④ 张叙勤：《苏俄之新闻政策》，《苏俄评论》1934 年第 6 卷第 3 期。
⑤ ［美］Eddy Grilmore 著，沈涛译：《苏联式的新闻自由》，《新时代月刊》1946 年第 1 卷第 7 期。
⑥ 徐世廉：《苏联新闻内幕：编辑生命毫无保障》，《中央周刊》1948 年第 10 卷第 27 期。
⑦ ［美］Eddy Grilmore 著，沈涛译：《苏联式的新闻自由》，《新时代月刊》1946 年第 1 卷第 7 期。

四、结语

20 世纪 30—40 年代中国新闻界对苏联新闻业的推介，对中国民众认知与理解社会主义新闻事业产生了积极影响。1937 年一个法号"寂庵"的僧人在杂志上不无感慨地写道："昨天我看到一篇关于苏联新闻事业的文章，说苏联的报纸很好，不但价钱便宜，且还能适应社会需要供给民众充分教育……看完这篇文章我不禁有些惭愧。"作者深恶民国小报以僧人为噱头哗众取宠，破坏佛门名誉，对苏联新闻业内容的严肃与真实，充满向往与敬意。由于受到政治、地理乃至文化的阻隔，国统区广大民众对于社会主义新闻事业这种全新的新闻体制知之甚少。民国时期报刊传媒对于苏联新闻事业的推介和传播，使广大民众得以初步了解苏联社会主义新闻事业的体制特点与运作模式。在介绍苏联新闻事业的同时，很多文章大量引用马克思、列宁、斯大林对于报纸和新闻业的经典论述，这无疑是对社会主义新闻理念的一次普遍意义的传播。

中国新闻界对苏联新闻事业的评价经历了从排斥、接受，再到倡导的态度转变。1926 年黄天鹏在《苏俄新闻事业》一文中虽认可其"自创一新局面"，但却认为"在吾曹以新闻眼光论之，颇非正当之设施，有如葫芦，只见一道烦闷耳，所谓舆论所谓自由，更不用言也"。但是仅过数年，20 世纪 30 年代中国新闻界对苏联新闻业的评价却发生了逆转，报刊中对于苏联新闻业的赞扬之词跃然纸上。是何因素让中国新闻人对苏联新闻事业的评价产生了如此巨大的逆转？究其原因，还是苏联社会主义新闻体制所取得的巨大成绩，令中国新闻界深信新闻事业国有制拥有巨大的发展潜力，这种积极印象深刻地影响了新闻界对中国新闻业发展的整体思考和道路选择。

中国新闻界对苏联社会主义新闻事业的推崇带有强烈的理想化色彩，并借此表达对新闻事业私有体制的不满。20 世纪 20—30 年代，尽管中国新闻事业的发展"突飞猛进"①，但中国私营新闻业却面临来自国民党新闻统治与资本主义垄断的双重压制。一方面，国民党政权利用其掌握的政治优势，建立党营新闻机构，实行新闻检查与信息垄断，挤压私营新闻业的生存空间；另一方面，中国私营新闻业在激烈的恶性竞争中，相互倾轧缺乏团结，尤其是中小报社报人常感到"自由企业化已违背新闻服务社会的本旨"②，难以承担报人救国的社会责任，进而思考中国未来新闻业除了步西方新闻业之后尘外，是否还有新的出

---

① 张竹平：《十年来之中国新闻事业》，《大夏》1934 年第 1 卷第 5 期。
② 觉群：《中国现代所需要的新闻事业》，《警醒半月刊》1934 年第 2 卷第 7 期。

路？苏联新闻事业所展现的国营体制优势，无疑让中国新闻界看到了新的希望。尤其是在苏联新闻事业国有制保障下，新闻事业得以广泛参与政治活动与社会教育，引导民众开展社会改造，推动苏联成为世界强国，这种现实图景与中国新闻界秉承的文人论政、新闻救国的责任使命形成了高度的契合。在这种思想的驱动之下，跳出西方新闻业的格局，在苏联的社会主义国有制中寻找中国未来新闻业的出路，成为中国新闻界一种自然且迫切的现实需求。值得注意的是，在理想化色彩之下，中国新闻界对苏联新闻业的认知多聚焦其"表象"，这使得国人对苏联新闻业弊端与问题未能形成系统且全面的清晰认识。

20世纪30年代业已成熟的中国新闻业正在开启新的"范式"。面对西方新闻业发展暴露出的种种弊端，在考察苏联新闻事业的进步与成绩后，中国新闻界开始尝试以俄为师。国人深信"资本主义没落的暗影也已横在全世界的新闻事业上"，其最终的没落"在现代潮流中是不可避免的"，进而提出"中国的新闻事业现在还徘徊在资本主义的道途上"，"在将来恐怕不得不使它改弦更张"，"在这世界一致的潮流中，中国自然也不能置身事外"。而未来中国新闻业可供选择的"只有国有和公有两条路可走"，"公有制因有种种困难，恐未能实现，国有则因具备种种可能或有实行的一日"①。民国时期，中国新闻人对西方新闻业的反思及其对苏联新闻事业的推崇，显示了在文人论政与自由主义两大传统之外，中国新闻界对社会主义新闻事业同样抱有相当大的认同与好感。他们对苏联新闻业的称颂与憧憬，实际是新闻业内心欲望的投射。借助传媒，新闻人试图建构一个辉煌的"他者"，作为重塑自身的外在资源。对民族主义的渴求与强力国家的向往，才是中国新闻界最为看重的苏联经验。

（原载《新闻大学》2018年第1期）

---

① 唐克明：《中国新闻年事业发展的前途》，《青年界》1935年第7卷第2期。

百年前上海《大共和日报》的独家新闻：
胡政之采访"二十一条"兼及胡政之的采访特点

王咏梅

摘要： 胡政之以采访巴黎和会闻名于世，但早期对"二十一条"的报道，证明了他具备合格新闻记者的基本素质——良好的语言沟通能力、游刃有余的社交能力、灵敏的新闻判断能力。该报道成为上海《大共和日报》的独家新闻，显示出他出色的职业才华和深厚的事业潜力。作为一名优秀的记者，胡政之的采访特点是：积极开拓新闻来源；选择时机采访真相；随机应变抓独家新闻。

关键词： 胡政之 "二十一条" 采访特点

第一次世界大战的爆发，为日本加紧在中国扩张提供了良好时机，日本可以避开除了美国以外的其他对手而树立其在中国的优势，为称霸东亚大陆奠定基础。日本元老井上馨 1914 年 8 月在向大隈内阁提出的意见书中就指出：大战"对日本国运发展乃大正年代之天保"，主张必须乘此机会"确立日本对东洋之利权"。① 1914 年下半年，日本一方面夺取德国的胶州湾租借地，一方面加紧制定全面的对华要求。

1915 年 1 月 18 日，日本向中国提出"二十一条"。② 从这时到 5 月初，中日双方会议 24 次，中方节节让步，还未完全达到日本的要求，日本于 5 月 7 日对民国外交部发出最后通牒，声称到 5 月 9 日下午 6 时，如不能得到满意答复，"则帝国政府将执认为必要之手段"③。民国政府接受了最后通牒所提出的要求，

---

① 《日本外交史》（上），第 394 页。转引自吴东之：《中国外交史》，郑州：河南人民出版社，1990 年版，第 37 页。

② 关于"二十一条"的具体内容，见吴东之：《中国外交史》，郑州：河南人民出版社，1990 年版，第 41-43 页。

③ 《日本外交史》（上），第 241 页。转引自吴东之：《中国外交史》，郑州：河南人民出版社，1990 年版，第 44 页。

并在 5 月 25 日与日本签订了卖国条约"民四条约"。①

在此期间，没有陷入大战的美国、在中国有重大利益的英国以及俄国、法国等多认为"二十一条"伤害了所有其他列强在华利益，但都完全从本国利益出发，不敢或没有反对日本的做法，根本没有考虑到日本在中国的殖民扩张。法国公使甚至到外交部劝说中国接受日方要求，英国驻华大使朱尔典也劝袁世凯无条件接受。②

一、胡政之报道"二十一条"

时任《大共和日报》驻京特派员的胡政之感叹道："呜呼二十一条之无理要求，5 月 7 日之最后通牒，其令人没齿不忘！"③ 从 1915 年 2 月 28 日起到 3 月 30 日止④，他以《万目睽睽之日本要素》为连续报道的栏目总题目，先后共发出 80 多条消息，比较及时而准确全面地向国民报道了日本逼迫中国接受"二十一条"的过程以及英美法德俄等国对此事件的态度。

每天的报道内容，是前一天从北京发出的专电，在《万目睽睽之日本要素》栏目总标题之下，对有关的每一事件分别予以报道，并都冠以与内容相符的小标题。如 3 月 1 日的内容，就是 2 月 28 日发出的，由《交涉之会晤期》《日使之讳莫如深》《王揖唐保全留东代表》《德使与本报特派员之接洽》组成。3 月 2 日刊登的内容，是 3 月 1 日发出的；而 3 月 30 日刊载的内容，有当日发出的，可见时效性很强。从消息的写作来看，也要素俱全，言简意赅，证明胡政之对消息这个新闻记者的最基本、最重要的武器已经能很熟练地使用了。

一些消息标题带有评价的意味，如消息"此间日人皆谓日本不久恐有限期解决之要求，否则将有自由行动之通告"⑤，标题为《汝安则为之》；消息"有日人询予，中国能与日本一战否"⑥，标题为《图穷而匕首现》；消息"安奉铁路租借期展为 99 年现已确定，惟日人似以为无足重轻，仍肆要挟"⑦，标题为

---

① 由于条约和换文的达成是在中华民国四年，所以被统称为"民四条约"，见吴东之：《中国外交史》，郑州：河南人民出版社，1990 年版，第 45 页。

② 吴东之：《中国外交史》，郑州：河南人民出版社，1990 年版，第 46-48 页。

③ 胡政之：《我亦赞成中日亲善》，《大公报》1916 年 12 月 6 日、7 日。

④ 现在所发现的胡政之对"二十一条款"的最早报道，是 1915 年 2 月 28 日发出的"北京专电"，见《大共和日报》3 月 1 日。对"二十一条款"的报道，应该始于更早，也应该延迟更长，但由于资料缺失，无从查找。

⑤ 胡政之：《万目睽睽之日本要素》，《大共和日报》1915 年 3 月 11 日。

⑥ 胡政之：《万目睽睽之日本要素》，《大共和日报》1915 年 3 月 11 日。

⑦ 胡政之：《万目睽睽之日本要素》，《大共和日报》1915 年 3 月 12 日。

《得步进步之日本人》；消息"昨日（11日）会议内容未悉，惟闻日使态度较前更为强硬。日人自称已得三国（意指英法俄）同意之说，似有影响"①，标题为《口头保全东亚和平者固如是乎》；其他还有《尚未满日人之欲耶》《咎在日本之公论》② 等标题。这些显露作者倾向的标题表明：胡政之在采写这一新闻时，已压制不住自己心中的愤激之情。

从现在可查阅到的1915年《大共和日报》可以看到：胡政之采访了中日交涉会议③、日使书记官小幡氏④、德使辛慈氏⑤、日本使署船津氏⑥、英使署参赞⑦、美使署参赞⑧等，其新闻来源比较广泛；同时与德文报⑨、英文《津京时报》⑩ 等各外报消息相互印证，保证了新闻的客观真实。

二、《大共和日报》的独家新闻

同一时期的《申报》在报道此事件时，以1915年3月为例，消息来源主要有中日会议、东方通信社电、特约路透电、《大陆报》、英文京报、《京津泰晤士报》、英文《北京日报》、《伦敦每日新闻》、《天津日报》、《字林报》、《日本纪事报》、《顺天时报》、《报知报》、《孟乞斯特指导报》、大连《满洲日报》、中外通信社、《伦敦每日电报》等，还有不标明确切消息来源的传闻，以及驻京特派员黄远生发来的要闻。可见，除了多数来自外国报纸和通信社外，自己采写的主要来自中日会议的报道和黄远生发来的要闻。相比《新闻报》而言，《申报》派遣黄远生驻京采访政治新闻，其做法值得称道。黄远生在京四处打探，谨慎选择，他斥责编造会议详情的人"惑乱听闻"，并指出"日本报纸系一种新闻政策，不必尽与其政府情形相合，此节须读者注意及之是也"。但即使是这样小心谨慎，在当时"逐日之会议内容决不能为新闻记者所知"⑪ 的情况下，黄远生也难免上当，曾根据"讹传"的内容发出过电报，在发现事实真相后他生气地

---

① 胡政之：《万目睽睽之日本要素》，《大共和日报》1915年3月13日。
② 胡政之：《万目睽睽之日本要素》，《大共和日报》1915年3月16日。
③ 胡政之：《万目睽睽之日本要素》，《大共和日报》1915年3月10日、3月11日、3月16日、3月17日、3月24日。
④ 胡政之：《万目睽睽之日本要素》，《大共和日报》1915年3月2日。
⑤ 胡政之：《本报特派员与德使之谈话》，《大共和日报》1915年3月2日。
⑥ 胡政之：《万目睽睽之日本要素》，《大共和日报》1915年3月14日。
⑦ 胡政之：《万目睽睽之日本要素》，《大共和日报》1915年3月17日、3月20日。
⑧ 胡政之：《万目睽睽之日本要素》，《大共和日报》1915年3月26日。
⑨ 胡政之：《万目睽睽之日本要素》，《大共和日报》1915年3月5日、3月10日。
⑩ 胡政之：《万目睽睽之日本要素》，《大共和日报》1915年3月16日、3月24日。
⑪ 远生：《新闻日记》，《申报》1915年5月4日。

说："造言生事，最为恶德，何况此等岂可儿戏！"并表示"深自悔其轻信也"①。从它所刊登的黄远生的稿件来看，他也没有像胡政之那样，对各国外交界人士进行过专访。

对这一重大历史事件，当时的《新闻报》也有报道，但其新闻来源主要是外报、来自路透社和东方通信社的外电、中日交涉会议、没有标明确切消息来源的传闻或"某要人"。《新闻报》对"二十一条"的报道严重依赖于外报外电，外报外电占有消息来源的绝大部分，就连"二十一条款"的全文都是"留东学界"译自美国报纸而寄到报社的，甚至有时对这一重大事件的新闻评论所依据的全部都是外报报道。《新闻报》这样做实属被迫，因为国内对这一关系中国生死存亡的特大消息进行封锁，《新闻报》只能通过购买外电和翻译各外报的有关消息，甚至不惜用传闻，以求互证。但当中日交涉的传闻互异时，《新闻报》对谁是谁非也无从判断。而且外报外电都是各国记者从本国利益出发来报道的，东方通信社由于是日本的通讯社，其报道代表日方利益，这是《新闻报》能够理解的，但常常标榜客观公正的路透社也发出不利于中国的报道，这就引起了《新闻报》的不满："以堂堂之路透社而其东京代表竟与东方社同其臭味，处处以抑中扬日，为旨毋乃不值也乎。"② 因此，即使是多方援引，人们还是不能得到准确消息，造成了"我民之欲知真相者苦于不能，不得已藉报纸以得其麟爪"③ 的结果。

《新闻报》在这次重大消息报道中的遭遇，放在当时的报界来说，并不特殊。一次，日本小幡氏认为中国报纸对会议内容的报道不确，要中方令各报更正，中方"答以西报先刊，须由贵使馆函该西报更正"④，说明当时的报纸在国内施行新闻控制的情况下，普遍采取了《新闻报》那样的办法。随着事态的发展，报纸对国内进行新闻封锁越发不满："盖五月一日我国政府之答复究竟诺否之、限度若何，传说不一，徒令吾人心惊肉跳，将信将疑。……且若彼之最后通牒与最后手段早一日见诸事实，则我亦得早一日将彼原原本本之要求真相通告列强，以求公判。"⑤

胡政之的报道成为上海《大共和日报》的独家新闻，并得到同行高手张季

① 远生：《新闻日记》，《申报》1915 年 4 月 24 日。
② 《新闻报》1915 年 5 月 6 日 "新评一"。
③ 《新闻报》1915 年 3 月 18 日 "新评一"。
④ 《新闻报》1915 年 4 月 1 日 "专电"。
⑤ 《新闻报》1919 年 5 月 3 日 "新评一"。

鸾的赞赏。① 此次采访，展示了胡政之出色的职业才华和深厚的事业潜力。

三、胡政之成功采访的原因

胡政之能成功地完成这次采访，与其所具备的素质密切相关。

(一) 良好的语言沟通能力

胡政之"通晓六国语言（中、日、英、法、德、意）"。他青少年时代"喜读桐城派文章，打下扎实古文基础"。② "尤其对方苞、姚鼐的文章下过功夫。"③ 英文底子是在清末安庆创立的最早的近代教育机构和最高等级的新式学校——安徽高等学堂获得的。1906 年，胡政之赴日本留学，先入日本中央大学，后入东京外国语学校主修英语。良好的语言沟通能力，对胡政之将来扩大眼界、吸收外国文化，进行国际新闻的阅读、翻译和采访都是一个有利的工具。

1912 年，胡政之供职《大共和日报》。他回忆说："除了翻译日文新闻之外，还兼写评论……我因为日文英文都能读写，所以材料比一般人所得的都要多一些。"④ 这一次的采访，涉及中日交涉会议、日使书记官小幡氏、德使辛慈氏、日本使署船津氏、英使署参赞、美使署参赞等对象，至少使用了日语和英语。他对德使英语的评价是"极为娴熟"。⑤ 同时，胡政之还把自己所采访到的信息与德文报、英文《津京时报》等各外报上的新闻相印证，力求准确。

(二) 游刃有余的社交能力

"民国四年二十一条交涉的时候，不准发出任何新闻"⑥，胡政之是怎样得知日本提出"二十一条"的？胡政之自己说："余因与外籍记者常接触，所获消息较详而确"。⑦ "当'二十一条'酝酿时，大家竞争新闻。外交部的参事顾维钧那时守口如瓶。"⑧ 在此情况下，胡政之积极拓展新闻来源的渠道。据他回忆：(1)《芝加哥论坛报》的记者、后来兼平津《泰晤士报》的 Gillen 是将

---

① 《平新闻学术讲座　本报胡总经理讲演——畅谈个人从事报业经验，认为社会自有公道是非》，《大公报》1947 年 8 月 13 日。
② 胡玫、王瑾主编：《胡政之先生纪念文集》（内部出版），2002 年版，第 178、241 页。
③ 吴廷俊：《新记〈大公报〉史稿》，武汉：武汉出版社，1994 年版，第 39 页。
④ 《胡政之谈民元报业》，《人物杂志》1947 年第 11 期。
⑤ 胡政之：《本报特派员与德使之谈话》，《大共和日报》1915 年 3 月 2 日。
⑥ 《胡政之谈民元报业》，《人物杂志》1947 年第 11 期。
⑦ 《胡总经理致哀悼词》，《大公报》1941 年 9 月 16 日。
⑧ 《胡政之谈民元报业》，《人物杂志》1947 年第 11 期。

"二十一条"的消息电至英国的第一人①，胡政之与他关系很好，"有时透露给我一点消息"；（2）"我后来自己打出一个路线，与日本使馆小幡西吉很好，很可以谈出些消息，不幸由于另一位同业汪某，泄露了他在酒后骂美国的话，使小幡大受外务省的申斥，当我再去问小幡的时候，他总在说：'你去问汪某好了。'这一条路也断了"②。

胡政之利用自己懂外语的优势，与外籍记者常接触，因此得到详细而确切的消息，成为他这次成功采访的由头。他的这种对外社交能力，在以后的新闻生涯中也得以表现。

（三）灵敏的新闻判断能力

日本向中国提出"二十一条款"，无疑属于重大新闻事件。胡政之对此有着灵敏的判断能力，得益于他对世界形势的认识和从小养成的读报习惯。

胡政之说：日本"实吾新智识之发源地"。③ 当中国绝大多数民众对西方的认识还处于"闻铁路则心惊，睹电杆而泪下"④ 之际，年轻的胡政之与王韬、容闳、黄胜、邝其照、伍廷芳等第一代"学贯中西"的中国人一样，"以本位文化为基础，以外部文化为工具和参照，既避免了传教士以宗教为目的的局限隔膜，又减少了不懂西文的前辈们观望世界的盲目性，使近代中国人对世界的认识大为扩展深化"⑤。

青少年时的胡政之，已经接触到了《申报》《苏报》《新民丛报》⑥ 等，对近代报纸和报纸上的内容有所了解。在留学日本期间，读报成为留日学生日常生活之所必需。日本先进的现代报业，为胡政之日后从事新闻工作树立了榜样。胡政之在此次采访之前担任《大共和日报》日文新闻的翻译，对他了解国际时局，锻炼重大新闻的判断能力也有帮助。

四、在新闻史上的意义

在新闻界工作几年后，胡政之形成了对新闻的独到见解。他描述当时不合

---

① 孙瑞芹：《报业十年回忆录》，《报学》第 1 卷第 1 期，1941 年 8 月 1 日，燕京大学新闻学会出版委员会，第 19 页。

② 《胡政之谈民元报业》，《人物杂志》1947 年第 11 期。

③ 胡政之：《欧美漫游记》，《大公报》1918 年 12 月 16 日。

④ 史春风：《商务印书馆与中国近代文化》，北京：北京大学出版社，2006 年版，第 17 页。

⑤ 桑兵：《晚清学堂学生与社会变迁》，上海：学林出版社，1995 年版，第 54 页。

⑥ 傅国涌：《胡政之：开创百年报业"新路径"》，人民网，2003 年 3 月 17 日。

格的新闻形式说：

> 不曰某日某处开何等会议，议决一、二、三、四、五等项事件，即曰某公某日向某处提出甲乙丙丁戊等项意见，五花八门罗列满纸，乍读之一若搜采宏富，而置报一想，真不知所报何事，盖皆记者先生随意胡诌，本无其事也。是可谓数字式的新闻。

> 又或曰某处某公得某处密电密缄，某处开秘密会议，至其内容不曰事关秘密，未便宣布，即曰事甚秘密不易探悉，甚至加以某某甚为动容，某某争执甚力等形容语，令读者乍见之，一若关系十分重大，而置报一想，又不知所报何事。是又记者先生运用其神秘头脑所创造之新闻也，是可谓秘密式的新闻。

> 又或见有一事发生，即就此事而推想及于他一事，如见曹汝霖赴日赠勋，便想到陆徵祥赴欧洲赠勋，更又想到某人赴某国赠勋，某人赴某地赠勋，照式演来充塞满纸，是可谓推演式的新闻。

> 又或搜集旧闻加以点染，读者事久而忘，乍见之亦不辨其为陈腐，而深信真有此事，是又记者先生整旧如新之本领，可谓为翻陈式的新闻。

总之，胡政之认为办报应"首以此种公式的新闻为大戒"，"报道真确公正之新闻"①。

对外交新闻的造假行为，胡政之尤为反感，把看作"新闻界之大耻"。1917年2月，他发表《外交新闻可假造耶》，说："前公府秘书长丁世峄君，辞职后曾告人云，各报所载公府某某会议情形，与夫提出某某议案等新闻，均系访员假造，骗取金钱，决无其事云云。夫公府会议何等重要，而偏偏有访员敢于假造，又居然有报馆为之登载，若不辨其为假造者，访员之胆大，编辑之无识，皆新闻界之大耻也。"又说："京内外报纸，近于外交事项，或载会议情形，或载决定事项，排列叙次，如数家珍，凡稍有常识者，一见即可断为访员捏造之新闻，而主持舆论，指导社会者，漫然以之充溢篇幅，其于职务未免太不忠实，对于读者，亦未免诈欺取财。况一纸谣言，传播社会，又以淆乱观听，尤非爱国者所当为。吾意公府会议，内阁议案，捏辞骗人为害犹小，至事关外交，似宜格外慎重，未知京内外同业，能为新闻界一洗假造新闻之耻否？"②

---

① 胡政之：《本报之新希望》，《大公报》1917年1月3日。
② 胡政之：《外交新闻可假造耶》，《大公报》1917年2月25日。

胡政之说这些话，是对他几年新闻实践的总结。而他对"二十一条款"的报道，恰为我们提供了一个成功报道的典范。

在此次采访之前，胡政之任《大共和日报》总编辑时，"总想从外国报上找一点消息给读报的人"①。对"二十一条款"的成功报道，显示出胡政之作为新闻记者，正朝着通过自身努力，报道有关中国重大利益的国际新闻，在国际新闻界力争发出中国人自己声音的方向上努力。

胡政之离开《大共和日报》后不久，就开始主持王郅隆时期《大公报》，"益益改良新闻记事，以为铸造健全舆论之基础"②。"改良新闻记事"被胡政之视为最为重要的基础工作，这种想方设法追求新闻真实、力争采写独家新闻的新闻记者的职业特点，在他报道"二十一条款"时就已显现出来。

此次采访，完全证明了胡政之具备合格新闻记者的各种基本素质——良好的语言沟通能力、游刃有余的社交能力、灵敏的新闻判断能力等。这不仅成为此次采访成功的原因，也是他将来能够出色完成各种采访的保障。

五、胡政之的采访特点

这次采访，也体现了胡政之的一些采访特点。"胡政之对著名记者邵飘萍的采访艺术是心向往之的。在采访方式上，胡政之与邵飘萍有不少相似之处，比如广交游，注重独家新闻与内幕新闻，注重重大军政新闻等等。"③

（一）积极开拓新闻来源

胡政之入道之初，在采访条件不好的情况下，积极开拓新闻来源。1915年，胡政之刚到北京当特派员时，"只有一个在交通部当小科员的朋友"④，"各机关对记者多不睬"⑤，他就积极想办法开拓新闻来源。"袁世凯正厉害，每天都要杀人，我那时住在崇文门内河泊厂，一出门就可以看到杀人的告示，北京报人懒得连当天的布告都不抄，我看见的总比别人早一天，因此四川副都督张培爵被杀，我的电报比别人早一天到上海，很受各方面的注意。张季鸾打了一个电报向我道贺。"⑥

---

① 《胡政之谈民元报业》，《人物杂志》1947年第11期。
② 胡政之：《本报之新希望》，《大公报》1917年1月3日。
③ 吴廷俊：《新记〈大公报〉史稿》，武汉：武汉出版社，1994年版，第46页。
④ 胡政之：《在重庆对编辑工作人员的讲话》，《大公园地》第9期，1943年12月21日。
⑤ 《北平新闻学术讲座 本报胡总经理讲演——畅谈个人从事报业经验，认为社会自有公道是非》，《大公报》1947年8月13日。
⑥ 《胡政之谈民元报业》，《人物杂志》1947年第11期。

这一次采访"二十一条"中,胡政之凭借着其良好的外语能力和社交能力,在外交部参事顾维钧守口如瓶的情况下,从将"二十一条"的消息电至英国的第一人、时任《芝加哥论坛报》记者、后来兼平津《泰晤士报》的 Gillen 口中得到一点消息。后来他又利用自己与日本使馆小幡西吉的良好关系,获得些消息。这是胡政之利用自己的优势积极寻找新闻来源的一个证据。胡政之广泛采访日、德、英、美等国家驻中国使馆的官员,这一做法使得他的报道比同一时期的黄远生更胜一筹。很可能,正是因为此次采访展示出的胡政之的出色的职业才华和深厚的事业潜力,胡政之与黄远生缔交未久,当黄远生出京赴沪,决心游美之时,曾以函电致胡政之,"以所任《申报》驻京通信相托"。但胡政之"适感于时变中止所业,漫游关外,故婉谢之"①。

(二)选择时机采访真相

胡政之的每次重要采访,都有其明确目的,就是要把当前事关全局而读者又还不明了的政治问题,通过亲临现场,采访清楚。

1917 年,国人对中国是否应该对德宣战问题各执一词,意见不一。为了搞清楚原因,身在天津的胡政之前往北京采访外交人士,并把采访所得发表于《大公报》。事后他谈到这次采访的动机说:"自中德问题发生,众说纷纭,莫衷一是。吾国人本好造谣,加以此次欧洲交战,国人各有利害关系,亦互相传播有利于各自本国之谣言,于是华洋混合之谣言,益风靡社会。虽有识之士,亦苦于无从判断之,常识缺乏者更无论矣!记者日前赴京,勾留三日,亲访外交界有关系之中外人士,所得颇多,凡可以发表者,已陆续揭载于本报。"②

1918 年 9 月中旬,《大公报》连续发表《本报特告》:"德势东侵,联军西发,中日军约实行,北海风云方急,本报关于此等消息记载向极周详。惟国际关系至为复杂,军事情态尤多变化,事实真相不易明了。本报记者胡冷观君有鉴于此,特于 12 日出发,为北满之游,将以该方面各种情形,举其调查所得,通缄本报,告之国人。特此广告,请留心时事者拭目俟之可也。本报启。"③ 这就是关于胡政之要赴"北满"(东北)采访的通告。可见,胡政之此行,并不是要做一般意义上的旅游通讯的采访,而是为了做国人耳目,探清国际形势的真相,挖掘政治新闻。在系列报道发表之前,还在报纸上做郑重预告,以造成读者对报道的期待。胡政之亲赴东北采访,写成 13 篇系列报道,使得关内国人

---

① 《哀飘萍》,《国闻周报》第 3 卷第 17 期,1926 年 5 月 9 日。
② 胡政之:《留京三日所得外交上之感想》,《大公报》1917 年 2 月 26 日。
③ 《本报特告》,《大公报》1918 年 9 月 13 日后连续几天。

对具有重要军事政治意义的东北有所了解。

1919 年，胡政之于第一次世界大战结束后采访巴黎和会，《大公报》的广告透露了原因："现在欧战告终，和议方开，此际消息关系全球，而事实真相仅凭邮电遥传，未易明瞭。本报记者胡冷观君有鉴于此，特于一二日内出发为欧美之游，将以调查所得各种情形，通缄本报披露，以告国人，俾各瞭然于世界将来大势。"①

此外，1930 年中原军阀大混战后，沈阳之张学良成为关键人员，"左祖则左胜，右祖则右胜"。冯、阎及蒋都派有重要代表前往争取。而张学良则秘不表态，偶发通电，态度亦模棱两可，使说客们及一般人民，咸莫测高深。胡政之于是亲自出马，赴沈探访。胡政之抵沈后，张接见谈话，亦未有何暗示，只约请其三日后同赴葫芦岛参加商埠奠基礼。胡同乘专车抵葫芦岛后，翌晚张即约见，对胡说："我苦思冥想半月，觉置身事外非计，为国家人民计，决出兵入关；但只希望阎百川等速退出平津，我决不以一矢相加。"张又简单谈其入关部署，当日即电阎、冯，请其悬崖勒马，和平让出防地。是日深晚，张季鸾得到葫芦岛打来的"速汇款五百元"一电。事先，胡政之与张季鸾约定，如张决定入关助蒋，则来电"请速汇款五百元"；如入关祖护阎、冯，则电文为"请来款接济"。收到电文后，张季鸾即写新闻，并赶写一简短社评，隐约透露时局真相。胡政之能顺利采访到这一关系全局的独家消息，与其早年服官东北，与张氏父子及所属王永江、莫德惠、韩麟春等相熟是有一定关系的。②

（三）随机应变抓独家新闻

胡政之擅长写作旅游通讯，其大部分通讯都是这种体裁。他说："我的性情，最爱旅行，出门作客，反觉精神愉快。"③ 他之所以喜欢旅行，有其原因。他曾于 1925 年 8 月说："西人尝谓旅行之本身为一种教育。华谚亦有'百闻不如一见'之语。诚以以耳代目决不可恃，而亲身考察乃可洞明真相也。吾四五年来大率每三四月往返京沪一次，故于时局观察，较为明确，发表新闻，较免纰缪。"④

可见胡政之喜欢旅行的原因是基于新闻的真实性要求，就是他所说的"以耳代目决不可恃，而亲身考察乃可洞明真相"。这样一来，胡政之的旅行，多数

---

① 《本报特告》一直刊登到 1919 年 1 月中旬，见同一时期的《大公报》的第一张。
② 徐铸成：《徐铸成回忆录》，北京：生活·读书·新知三联书店，1998 年版，第 52-53 页。
③ 胡政之：《从北京到北京》，《国闻周报》第 3 卷第 11 期，1926 年 3 月 28 日。
④ 胡政之：《旅行两周中之时局观察》，《国闻周报》第 2 卷第 32 期，1925 年 8 月 23 日。

是为了采访；在旅行中也养成了随时观察、发现采访对象的思维习惯。因此，胡适曾说："在《大公报》和《国闻周报》上读了胡政之先生的两种《两粤游记》，我很感惭愧。他游两粤，恰在我之后，走的路线也恰和我走的大致一样；但他是一个有训练的名记者，勤于记载每天的观察，所以他的游记很可以供读者参考。"① 这表明：作为一名杰出的新闻记者，胡政之的大脑像雷达一样，有着随时发现和判断新闻的能力和习惯，并尽快采写成稿。

有了这样的思想准备，胡政之随机应变抓独家新闻也就不奇怪了。在这方面，萧乾记录了一个最典型的例子：1945 年 4 月，国民参政员胡政之作为中国代表团团员之一，赴美国旧金山参加联合国制宪大会。作为《大公报》的记者和胡政之的助手，萧乾被报馆调去旧金山。一天晚上，以莫洛托夫为首的苏联代表团宴请中国代表团，胡政之也参加了。在招待会上，"胡霖氏保持缄默，但对每一问题始终兴趣盎然"②。当他听到莫洛托夫向宋子文碰杯敬酒的时候用外文（很可能是英文——笔者注）说"欢迎中国代表团来莫斯科签订《中苏互不侵犯条约》"后，赶紧装作解小手就溜出来给萧乾打电话。萧乾得到消息后，给重庆《大公报》发了一个特急电。这条独家新闻成为后来重庆《大公报》要闻版的头条。③ 萧乾回忆说："这大概也是我从事报业以来惟一的一遭。"④ "这一独家新闻，使在旧金山的中央社记者极为狼狈。"⑤

这当然取决于胡政之通晓外语和具有强烈的新闻敏感。

（原载《新闻春秋》2017 年第 1 期）

---

① 《胡适之先生年谱长编初稿》（第 5 册），台北：联经出版事业公司，1984 年版，第 1576 页。

② 《大公报小丛书》第 8 辑《旧金山会议实录》（上卷），大公报馆出版，1945 年版，第 98 页。

③ 《大公报》1945 年 4 月 28 日。

④ 萧乾：《风雨平生》，北京：北京大学出版社，1999 年版，第 173、174 页。

⑤ 曹世瑛：《从练习生到外勤课主任》，见周雨编：《大公报人忆旧》，北京：中国文史出版社，1991 年版，第 144 页。

东北沦陷初期国人报纸伪满洲国建政的言说

——基于《滨江时报》时政报道的考察

田 雷 邬伊岩

摘要：《滨江时报》是哈尔滨地方国人大报，历经北洋军阀、国民党政府和日伪统治三个历史时期。1932 年 3 月，伪满洲国建政前后，《滨江时报》被迫对伪满做过一系列"合理化"报道。在涉及伪满的报道中，介绍伪政权基本信息、宣扬伪满政权"国家"的概念、刊发伪满政府公文、为伪满发声及教化民众认同"新国家"成为主题。通过这些报道主题及文本的分析，可以一窥国人报纸在日伪统治下立场被迫转向情形，更为深刻地认识到东北沦陷时期日伪对于国人新闻事业的摧残特征。

关键词： 国人报纸 《滨江时报》 时政报道 伪满洲国

《滨江时报》是东北地区国人民办大报，历经北洋军阀、国民党政府和日伪统治三个历史时期，从 1921 年创刊至 1937 年被日伪"合并"，在政治变幻的东北地区存续了 16 年，其"涉日"报道经历了从"九一八"事变前"抗日"到伪满建政前后"亲日"的立场转向和变化特征。

"九一八"事变后，关东军对东北地区国人报纸残酷镇压、对报人加以迫害，1932 年 2 月哈尔滨沦陷后，《滨江时报》虽被允许复刊，以国人报纸的面目出现，但其立场被迫"拥日"，只有对伪满建政进行一系列"合理化"报道，才能披上"合法"的外衣得以存留。

一、关于日伪建立"新国家"的系列报道

（一）介绍"新国家"基本信息

1932 年 2 月 28 日，立场转向后的《滨江时报》于第二版居中位置以少见的

漫画形式展现伪满"国旗"，标题为《满洲新国家 五色新国旗》。① 当时报纸无法彩印，便用线条勾勒出旗帜飘扬的样式，分别标出对应板块的颜色。"国旗"所在位置有罕见的留白，成为该版面的"视觉中心"，达到很强的视觉效果。

图1　伪"国旗"

3月2日，为在民众心中确立伪满"国家"的集体意识，《滨江时报》介绍伪"新政府"的人选、官制，报道言："新国家成立新政府，即日着手组织，据可靠消息，吉林方面加入新政府之人选如下：国务总理熙洽、首都卫戍总司令金璧东、执政府秘书官长荣孟枚、财政部长孙其昌、实业部长张燕卿、军事部长郭恩霖、外交部长谢介石。能否实现，及个人是否同意，尚不可知云。"②

3月4日，《滨江时报》预告"新国家"成立典礼于10日举行，并在一篇报道中发布4条消息，分别是："溥仪之满洲国执政就任式，定于三月九日在长春首都举行，即以执政溥仪之名，向中外正式发表宣言，同时并发表各院长部长之名单""满洲新国执政之就位为期已近，现在各种准备极为繁忙，吉林长官熙洽，于三日来长春，欢迎新执政""满蒙新国家之历史的式典，执政就任式，

---

① 《满洲新国家 五色新国旗》，《滨江时报》1932年2月28日，第2版。
② 《吉林方面加入 新政府之人选》，《滨江时报》1932年3月2日，第2版。

确定于三月十日举行""满蒙新国家，成立典礼，原定本月初旬举行。兹因准备不及，仍改十日前后（一说十日），在长春举行，各巨头约于五六等日赶赴长春参加云"。① 4 条消息的电头分别为"奉天二日联合电""长春二日联合电""长春一日联合电""奉天二日发电"。② 这一报道位于二版头条位置，4 条消息中有很多信息重合，但编辑并没有进行整合，需要读者分别阅读转载的日本"联合"通讯社的电文。

5 日，在二版同样的位置，《滨江时报》又用了同样的报道方式更新部分信息。③

6 日，《滨江时报》报道伪"新国家首都"时称："长春位于奉吉黑三省之中心，经南满、吉长、中东三路之枢纽。全县广约三万一千七百余方里，人口为四十五万八千五百有奇，商务繁茂，物产丰富，实东北第一要隘。兹市府已与满铁当局计划妥协，为使益趋繁荣，将长市市街加以扩大，刻正悉心筹划，约计四月中冰解，即可动工。其内容大纲将现在满铁长春车站之南方起，迄孟家屯车站方面，新建市街面积可当现有日站之三倍，使其接续长春日站，将来再当城内合并，形成北满第一大都市。"④

由上可见，伪满"建国"主题成为《滨江时报》的报道重心。

（二）新闻版面的倾向性分析

除了伪满"建国"报道外，《滨江时报》新闻版面的倾向性表现在为伪"新政权"发声，为教化民众认同"新国家"造势，营造伪满建政乃"人心所向"的假象。2 月 24 日，《滨江时报》称："建设满蒙独立之新国家之消息，传到本市后，本埠之气象，焕然一新，街谈巷议，莫不以新国家为谈话之资料，今日空气尤为浓厚。自昨晚起，道里外各墙壁电柱上，忽发现黄绿红白四色纸条□标语甚多，兹录其最重要者：'建设自主独立新国家''我们民众拥护满蒙新国家''新国家是为民众谋幸福的''速脱离南京国民政府'。"⑤

3 月 1 日，伪满成立后，《滨江时报》立刻刊发伪"建国宣言"、伪"政府宣言"全文，表达维护"新国家"的忠心。为什么要建国？

---

① 《满蒙新国家成立 典礼确定于三月十日举行》，《滨江时报》1932 年 3 月 4 日，第 2 版。
② 《满蒙新国家成立 典礼确定于三月十日举行》，《滨江时报》1932 年 3 月 4 日，第 2 版。
③ 《决定十日举行建国式》，《滨江时报》1932 年 3 月 5 日，第 2 版。
④ 《新国家首都 大都市计划已拟妥》，《滨江时报》1932 年 3 月 6 日，第 6 版。
⑤ 《各界一致承认新国家 昨在滨江市商会召集会议》，《滨江时报》1932 年 2 月 24 日，第 6 版。

图 2　《奉天全省建国宣言》

《奉天全省建国宣言》一文提出三个原因。一是"我奉天省一千六百万民众苦于军阀之淫威，恶税之暴敛，已二十年余兹矣"，而"新国家成了之后，则能提纲挈领，主持有人，一切设施，胥得就理"。所以建国之因来自民众："今我两省民众所渴望者，非所谓新国家之建设乎？非所谓善政之设施乎？则当局自当本诸民意，努力进行。"二是"各省区内政外交军事财政外交实业之亟待整理者，岂止千端万绪"，所以"新国家成了之后，则能提纲挈领，主持有人，一切设施，胥得就理"。三是"满人、汉人、蒙人、朝鲜人同处一域之内"，"来源不同，其习俗亦异，同处一域之内，往往龃龉横生"，且"友邦人士，接踵而来，所处地位，大非他省可比"，所以在"须于省府之上，另设尊崇之体制，始为人民增其崇仰，为友邦增其信赖，此则新国家之建设"。①

伪"政府宣言"副题为《新国家建设之旨以顺天全民为主　施政必询真正民意不容私见或存》，称："满洲建设新国，酝酿已久，人民呼吁，官府提倡。"② 行文逻辑与伪"建国宣言"如出一辙，即当时情况不尽如人意，"建国"后能改变施政。

---

① 《奉天全省建国宣言》，《滨江时报》1932 年 3 月 2 日，第 2 版。

② 《满蒙国政府宣言》，《滨江时报》1932 年 3 月 4 日，第 3 版。

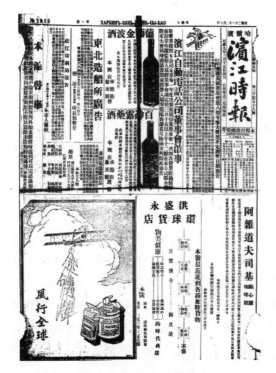

图3 《滨江时报》报头

　　此外，标语在报纸的新闻版面成为分栏标识。《滨江时报》连续6日在第六版放置大号字标语，穿插在报道中，从版面视觉上来看非常吸引眼球。内容如"满洲国是世界的理想乐园""国民欲享安居之福，必须彻底剪灭匪贼""我们乐园里的第一要务，要剪除害虫""共产党国民党军阀匪贼，是王道满洲国乐园中的害虫""剿除匪患安辑流亡，是我们国民共负的责任""反动分子是妨害我们，大家要一致起来扑灭他""打开东亚难局，全赖日满真正合作"。① 这些密集的标语标志着一家国人报纸彻底沦为日伪宣传工具，伪政权急不可耐地需要获得民众的认同。

二、对伪"满洲国"的"国家"概念的宣扬

　　《滨江时报》在报道中顺应日伪当局，称伪满建政是东北国人自发的结果，

---

① 《滨江时报》1932年6月24日、1932年6月25日、1932年6月26日、1932年6月28日、1932年7月1日、1932年7月2日，第6版。

怎样通过舆论赋予伪满洲国"合理性"是日伪新闻统治的目标，而地方报纸成为包装的对象。

2月18日，东北地方亲日派势力组织东北行政委员会，宣布"独立""建国"的意志，发布的《新国家之独立宣言》是表明伪满统治理念的最初文件，《滨江时报》于20日全文刊发。文中称："脱离党国政府之关系，东北省区完全独立"①，原因是军阀暴政使得"民众在水深火热之中，生命有不能保持之状态，至于乡村痛苦之泪未干，而虎狼之爪牙犹存……近来苛虐良民，专政恣利，至社会道德日渐衰退"②。

另如《滨江时报》全文刊登伪"建国宣言"称东北地方政权应遭谴责："乃自辛亥革命共和民国成立以来，趁中原变乱之机，攫取政权，据三省为己有。貔貅相继，竟将二十年狼厉贪婪，骄奢淫逸，罔顾民生之休戚，一唯私利之是图。内则暴敛横征，肆意挥霍，以致币制紊乱，百业凋零，且复时逞野心，进兵关内，扰害地方，伤残民命，一再败坏……满蒙三千万民众托命于此残暴无法区域之内，身死而已，何能自脱?"③ 宣传伪满的"正统性"来源"天命"，实施"王道"是为"善政"。但伪满洲国实质是日本统治的殖民地，政治上的"王道"是不可能实现的。溥仪说："国务院的真正'总理'不是郑孝胥，而是总务厅长官驹井德三。我和郑孝胥是名义上的执政和总理，总长们是名义上的总长，所谓国务会议也不过是走走形式。"④

三、刊发演讲词教化民众

伪满官员发表的那些教化民众的系列演讲也成为《滨江时报》刊发的内容，被配以极具导向性的标题。

（一）为"新国家"发声

伪哈尔滨市长鲍观澄《满洲建国与世界和平》、伪筹备处长赵伯俊《满洲国人的幸福》内容均是安抚人心、为伪满作为"新国家"发出"正名"的声音，再三确认"新国家"的"合法性"。如鲍观澄说："自从三月我们满洲国成立之日起，我们已成世界的一个独立国，我们有我们国家的主权，我们有我们国家的尊严，无论任何国家的主权是神圣不可侵犯的。我们绝不能（让）任何国家、

---

① 《新国家之独立宣言》，《滨江时报》1932年2月20日，第6版。
② 《新国家之独立宣言》，《滨江时报》1932年2月20日，第6版。
③ 《满洲国政府宣言文》，《滨江时报》1932年3月4日，第6版。
④ 爱新觉罗·溥仪：《我的前半生》，北京：群言出版社，1964年版，第319页。

任何团体、任何个人来冒犯我们的尊严，侵害我们的主权。我们不管其他一切一切的问题和纠纷，我们不能容忍，更不能承认我们的国家，做他国的纠纷的问题。我们不能任'人为刀俎'，我为鱼肉，这是要求国家间特殊的注意一点。"① 此外，强行将伪满洲国与当时世界和平联系起来："全世界和平的工作应该分为东西两大途径……东方的和平，或者说东亚的和平，在世界和平中占有最重的关系。东亚和平没有确实的保障，还谈得到什么世界和平……地理上政治上有重大关系的满洲，还依然在醉生梦死，荒淫贪暴的军阀手中……万恶的军阀，贪污的官僚，麻木不仁的民众，倾向赤化的党人，高唱排外的政府。这种种毫无理想、毫无希望的一个集团的中国内部，试问配谈什么国际问题……中国内部实实在在久已丧失了他的立国性，他就不配叫做一个国家。我们脱离内部，建设新国家的理由就在这一点。"② 文中认为分割出来"建国"能立刻摆脱种种政治问题，一切民生问题均会解决。

赵伯俊则许诺会保障民众生活："政府是为大家谋幸福，最低限度级也要使人人都有饭吃，人人都有衣穿，温饱二字绝对不用忧虑。"③ 此外，也提出伪满建国后具体做法，包括清剿土匪、免除苛捐杂税、澄清吏治、修铁路公路、充实警察力量、整顿金融、国家帮扶农工业发展等。④

以上伪政府官员的演讲，在实质上都回避了伪政权背后的扶持力量，回避了伪政权实际上是否能独立自主。

（二）教化民众认识"新国家"

伪满政权为让民众对"新国家"产生认同，方法之一是从历史中找材料，如伪满参议府参议沈瑞麟《满洲国历史上之认识》分 6 日在《滨江时报》连载。文中认为一个国家三大要素即民族、领土和"时代"，东北地区从历史上而言，历经"肃慎时代、诸侯割据时代、渤海时代、金国时代、清国时代和满洲国时代"；伪满洲国与之前的五个时代在政治、经济和文化方面均有不同，要"发展交通、政治法律化、振兴教育、适应国际主义和发展王道主义"。⑤ 通过将伪满作为第六个"时代"的历史叙事是为了获得民众的认同感，这也是日伪的宣传目标。

---

① 《满洲建国与世界和平》，《滨江时报》1932 年 5 月 17 日，第 6 版。
② 《满洲建国与世界和平》，《滨江时报》1932 年 5 月 17 日，第 6 版。
③ 《满洲国人的幸福》，《滨江时报》1932 年 6 月 10 日，第 6 版。
④ 《满洲国人的幸福》，《滨江时报》1932 年 6 月 10 日，第 6 版。
⑤ 《满洲国历史上之认识》，《滨江时报》1932 年 8 月 10 日、11 日、12 日，第 6 版；13 日、14 日、16 日，第 2 版。

此外，伪市长鲍观澄《我们对于新国家应有的基础认识》演讲通过无线电台用汉、日、俄、英四种语言进行放送，此篇演讲话术上更为"高妙"，先夸听众素养："哈尔滨是唯一的大都市，都市的人民，尤其是在今日，对于政治的兴味，比较其他地方的人民浓厚得多，所以他们对于政治的认识也就比较深切"，且"都市人民知识和兴味与寻常不同"，而后从"以大同主义哲学思想建国，政治组织的方法是依照民意的，逐渐开放富源"三方面展望"新国家"。①

另有伪哈尔滨建国思想普及宣传委员会施履本《民众要认识新国家》②，伪哈尔滨建国思想普及委员会范培忠《我们怎样才能不愧为满洲国国民》③ 的演讲等。

四、结语

相较于《盛京时报》《泰东日报》这类日人在东北地区的汉文报刊，《滨江时报》作为国人自办报刊在对伪满洲国"合法化"报道中蒙昧民众的触达效果可谓更为有效。从伪满政权基本信息的密集报道、宣扬"国家"概念到刊发伪满政府文件、铺排标语，从刊发伪"建国宣言"、伪"政府宣言"到连载大量伪官员演讲，《滨江时报》为所谓的"新国家"全面摇旗呐喊。特别是在相关报道中将日本作为伪满外交上的"他国"，进一步撇开了伪满与日本的实质联系。

东北沦陷后，日本关东军对报道"抗日"的国人记者大肆抓捕，摧残国人报纸，伪满建政之时尚未颁布严苛的新闻法制，恐怖的新闻统治尚未到来。《滨江时报》作为国人报纸在允许复刊后所做的伪满"合法化"报道是为求得存留，通过《滨江时报》为伪满发声的报道路径，可以一窥国人报纸在日伪统治下立场被迫转向情形，更为深刻地认识东北沦陷时期日伪对于国人新闻事业的摧残特征。

（原载《新闻春秋》2018 年第 3 期）

---

① 《我们对于新国家应有的基础认识》，《滨江时报》1932 年 3 月 5 日、3 月 6 日，第 6 版。
② 《民众要认识新国家》，《滨江时报》1932 年 6 月 17 日、6 月 18 日，第 6 版。
③ 《我们怎样才能不愧为满洲国国民》，《滨江时报》1932 年 7 月 14 日、7 月 15 日，第 6版。

新闻教育与学术概论

作为知识的"报刊":清末民初新式教科书中的报刊叙述(1902—1922)

王润泽　邓　洁

摘要: 教科书是一个独特的知识空间,也是一种典型性的传播媒介。清末民初新式教科书中的报刊叙述(1902—1922),为探讨近代中国新闻学学科酝酿时期的报刊知识生成方式、传播途径、内容水准、积累与演变过程提供了一个独特视角。清末教科书以旧识比附报刊,在进步思维中编织报刊叙述话语;民初教科书凸显报刊言论价值,引入新闻学,并将报人报业纳入叙述框架,一定程度开创了近代报刊素养教育的雏形。教科书中的报刊知识在社会建构过程中,也助推了学生个体的社会化。

关键词: 报刊知识　清末民初　新式教科书　社会化

报刊除作为知识载体外,其本身即为"新知",具有理解近代社会转型的重要意义。[①] 清末民初,随西学东渐之潮,有关报刊的知识日渐成为近代新知体系中的一员,新闻学伴随新闻业发展而逐步建制,其中蹒跚步履,有待人们观察和体味。在近代教育尚不发达之际,以启蒙为旨归、面向中小学生的新式教科书,于民众的重要性不言而喻。在这个独特的知识空间内,[②] 新闻的知识体系是何种呈现?媒介知识在特定文化和社会语境中成为普遍认知的过程是如何展现的?又如何构建起彼时关于新闻的群体共识及价值取向?

---

① 黄旦:《媒介变革视野中的近代中国知识转型》,《中国社会科学》2019年第1期。
② 孙江:《连续性与断裂——20世纪初历史教科书中的黄帝叙述》,见孙江:《重审中国的"近代":在思想与社会之间》,北京:社会科学文献出版社,2018年版,第113-152页。

一、新式教科书：作为近代新知传播媒介

近代意义的新式教科书主要指"19世纪中叶到1922年新学制颁布以前的中小学教科书"，① 且由于旧时未曾有近代意义学制、普通学校及分科课程，② "三百千""四书五经"只能算是蒙学读物和儒学教材，从清末日本教科书之译介、学堂自编教科书之发轫到书坊教科书之兴盛，新式教科书始得萌发。这些教科书主要涵盖国文、修身、算术、历史等学科，"多面向六周岁至十四周岁的学龄儿童，凡八年左右为学龄期"，③ 相当于如今从小学到初中阶段的教材。这虽是国民教育体系中较低层次的基础教育，但于人一生之影响不可谓不深远。中小学课本也较高等教育、职业教育、社会教育的教科书有更强的文本规范性。

戊戌维新后，随着大量新式学堂的创办，教科书事业日渐蓬勃。1897年，南洋公学自编《蒙学课本》，"两年间重印至十余版"，是近代国人发行新式教科书的最初尝试。④ 此后文明书局、商务印书馆、中华书局等机构纷纷加入，《蒙学读本全书》《最新教科书》《中华教科书》《共和国教科书》此起彼伏，成为一时美谈，自1912年至1929年，仅《共和国教科书》就重印300余次，销售7 000余万册。⑤

彼时民间的优质教科书供不应求，官方编纂的学部教科书难以企及。尔后教科书审定制规定任何团体皆可自行编写教科书，"惟须请教育部审定而已"，⑥ 却仍难止教科书市场的活力。总体来说，教科书中的官学色彩并不明显，编纂群体的主体性得以彰显，不同知识主体的观念碰撞后，个体的知识和经验经过特殊筛选、精心表达和编排，再不断注入共同的社会价值和情感判断，在定式化和组织化过程中逐步失去临时性，获得稳固性和超然性，⑦ 实际上还孕育了近代知识乃至学科体系。

清末民初的新式教科书中，各种新知杂然纷呈，报刊知识是其中之一，即

---

① 吴小鸥：《中国近代教科书的启蒙价值》，福州：福建教育出版社，2011年版，第9页。
② 石鸥：《百年中国教科书论》，长沙：湖南师范大学出版社，2013年版，第2-3页。
③ 陈青之：《中国教育史》，北京：东方出版社，2008年版，第550-553页。
④ 王建军：《中国近代教科书发展研究》，广州：广东教育出版社，1996年版，第93页。
⑤ 李家驹：《商务印书馆与近代知识文化的传播》，北京：商务印书馆，2005年版，第317页。
⑥ 李虹霞：《中小学教科书审定制度的研究》，湖南师范大学硕士论文，2008年。
⑦ 黄兴涛：《近代中国新名词的思想史意义发微——兼谈对于"一般思想史"之认识》，《开放时代》2003年第4期，第70-82页。

关于报刊的知识或认知，其偏重常识性知识，深刻嵌入人们的日常生活，对报刊功能、类型以及围绕报刊展开的各种活动等的认识，均可囊括其中。如果说思想是少数精英的奢侈品，那么知识则是所有受教育者的必备物，且"比起不断出现的精英思想史，知识的历史中那些超前或滞后的波动要少得多，它显得平缓而有序，在社会化后具有普遍意义的确定性"。① 清末民初，在近代知识体系缔造背景下，中国从无一人明确提出新闻学概念、无一新闻教育机构设立、无一新闻学刊物出版的前新闻学时期，迎来近代新闻学逐渐确立的转折阶段，而报刊知识在近代报业发展背景下，凭借其层累式的积淀与稳定的前行步伐，在国人视野中逐渐显示出影响及意义。②

本文搜集到清末民初（1902—1922）新式教科书中与报刊相关的文本 61 篇，试图勾勒出报刊知识在其中的生成方式、传播途径、内容水准以及其积累和演变的过程。③ 文本来自 34 套不同的教科书，各套教科书分年级、分册别，以循序渐进、先易后难的方式编排；各篇课文，无论选文还是撰文，均被编者略去原有出处和作者，改放在新的文本结构中。课文所属科目以国文/国语教科书为主，早期蒙学课本及修身教科书占少数，按王国维语，"国文要旨，在使儿童学习普通语言文字，养成发表思想之能力，兼以启发其智德；修身要旨，在涵养儿童之德性，导以实践"，④ 二者不仅传播一般意义上的社会知识，而且影响学生的思维方式。由于清末至民国学制多变，这些教科书主要面向初等小学/国民学校和高等小学，还有专为女学生编纂的教科书，随教科书发行的教授法也在本文考察范畴。

课文长短不一，多者五六百字，少至五十余字，半文半白中，夹杂叙事、说明、议论各种表达方式，涉及报纸定义、类型、功能、报章体裁及中西报刊历史的论述，但作为面向中小学生的启蒙读物，又显得浅显易懂，平易近人，有的还附有插图。此外，由于教科书的稳定性与继承性，同一篇课文常为不同

① 葛兆光：《知识史与思想史——思想史的写法之二》，《读书》1998 年第 2 期。
② 李秀云：《中国新闻学术史：1834—1949》，北京：新华出版社，2004 年版，第 17 页。
③ 需要说明的是，本文所论述的清末民初，指从 1902 年至 1922 年的二十年间。以 1912 年为界，清末民初各占约十年。1902 年为上限，该年"壬寅学制"首次彰示我国教育史上关于新式学堂较为完整的设想，本文所能搜索到的最早一篇相关课文也来自这一年；以 1922 年为下限是为避开 1922 年"壬戌学制"施行后牵涉的复杂教材改版与语体变迁问题。
④ 王国维：《王国维早期讲义三种：心理学、教育学、教授法》，北京：中华书局，2018 年版，第 142-151 页。

出版机构或不同教科书版本重新编辑后反复引用，折射出内容的重要性及接受度，也凸显同一文本的不同版本变迁背后的知识演变。

不重复计算情况下，实际有33篇不同课文，以其初版时间顺序统计，12篇来自清末教科书，21篇来自民国教科书。教科书中的知识建构是一个知识简化的过程，这种简化使教科书仅剩下那些看似绝对客观的内容，回避了有争议的知识点，呈现出普遍的、稳定的、确凿的共识。然而由于近代教科书编发市场的庞杂、编写者知识结构的差异以及近代早期新闻观念的模糊性，教科书中的各种报刊知识不免存有分歧之处。总体而言，从清末到民初，教科书中的报刊书写展现出较为清晰的发展脉络。

二、清末教科书中的报刊叙述：温旧识以纳新知

1902年，《蒙学读本全书》出现最早的报刊论述为"新闻纸，记各处之新闻。小儿多读书，即能看新闻纸。能看新闻纸，即能知天下之事。尔等欲学看新闻纸乎，多读书可也"，① 对新闻纸内容及新闻纸的要求进行了阐述。此后新式教科书对报纸的介绍日渐丰富，由于缺乏系统的学理输入，清末报刊书写总体简明，对报纸重要性的表述是其中重点（见表1）。

（一）"以阅报而周知天下"

表1 清末（1902—1911）教科书中与报刊相关文章的统计

序号	标题	初版编者	引用次数	初版时间
1	新闻纸	俞复、丁宝书等	1	1902
2	史记	陈懋治、杜嗣程等	1	1903
3	白话报	陈大复	1	1904
4	印书	陈大复	1	1904
5	日报	张元济、高凤谦等	5	1904
6	阅报说	金匮、顾倬	1	1905
7	阅报	不详	1	1905
8	白话报	上海会文学社	1	1908

---

① 无锡三等公学堂：《新闻纸》，《蒙学读本全书（二编）》，上海：文明书局，1902年版，第45页。

序号	标题	初版编者	引用次数	初版时间
9	报章	国民教育出版社	4	1910
10	波士顿报	国民教育出版社	4	1910
11	新闻纸	陶守恒	1	1910
12	新闻纸	不详	1	不详

于个人而言，报纸实有"耳目"之效，"耳司听，目司视，耳目之力不过数里而止。然则山海之外，民俗之繁，耳目之力遂穷乎。今之时有不出户庭而周知天下者，则阅报是已"。① "耳目"一词在课文中频繁出现，"耳目"之力有穷尽，然报纸内容可达天下，加之多次出现的"通达""通人"等字眼，构成了对报刊登载新闻功能的具象化描述。以"耳目"及"喉舌"等功能性器官比附报纸，始自梁启超《论报馆有益于国事》，但在中国前现代时期，由"耳目喉舌"构筑的帝国政治交往网络，于国人并不算陌生。此时西方新闻纸作为外来物出现，国人尤其是儿童对其知之甚少，借由"耳目喉舌"等"成形的经验"，对报刊这个新生事物做出"中国化描述"，国人在这样的理念基础上，接受并使用现代报刊。② 颇有意思的是，作为对报刊表达言论职能的形象化表述，"喉舌"一词在课文中并未随"耳目"一同出现，教科书也很少将舆论乃至监督等语词与报刊勾连在一起，报纸的两重功能在此没有得到平衡，突出的仅是视听功能。教科书编纂者认为，对于仍在致知阶段的学生而言，接受信息较传达信息更为紧要，或是报刊的言论表达及舆论监督等功能，被教科书编纂者有意进行了淡化处理。

随着清末国门的被迫打开，国家危难之际，教科书对报纸重要性的表述，尤为突出地表现在"国"的层面，"国家内政，世界大势，皆国民所不可不知。知之之道，厥惟阅报，苟不阅报，则内政之兴革不知也，外交之方略不知也，乃至外人侵侮、国权丧失，举不知也。然则阅报之益，岂仅广见闻增智识而已哉"。③ 每一个国民都被家仇国难所裹挟，面对西方展现出的制度及文化优越

① 顾倬：《阅报说》，《高等小学国文读本（卷2）》，上海：文明书局，1905年版，第13页。

② 黄旦：《耳目喉舌：旧知识与新交往——基于戊戌变法前后报刊的考察》，《学术月刊》2012年第11期。

③ 国民教育社：《报章》，《新体高等小学国文读本（卷2）》，上海：文明书局，1910年版，第2页。

性，日渐形成紧密的利益共同体，甚至儿童也是"社会之一分子"，此时阅报成为人与人、人与社会间"最根本的联结"，使那些"互不相识、无法相遇、甚至从不曾听说过对方的人们，生成共同体之感，形成了民族想象共同体的胚胎"。① "论国民之文明者，必据通国之人民言之，非仅举一二人言之也。而所以进全国于文明者，惟普及教育乎。"② 文明程度可衡量一国之发达程度，文明由教育维系，教育又与报纸进步与否紧紧捆绑，报业进步与社会进步互为因果的关系，是启蒙者希望借教科书传达给学生乃至整个社会的。通过1914年《少年》杂志上一位高小一年级学生所发表文章中"国愈文明，则报纸愈发达"的表述，可了解这种话语产生的影响。③ 此处的称谓为"国民"，暂不可与西方"公民"和"市民"相比拟，且大多时候是建立在"臣民"底色之上的，④ 其并不指向国家当中的个人及其权利，而是强调一种会随国家倾覆的集体存在。换言之，爱国意味着需以报纸来提升个人素质，捍卫国家权利，即从身份认同的意涵，强调个人对"国"的情感道义。

叙事再现比直接论述更令人难忘，《白话报》等课文以情境化的对话，展现同学因阅报而见闻益广的例子。⑤ 借由教科书中普通儿童之口，学生获得身在其中、又在其外的观看视角，感知到平行世界里与自己有着共鸣的他者，感知到阅报之益，并模仿课本中人物的读报行为；同时，其被纳入国族叙事中，关于国家与国民的想象还将植入普通学生对报刊这一空间型媒介的认知之下，静静而持续地渗透进其日常阅报之实践中，不知不觉中，这种逻辑的转化使得共同体的认知变得可见而熟悉。

（二）中国邸报之制最古

教科书编纂者不仅以"耳目"比附报纸，亦将历史上的邸报作为世界报纸的源头展开论述。"夫中国邸报之制最古，百年以来，泰西各国，俱刊发报章，自国家政治地理兵器物产民俗，下逮闾巷琐屑，莫不详诸报章。大如通都要埠，

---

① 本尼迪克特·安德森：《想象的共同体》，吴叡人译，上海：上海人民出版社，2005年版，第30页。
② 顾倬：《说教育》，《高等小学国文读本（卷2）》，上海：文明书局，1905年版，第5页。
③ 金善鉴：《阅报之有益》，《少年杂志》1914年第4期。
④ 季家珍：《改造国家——晚清的教科书与国民读本》，《新史学（台北）》2001年第12期。
⑤ 《白话报》，《国文教科书（女子初等小学堂用）》，上海：上海会文学社，1908年版，第39课。

小至僻县下邑，莫不有报。上自君卿，下迨细民，莫不阅报"，① 这是教科书中最早可见的对邸报的表述。邸报即塘报，"邸中传抄一切诏令章奏以报于诸侯"，② 类似于政府内部情况通报，是统治集团政治权力功能的延伸。而西方近代报刊应社会公开交流新闻信息之需而产生，二者其实并不相同。19世纪初以来"西学中源说"旧调重弹，对近代国人关于报刊起源的见解，或可称为"西报中源"说，它从一个侧面展示出中西文化冲突、渗透与融合的奇妙景致。③ 晚清以降，多有援引邸报想象新报角色者，如林则徐"夷人刊印之新闻纸"为"内地之塘报"，李提摩太"各国出报之多也如此，然尚未及中国京报之早"，又如姚公鹤"报纸滥觞于邸抄"。有多篇课文接纳这种说法，且在民国以后的教科书中体现得更为淋漓。

1912年有《报纸》一课，"东西各邦，报纸发达，千百倍于我国。而缘其所由来，则实推我国为鼻祖。我国报纸邸报最古，唐时已有其名，其制史缺不书。近者朝廷刊行之政治官报、内阁官报，犹缘其旧制也。十五世纪中叶，当明孝宗之世，德国始有报纸，其后英、法亦仿行之"，编者最后愤而言之："今我国各都会，虽有刊行报纸，方之欧美，瞠乎其后，发生早而发达迟，国人乌可不猛醒哉。"④ 文中邸报乃旧制，说明编纂者并非未注意到西报与邸报之异，但依旧沿用这样的逻辑策略，应是意在通过这种简单直接却又说服力强的比较，突出我国报业"发生早而发达迟"，凸显发展报业的迫切性，时至今日，这种从古至今、从西到中的比较逻辑还潜藏于国人对报业的认知当中。仅两月后，另一套教科书中，这篇课文的某些措辞发生了变化，不仅"推我国为鼻祖"，且在其后加上"世界所公认"，判断德、英、法各国仿我国所设之报，"印刷迟缓，交通阻滞，报中所载，简略已甚，无以逾于我邦之邸报"。⑤ 字里行间意气扬扬，笃定不移，流露出耐人寻味的文化自信，但这不太可靠的优越感背后，另

① 顾倬：《阅报说》，《高等小学国文读本（卷2）》，上海：文明书局，1905年版，第13篇。
② 戈公振：《中国报学史》，北京：中国和平出版社，2014年版，第23页。
③ 李开军：《西报中源：对19世纪70—90年代中国文化人报刊起源观念的考察》，《国际新闻界》2009年第3期。
④ 蒋维乔、庄俞、沈颐等：《报纸》，《订正简明国文教科书（中华民国高等小学用）（第5册）》，上海：商务印书馆，1912年版，第17课。
⑤ 高凤谦、张元济、蒋维乔：《报纸》，《订正最新国文教科书（中华民国高等小学用）（第7册）》，上海：商务印书馆，1912年版，第13课。

藏有一番黯然与矛盾心态。到 1915 年，这两处修改又被还原，① 可见编纂者秉持着对学生负责的心态，对自己的立场仍模棱两可，对传统极保守，对新知又极激进。

虽然教科书中对"世界最古之报纸"的认识也存有分歧，却并不影响编者对发展报业紧迫性的判断。如 1910 年被选登于教科书的《波士顿报》，该报被编者认为"世界最古"，同时成就"美国报纸之发达"。② 考此文出处，为梁启超《新大陆游记》，记载 1903 年其由日本横滨往美国的见闻。③ 后来《北洋官报》单独刊登其中有关《波士顿报》的内容，成《纪波士顿报》一篇，将文章置于"各国新闻"栏目，作为"新知"刊出。④ 教科书时隔七年再选用此文，诚见梁启超作品的影响，但文章被置于教科书的独特语域，作者隐匿退场，编者把握着节奏。梁原文中说，至千九百年，全国各报发行之数是"八十余万"，教科书引用成"八千余万"，应是纰漏。大多编者没有机会与泰西报近距离接触，对报刊发行数字并不敏感，甚至并不真正关心最早的报纸出自何处，因为较之价值判断的渗透，精准知识的传递是次要的，编者要向学生传达的只是欧美报业的盛景，吸引更多人觉察到"中国报纸未臻发达"，意识到读者寥寥造成的智识不开之局面，不管这样的报刊想象是否准确，但凡成为一种共识，必然会在群体中持续延伸。

（三）"历史之功用有逊夫报纸"

清末以来，中国知识体系从"四部之学"发展为"七科之学"，新闻学科的建制亦在此背景中。教科书向来具有将知识归为可分类的范畴或领域的属性，报刊知识在近代新知体系中处于何种位置，教科书中可窥得一二。

新闻纸在中国本土初来乍到之时，关于报刊与历史的关系，教科书进行了诸多探讨。1903 年有《史记》一课，将新闻纸与日记、史记比较，"见案上新

---

① 北京教育图书社：《报纸》，《实用国文教科书（高等小学校用）（第 5 册）》，上海：商务印书馆，1915 年版，第 14 课。

② 国民教育出版社：《波士顿报》，《新体高等小学国文读本（卷 6）》，上海：文明书局，1910 年版，第 31 课。

③ 戊戌政变后第六年（1904 年）之初，《新大陆游记》初版由日本新民丛报社作为增刊发行，在国内由上海广智书局经售。钟叔河评论说，"该书一发表就立即引起了很多人注意，因为作者梁启超在戊戌前后实在太有名了"。在清末民初其他社会文本中，对《波士顿报》的描述可谓寥寥，此报应为 1704 年 4 月 24 日创刊的周报《波士顿新闻信札》（Boston News Letter），被视作"美国现代新闻史的开端"，然美国报纸之创设并非世界最早，教科书编纂者何以称之为"世界最古报纸"，原是梁启超之观点。

④ 《纪波士顿报》，《北洋官报》1904 年第 435 期。

闻纸，问何用。曰观此则虽坐一室，而于世界变迁近事，亦可了然矣。虽然日记记我一身之事者也，新闻纸载近日之事者也。尚有记自古至今世界大事者，曰史。我中国自黄帝至今已四千余年矣，而欲知四千余年中之大事乎，则不可不读史记"。① 此文重点在强调读史记之价值，却也刻画出新闻纸之功用，且将新闻纸上升至与日记、史记等传统记载体裁同等重要的位置。而此后的教科书中还有"世人或有好读古书，戒窥新报，二十年前之事独照靡遗，及叩以十年以内、百里以外，则懵然如堕云雾"，② 乃至"世界日新，报纸随时会为转移；而历史则无所变更也。历史上之陈迹，可以作将来之鉴镜，然其功用，终有逊夫报纸"③ 等论述，意在说明历史已不如报纸，这种功能主义的报刊观，成为当时普遍的现代性话语之一部分，此种话语调试扭转了当时社会的一般成见，唤起国人对报刊的重视。

报刊知识的归属问题不仅被表述在课文的字里行间，也可从清末教科书中报刊专文与其前后课文的联系中窥见：报纸作为印刷物的一种，有时与《印刷术》《活版》《造纸》等篇目共同出现；有时作为近代商业化的产物，与《广告》《货币及银行》《通商》《托拉斯》《博览会及劝业场》等课文承接；或被置于日常生活的语境，与《秤》《镜》《钱》《日记》《珠算笔算》《时辰钟》等一同呈现；尤其是展现文化生活的特质，表现在与《博物院》《图书馆》等篇目毗连。报刊作为一种新知识，是近代新知部落的一种，当其出现在教科书中，既不与国文科目教科书中的"经、史、子、集""诗、词、歌、赋"等古典知识一同出现，也未被摆在离《电报》《电话》《摄影术》等介绍现代通信技术的课文最近的地方，说明在时人观念中，报刊既有不属于传统中国文化范畴的现代特性，又不似 19 世纪末初来乍到的其他现代传播媒介那样，被视为外来新鲜事物，其已深深嵌入国人日常生活，与文化、经济、社会生活息息相关，似一种"默会"（tacit knowledge）意义上的知识。④ 即便如此，这种编排仍显得十分

---

① 南洋公学：《史记》，《新订蒙学课本（三编）》，上海：商务印书馆，1903 年版，第118 课。

② 顾倬：《阅报说》，《高等小学国文读本（卷 2）》，上海：文明书局，1905 年版，第 13篇。

③ 庄俞、高凤谦：《读报小言》，《新法国文教科书（高等小学学生用）（第 5 册）》，上海：商务印书馆，1921 年版，第 21 课。

④ 涂凌波：《现代中国新闻观念的兴起》，北京：中国传媒大学出版社，2016 年版，第103-105 页。

杂乱，好似呼应报章在梁启超之西书分类表中被归于杂类。① 总体来说，人们对报刊这门新知识的归属问题还没有确切共识，仅仅是功能主义的层面理解，此时报刊中积蕴的学科潜质还未被充分挖掘，直至1912年之后才显现出踪迹。

三、民初教科书中的报刊叙述：从术业发展到学科期盼

1912年，新政权的建立及首套《中华教科书》的出版，将商务印书馆、中华书局两大出版机构推向并驱争先阶段；1912年至1922年新学制改革之间，教科书中报刊叙事逐渐深化，且呈现出渐趋复杂的概念谱系（见表2）。新闻学作为一门社会科学，其独特性在于其由一个特定行业来支撑，其术语体系形成的基本态势是"行业术语先行，学科术语跟进"，② 欲考察近代中国报刊知识乃至新闻学知识的生成脉络，还需考量这个学科最初由词汇或术语形成的特有言说方式。

（一）"报纸之体例以论说在先"

清末时期，以时代新生事物面貌出现的报纸在教科书中拥有多个名称，经历了新闻纸—白话报—报章/日报/报纸的变迁，直至1912年后，概念所指才日渐窄化，报纸成为最常见的语词，且对于"报"与"刊"的关系，编者从最初的日报、周报、月报、年报分类意识，转而接受杂志概念，并以"新闻所以记载事变，或日出一纸，或日出数纸，供吾人之展览者也；杂志所以介绍学术，如教育则有教育杂志、商业则有商业杂志，皆足供吾人之研究者也"等论述，将杂志从报纸观念中剔除；③ 也有如"我国自有报纸以来，于今数十年矣，其体裁与论调，新报旧报，乃各不相同"，④ 以示"新""旧"有别，于是新报便作为抵抗旧时邸报的话语出现，承载着国人对现代报刊的诸多想象。

① 左玉河：《从四部之学到七科之学：学术分科与近代中国知识系统之创建》，上海：上海书店出版社，2004年版，第341页。
② 周光明、朱臻、丁倩：《近代新闻传播关键词研究综述》，《中国媒体发展研究报告》，2013年版，第431-439页。
③ 陆费逵、戴克敦：《新闻与杂志》，《新教育教科书国文读本（高等小学校用）（第3册）》，上海：中华书局，1921年版，第4课。
④ 庄俞、高凤谦：《读报小言》，《新法国文教科书（高等小学学生用）（第5册）》，上海：商务印书馆，1921年版，第21课。

表2　民初（1912—1922）教科书中与报刊相关文章的统计

序号	标题	初版编者	初版教材	引用次数	初版时间	关键词（出现频次）
1	卖报童子	汪渤、何振武等	中华国文教科书	4	1912	卖报童子/卖报者（9）；富兰克林（5）；新闻纸（8）；邸报/邸抄（3）；教会报（1）；报章（4）；报纸（67）；新报（1）；杂志（13）；日报（49）；周报（7）；月报（3）；季报（1）；年报（1）；日刊（3）；周刊（8）；月刊（9）；消息（3）；要闻（12）；广告（12）；舆论（3）；评论/论说/议论（9）；报馆（7）；专电/电报（9）；访事员/访员（4）；主笔（2）；发行（7）；社论/时评（6）；正义（2）；诬妄（3）；正论（1）；革命（2）；共和（6）；专制（1）；文明（10）；进步/发达（5）；常识/知识（7）；新闻界（2）；新闻（50）；学校新闻（5）；新闻事业（4）；新闻学（8）
2	报章	汪渤、何振武等	中华国文教科书	4	1912	
3	报纸	武进、蒋维乔等	订正简明国文教科书	5	1912	
4	日报	何振武、华鸿年等	中华初等小学国文教科书	4	1912	
5	说自由（章炳麟）	汪渤、何振武等	中华高等小学国文教科书	1	1912	
6	铁达尼号邮船遇险记	庄俞、沈颐	共和国教科书新国文	3	1912	
7	报纸	刘传厚、庄适	初等小学新国文教科书	1	1913	
8	报纸之益	刘传厚、庄适	初等小学新国文教科书	1	1913	
9	自立自营	戴克敦	新制中华修身教科书	1	1913	
10	阅报	沈颐、范源廉等	中华女子国文教科书	1	1914	
11	女子职业	沈颐、范源廉等	中华女子国文教科书	1	1914	
12	学校新闻	江耀堂、金润清等	新式国文教科书	3	1916	
13	看报纸	庄适等	新体国语教科书	2	1919	
14	学校新闻叙言	季锡祖、庄适等	新法国文教科书	1	1921	
15	卖报纸者云	季锡祖、庄适等	新法国文教科书	1	1921	
16	读报小言	季锡祖、庄适等	新法国文教科书	1	1921	
17	新闻与杂志	陆费逵、戴克敦等	新教育教科书国文读本	1	1921	
18	学校市周报	胡舜华、陆费逵等	新教育教科书国语读本	1	1921	
19	富兰克林广兴公益	朱文叔、陆费逵等	新教育教科书修身	1	1922	
20	富兰克林略传	刘大绅、范祥善等	新法国语教科书	1	1922	
21	新闻学序	刘大绅、范祥善等	新法国语教科书	1	1922	

这种想象仍沿泰西报纸与中国亟待发展的报业的对比脉络展开。《读报小言》中，编者比较欧美各国报纸之特性，"英报之记事，以关于政治经济者为主；美报则兼记社会琐事；德报载统计表最多；独法人之报，记事简而能赅，

议论磊落而多感慨，可称世界上最良之报纸"。① 法报何以最良？编者详解：
"报纸之体裁，不外记事、议论二种。记事贵简赅，已为难事；议论须磊落光
明，尤非易事。而法报能如是，是以为最良。"② 又有课文《日报》配套教员用
书强调："报纸之体例，大率论说在先。日报之职，不仅在报告新闻，更在评论
事实之当否，为舆论之先导，故关系极为重要。"③ 以上均将报刊视为舆论领
袖，这正是西报参照下，民初国人新报构想的言说重心，其格外观照报刊"评
议是非、启迪民智"的功能，反映在教科书中呈现的报刊文体观念上，就在于
对评论重要性的强调，报纸不仅萃各国各省要闻而记录之，更择要者著论说以
评判是非，言论成为彼时报刊的灵魂。

此事关联当时教科书的共和叙事主导模式。有如"报纸何以随时会为转移？
时势变迁，报纸之舆论，亦随之而变。以最浅近之例喻之，如专制时代与共和
时代，报纸之舆论迥然不同"；④ 强调邸报因其阶级属性而有别于一般报纸，
"邸中传抄诏令、奏章等以报于诸藩，故称邸报，后世称政府官报，此种报记载
之事物简单，读者只限于特殊阶级，又非营业性质，故与新闻事业不同"，⑤ 可
见此时的报刊概念上已附着了政治与阶级意味。此外，《中华高等小学国文教科
书》还选登 1905 年《国粹学报》上章炳麟《说自由》一文，并介绍章炳麟生
平，"邃于国学，抱革命思想；民国纪元前八年，主持《苏报》，鼓吹革命，囚
上海西狱三年；后赴日本，从事著述；光复之际返国，组织中华民国联合会及
《大共和日报》，颇持正论"，距"苏报案"发生已两年之久，而《大共和日报》
创刊不过月余，这象征着革命党人报刊在中国报坛的崛起，展现着革命舆论的
巨大影响力，此二者与章炳麟一同被教科书话语赋予正当性，不仅稳固了民国
政府政权的合法性，且文中"天下无纯粹之自由，亦无纯粹之不自由"⑥ 之语，
亦宣示了"共和国民"与专制时代"臣民"的不同在于新政体下国民所拥有的

① 庄俞、高凤谦：《读报小言》，《新法国文教科书（高等小学学生用）（第5册）》，上
海：商务印书馆，1921 年版，第 21 课。

② 唐昌言、沈圻、范善祥：《读报小言》，《新法国文教授书（高等小学教员用）（第 5
册）》，上海：商务印书馆，1922 年版，第 21 课。

③ 秦同培：《日报》，《共和国教科书新国文教授法（初等小学校用）（第 7 册）》，
商务印书馆，1912 年版，第 37 课。

④ 庄俞、高凤谦：《读报小言》，《新法国文教科书（高等小学学生用）（第 5 册）》，上
海：商务印书馆，1921 年版，第 21 课。

⑤ 戴杰、王国元、于人骎等：《新闻学序》，《新法国语教授书（高等小学教员用）（第 6
册）》，上海：商务印书馆，1921 年版，第 40 课。

⑥ 汪渤、何振武：《说自由》，《中华高等小学国文教科书（第 4 册）》，上海：中华书局，
1912 年版，第 1 课。

权利，自由观念的种子在民初的普通教育中便已开始萌发。

（二）"今日而始有新闻学之端倪"

民国之前，教科书中的报刊介绍多停留于实体层面，陈述报刊发展过程，肯定其存续价值，但大体是在不知世间还有新闻学状态下展开论述的。1912年起，教科书中的新闻才从报刊荫蔽下走出，获得更加丰富多样的呈现形式。

一方面，新闻报道体例开始进入教科书，如 1912 年《铁达尼号邮船遇险记》一课出现在商务印书馆的国文教科书中，距离当年 4 月"泰坦尼克海难"的发生不过月余，可谓一次创举。"船长乃发命放小舟，先救妇孺出险，男子皆退立。船员竭力救人，船中秩序井然，无喧哗争去者。"① 整篇文章将"铁达尼号海难"道德化叙事，凸显出欧人的文明守法和临危不乱，并强调"与我国舟车中之喧哗扰乱，毫无秩序者较，奚啻霄壤"，② 编者对这场事故提纯化叙事，多受彼时《申报》等媒体影响，意在"借他者之镜鉴"照亮国人不合乎"文明开化"的一面。与此同时，课文也尽力提炼有关"新闻""无线电报""邮局职员"等知识点，完成了对事件的知识化，亦在无形之中植入新闻的概念。③

另一方面，有《学校新闻叙言》等课文描述学生创办"学校新闻"之情形及益处，鼓励学生在实践中"练习新闻事业"，④ 借以引起发表兴趣，培养写作能力，锻炼意志恒心。商务印书馆报人谢菊曾回忆其高小阶段的习作生活，当时她的文章常被选登于《学生新闻》，这激励她继续在《时事新报》等刊物上发表文章。⑤ "当一门外来的新兴学科要扎根于本土，就必然会要求本土有迎接的土壤"，⑥ 对于新闻究竟是什么，教科书一直未给出学理层面的说明，但在学生耳濡目染和一次次采写训练中，脱离报纸实体的新闻概念就在较基础的层次上实践着。

而在 1921 年，商务印书馆还将蔡元培为徐宝璜《新闻学》所作序言引入教

① 庄俞、沈颐：《铁达尼号邮船遇险记》，《共和国教科书新国文（高等小学学生用）（第1册）》，上海：商务印书馆，1912 年版，第 12-13 课。

② 谭廉：《铁达尼号邮船遇险记》，《共和国教科书新国文教授法（高等小学教员用）（第1册）》，上海：商务印书馆，1913 年版，第 12-13 课。

③ 杨早：《新闻进入教科书——〈共和国教科书〉的承启意义与〈铁达尼号邮船遇险记〉的叙事旅行》，《文艺争鸣》2018 年第 3 期。

④ 庄俞、高凤谦：《学校新闻叙言》，《新法国文教科书（国民学校学生用）（第 7 册）》，上海：商务印书馆，1921 年版，第 30 课。

⑤ 谢菊曾：《商务编译所与我的习作生活》，高翰卿等，《商务印书馆九十五年（1897—1992）：我和商务印书馆》，北京：商务印书馆，1992 年版，第 129-139 页。

⑥ 周光明：《"新闻学"的引入与新闻学的创立》，《湖北大学学报（哲学社会科学版）》2009 年第 5 期。

科书。徐书从连载于杂志，到连贯成书，四易其稿，直至由北京大学新闻学研究会正式出版，成为中国现代新闻学术和教育开端的重要标志。① "甚愿先生与新闻研究会诸君，更为宏深之研究，使兹会发展，而成为大学专科。则我国新闻界之进步，宁有涯涘焉"，② 此文被收录在《新法国语教科书》高等小学第6册第40课，即最后一册的最后一课，在高等小学生即将毕业、面临人生选择之际，借由此时威望颇高的北京大学校长蔡元培之口，将新闻学介绍给学生，具有相当大的感召力，也能反映出该书的社会影响力及编者对新闻学的期许。编者还在配套教授书中对"新闻"明确定义，"新闻告人以现在已发生之事实或未决之问题，以指导督促社会保持其良善之制度文物，改造其不良之遗风末俗，新闻之利近且切"，③ 此时"新闻"开始由"术"向"学"过渡，有关新闻学的"明确知识"（explicit knowledge）逐渐在初等教育中真切显露。

　　（三）"凡学之起，在其对象特别发展以后"

　　民初仍处于中国报纸现代化的起步阶段，此时报刊事业的发展催生了诸多职业，如报贩和报人，部分教科书开始有意描绘这些不同种类的工作。如依附于报刊行业的商业化运营而产生的报贩，这在民国前期已成为报刊发行的重要环节，有《卖报纸者云》一课，展现了较完整的报纸发行网络，报贩每日从城中特定处批发报纸，分送至固定订户手中，尽管每日雨雪无间，收入微薄，但报贩不至困顿而死，近代生活方式及文化知识都通过报贩传送至市民大众手中。④ 报童群体是尤为特殊之报贩，1872年上海《申报》所雇用在街头叫卖报纸的儿童是中国第一批近代意义上的报童，尔后报童渐布全国各大城市，是城市信息消费之不可或缺者。⑤《卖报童子》一课出现四次，讲述少年通过贩报供给学费事略。⑥ 这些课文不在评判卖报者之低下地位和艰辛生活，而是使学生

---

①　王颖吉：《徐宝璜〈新闻学〉成书过程及版本的若干问题的考析》，《新闻与传播研究》2006年第3期。

②　王国元、刘大绅、吕思勉等：《新闻学序》，《新法国语教科书（高等小学学生用）（第6册）》，上海：商务印书馆，1921年版，第40课。

③　戴杰、王国元、于人骙等：《新闻学序》，《新法国语教授书（高等小学教员用）（第6册）》，上海：商务印书馆，1921年版，第40课。

④　庄俞、高凤谦：《卖报纸者云》，《新法国文教科书（高等小学学生用）（第4册）》，上海：商务印书馆，1921年版，第11课。

⑤　丁广义：《民国时期的报童与报童教育——以上海、南京两地报童学校为中心》，南京大学硕士论文，2014年。

⑥　华鸿年、何振武：《卖报童子》，《中华初等小学国文教科书（第8册）》，上海：中华书局，1912年版，第20课。

知职业无贵贱，培养其自立自营之品质；同时，以日常生活中的报刊发行活动为例，展现报刊行业完整的派发网络，是对售报人职业的合理化和正当化。

报人亦以当代典范人物的面貌出现在新式教科书叙事材料之列。多册修身教科书向学生介绍富兰克林及其新闻出版事业，评价其"馥郁公益心"，"自创一种新闻纸，力持正义，是非乃不至混淆"。① 女子教科书是近代教科书历史舞台的独特存在，其中有《女子职业》一文介绍欧美女子职业，论及"有教员、保姆、医生和宣教师，也有商家贸易、报馆主笔、邮务电话等局之执事"。②（第39课）编者并未提及当时中国社会"女子服务报界"之情形，而认为中国女性的学问和品格未及西方，所以中国社会的女子职业并不普遍，言外之意是期待更多中国女子效仿欧美女性，走出家门自谋职业。

此时教科书的言说重心或许并不在传递专业性的新闻知识，不过其话语所到之处，各种代表身份的标志得以浮现，报刊事业日渐蓬勃、新闻从业群体渐趋壮大、新闻学科蕴酿成型的图景映入学生读者头脑之中，其中隐含一定的角色期待和角色导向，必将反过来影响知识的意义获得，学生会接受来自教科书的价值倾向，将其予以内化成为自己的个体知识，随后朝着教科书所努力引导的方向发展。

结语

清末民初的新式教科书文本构筑出两个意义世界，一层是表层的、公开的、明示的语言文字，另一层则是摆脱了具体语言文字束缚的"意义场"，对学生读者的影响间接而深刻。作为讲述给学生的文本，其中的报刊知识具有明确的对象性，在强调生动表达的同时，也是碎片化的，距离高等教育和职业教育中体系化、专业化的新闻知识仍有一定距离，但这有助于揭示传播革命时代报刊知识被生产，甚至成为某种程度公共知识的过程。

清末教科书中，对报刊的功能主义理解占据上风，国人借"耳目""邸报""历史""日记"等旧识接纳报刊知识，在阅报开启智识、拯救国家危亡的层面强调报纸的重要性，在进步、进化的思维中编织起一套报刊叙述话语；民初教科书展现出日趋复杂的报刊概念谱系，共和政体下，国人以泰西报业想象新报，报刊的言论价值凸显，脱离报刊实体的新闻和新闻学等概念首次进入教科书，报人报业亦被纳入叙述框架之中，在一定程度上开了近代报刊素养教育的先河，若将新

---

① 朱文叔、陆费逵、戴克敦：《富兰克林广兴公益》，《新教育教科书修身教案（高等小学校用）（第4册）》，上海：中华书局，1922年版，第15课。

② 沈颐、范源廉、杨喆：《女子职业》，《中华女子国文教科书（高等小学校用）（第2册）》，上海：中华书局，1914年版。

闻学比作一棵"知识树"（knowledge tree），此时属种子萌发期，仍待主干生长并开枝散叶。此外，教科书中笼罩于日常生活司空见惯的报刊知识，是一种简单而多元的社会化知识，被极为隐蔽地注入社会的道德和情感意志，在叙事的包装下被赋予将学生读者个体导入客观社会，维持、形塑社会关系中各种认同的功能。合而观之，报刊知识在社会建构的过程中，也助推了学生个体的社会化。

学生的媒介素养教育，是任何时代都关心的问题，然不同时代有不同主题。除普及报刊知识、将知识常识化以外，清末民初教科书中亦呈现出对报刊媒介自觉的批判性思考，这足以新人耳目。报纸所言可尽信否？"日报志在射利，往往掇拾谰言以炫一世之耳目，且有攻讦敲诈各弊，诚舍其短而采其长"，《阅报说》中最早出现这种批判意识；[①] 另一篇课文还论及"虽然古人有言，尽信书不如无书，况如报纸之有闻必录、成于仓促者乎。是故传闻有虚实，何者可信，何者可疑？见解有异同，何者为非，何者为是？善为衡量，庶别正确，而不为所眩，否则丹素难陈，东西易位，甚且不知适从，报岂任其咎哉"，[②]（第15课）借"有闻必录"指出新闻难以达到准确无误，言下批判意味甚明，或可唤起今人对媒介素养教育的反思。

总体而言，"不同史料，自有不同的媒介特性"，[③] 而知识的社会实现有赖于各种媒介的共同作用。从1902年至1922年，中国学生总数从不到一万增至660万，[④] 清末民初的知识分子以"教育根本实在教科书"[⑤] 的信念走在一起，将其对报刊的总体理解熔铸于教科书，从初等小学到高等小学堂、从简单到复杂、从叙事到论说，报刊知识以层累方式呈现在处于人生致知最快时期的学生面前，成为学堂外个人读报乃至办报实践的"共享底本"。尔后将其内化于心，扮演新知传播者的角色，进一步将报刊知识以个人文本方式播撒开去，精英群体的思想与普罗大众的认识正是在这样的媒介文本中互动的。但在读者不在场的情况下，还需谨慎考虑教科书所提供的报刊诠释实际被学生受众阅读和接受的过程。

（原载《编辑之友》2020年第6期）

---

① 顾倬：《阅报说》，《高等小学国文读本（卷2）》，上海：文明书局，1905年版，第13篇。

② 沈颐、范源廉、杨喆：《女子职业》，《中华女子国文教科书（高等小学校用）（第2册）》，上海：中华书局，1914年版。

③ 黄旦：《作为媒介的史料》，《安徽大学学报（哲学社会科学版）》2019年第1期。

④ 李兴华：《民国教育史》，上海：上海教育出版社，1997年版，第630页。

⑤ 陆费逵：《陆费逵文选》，北京：中华书局，2011年版，第114-118页。

论民国时期新闻学术著作出版与
学科知识体系的构建

王润泽　　刘冉冉

摘要： 民国时期出版的新闻著作，具有独特的学术研究价值。这一时期文化上中西交汇，政治上遭受外敌，外在环境的动荡难以避免地给学术研究留下了烙印。在这时期出版的文献，带有独具一格的思想特色。梳理民国时期不同时段新闻著作出版数量，研究不同地区出版特色，继而对新闻著作进行整体性分析，能够初步勾勒出民国时期新闻学术知识体系构建的过程。

关键词： 民国　新闻著作　学术知识体系　图书出版

自 1903 年第一本新闻学著作——日本人松本君平《新闻学》在中国翻译出版伊始延至 1949 年，新闻学研究可谓硕果累累。尤其徐宝璜于 1918 年在北京大学创立新闻学研究会后，一系列专业刊物、组织团体、学术著作问世，新闻学术建制逐渐完备。林德海主编的《中国新闻学书目大全》记载了自 1912 年至 1949 年新闻学书目等出版信息 400 余种[①]，2010 年以后国家图书馆和中国人民大学新闻学院合作出版的"民国时期新闻史料汇编""民国时期新闻史料续编""民国时期新闻史料三编""民国时期新闻史料四编""中国人民大学新闻学院藏稀见民国新闻史料汇编"等丛书，亦收录了 400 余种史料影印原件。

民国时期出版的这些新闻著作基本完整显示了这一时期新闻学知识体系、学术体系构建的时空脉络和逻辑走向，搭建起了之后的研究框架，是我国新闻学从发轫到有所发展且颇具规模的一段时期。梁启超曾言，"治一学而不深观其历史演进之迹，是全然蔑视时间关系，而兹学系统终未明了"[②]。不对学科进行

---

① 林德海：《中国新闻学书目大全（1903—1987）》，北京：新华出版社，1989 年版，第 1-2 页。

② 梁启超：《中国历史研究法》，上海：《商务印书馆》，1934 年版，第 52 页。

追本溯源，无以进一步支撑其学术地位。专业书籍出版则是对学术、学科的系统性思考，是观察和分析学科知识体系构建与创新的重要依据。记载着具有专业化、系统化知识的学科著作，是对学科展开研究的最佳对象①。今天我们可以从著作中窥探中国新闻学在引进西方新闻学的基础上，是如何一步步构建起自己的知识体系的。

本文以《中国新闻学书目大全》记载的 300 多种图书（不含收录的报纸社论集、报社通讯录一览表）和"民国时期新闻史料汇编""民国时期新闻史料续编""民国时期新闻史料三编""民国时期新闻史料四编""中国人民大学新闻学院藏稀见民国新闻史料汇编"等丛书（以下简称"民国时期新闻史料丛书系列"）收录的 250 余种影印史料（不含收录的期刊合集、报纸社论集、报社通讯录一览表）作为研究对象，主要有以下考虑：首先，《中国新闻学书目大全》与"民国时期新闻史料丛书系列"收录的图书在出版高峰上一致，两者收录的图书重合率高达 70%以上；其次，虽然《中国新闻学书目大全》的图书更多，但"民国时期新闻史料丛书系列"收录的著作更具有代表性、典型性，并且"民国时期新闻史料丛书系列"还收录有《中国新闻学书目大全》中未收录的重要著作，如新闻法制类著作等；最后，《中国新闻学书目大全》和"民国时期新闻史料丛书系列"等互相补充，相得益彰——前者收录的新闻类图书只有对书名、作者、出版社、出版时间和目录的粗略介绍，而"民国时期新闻史料丛书系列"则完整收录了所有的图书内容，以两者为史料基础，研究会更加精确、全面。

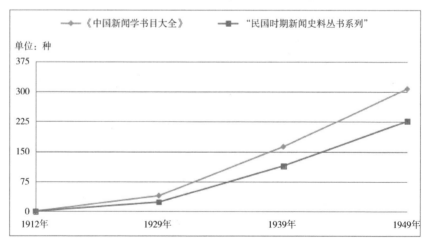

图1 《中国新闻学书目大全》和"民国时期新闻史料丛书系列"书目数量对比

---

① 李秀云：《中国新闻学术史 1834—1949》，北京：新华出版社，2004 年版，第 81 页。

一、新闻学学术知识体系构建的时间特征

从图 1 看，民国时期新闻学著作的出版整体为一个循序渐进、持续上升的过程，按照图书出版数量趋势及图书内容特点，基本可分为起步、发展、繁荣三个时期。

（一）起步期（1912—1921）

自 1912 年到 1921 年，国内共出版 8 本代表性新闻著作，占民国时期新闻学著作整体出版数量的 2%，主要有休曼（美）著《实用新闻学》（1913，史青译），姚公鹤著《上海报纸小史》（1917），《英国之女记者》（1917），包天笑著《考察日本新闻记略》（1918），留庵著《中国雕版源流考》（1918），甘永龙著《广告须知》（1918），徐宝璜著《新闻学》（1919），孙壹衣著《新闻平议》（1920）。

不论从出版数量抑或出版内容来看，民国初期的新闻研究尚未形成系统，处于起步阶段。但新闻理论、新闻业务、新闻史三个核心领域均有涉及，奠定了中国新闻学学科体系的三大支柱。《实用新闻学》是民国时期最早的新闻业务类著作，纵观民国时期的新闻教育与新闻实践，美国的影响巨大而深远。《上海报纸小史》是我国最早的地方报刊史著作，显示了国人对学科历史梳理的重视。《新闻学》则历来被视为新闻学奠基之作，尤其在新闻学基本概念和理论体系构建方面意义深远。[①] 可以说这三本书的出版奠定了新闻学的三大知识体系。

表 1　1912—1921 年我国新闻著作出版数量

年份	1912	1913	1914	1915	1916	1917	1918	1919	1920	1921
数量	0	1	0	0	0	2	3	1	1	0

除此之外，这时期出版的新闻著作还有三个明显特点。

第一，著作成果零散。从表 1 中可直接看出，这时期新闻著作不仅数量稀少，且出版时间分布不均衡，存在断层期。而造成这一现象的主要原因是，这一时期新闻学刚刚被引入国内不久，作为一门外来的、新兴的学问，其还未为我国大部分知识分子所熟悉、接受。

第二，作者身份多样。这段时期留有名姓的作者有 7 位，除徐宝璜为北大

---

① 王颖吉：《徐宝璜〈新闻学〉成书过程及版本的若干问题的考析》，《新闻与传播研究》2006 年第 3 期。

教授外，其余作者多数是非专职研究者或报人，有身为小说家且又是杂志主编的包天笑，有在商务印书馆任编辑同时又主编儿童读物的留庵，有主职翻译的甘永龙等。

第三，著作内容单一。1912—1921 年间出版的代表性新闻著作，就内容来看，重点放在了对外国文献的翻译出版和国外经验的推介上，而由国人所著的、具有独创性的成果不多。

（二）发展期（1922—1929）

1920 年代是新闻研究的快速发展时期，在这时期内出版的重要新闻著作约有 35 种，占整体数量的 10%。通过对著作出版时间的分析（表 2），直观可见新闻著作的出版周期逐渐稳定，不再有出版空白期。

表 2　1922—1929 年新闻著作出版数量

年份	1922	1923	1924	1925	1926	1927	1928	1929
数量	2	4	2	4	4	9	7	3

这时期的代表性著作有任白涛著《应用新闻学》（1922）、邵飘萍著《实际应用新闻学》（1923）、周孝庵著《如何编辑新闻》（1926）、戈公振著《中国报学史》（1927）、蒋国珍著《中国新闻发达史》（1927）、张静庐著《中国的新闻记者》《中国的新闻纸》（1928）等。

从著作类型看，在起步时期分布比较均匀的新闻业务、新闻理论、新闻史类著作，在 1920 年代开始有所改变。新闻业务类新闻著作开始突出，一批重点介绍新闻编辑、材料采集方法的新闻业务图书脱颖而出，显示出新闻学重视实践的特征，也显示出中国新闻学界业界重视对实践业务进行归纳总结的风气，新闻界迅速培养人才的动力十足。

从内容看，新闻著作越发具有学理性，注重对经验的总结提升和对过往新闻事业史料的梳理，具有较高的学术性。仅仅距第一本新闻小史出版十年，我国第一部具有奠基意义的报刊历史著作《中国报学史》就出版了，我国第一本通史型的新闻史著作《中国新闻发达史》也出版了①，显示了中国学界重视历史、以史为本的传统。经典新闻史著作地位的确立，为学科知识体系的健康发展打下坚实基础。这一时期，新闻中的经营部分也开始发展起来，蒋裕泉的《实用广告学》为我国第一本广告学著作，新闻学科的知识体系里又丰富了经营

---

① 方汉奇：《1949 年以来大陆的新闻史研究（一）》，《新闻与写作》2007 年第 1 期。

部分的内容。以上著作的出版，显示出中国学术重视历史和现实"实用性"特征，与西方的重视概念界定与理论梳理的"学术之学"存在不同之处。

同时，对译著的出版已不再占据主位，由国人书写的新闻著作所占比重达到了97%。作者也更多以报界的专职人员为主，在1920年代出版的有署名的23种国人主要新闻著作中，由报业从业人员所作的著作就有19种。

总体来说，自1922年至1929年，以新闻从业者为新闻学知识书写与构建的核心群体，以报刊历史和新闻业务实际操作为新闻学知识构建的主体内容，在新闻学知识体系肇始阶段，显示出了坚实的学科基础。新闻研究在这一阶段处于一个稳步上升的发展期。在这时期出版的新闻著作，不仅新闻知识体系的分支在不断丰满，也为新闻学从技能操作层面上升到学科学理层面，做好了基础性的准备。

（三）繁荣期（1930—1949）

这段时期出版的新闻著作共308种，约占整体出版书目的88%，对新闻学的研究更为细化，出现了紧跟时代的全新研究领域，具有鲜明的时代特色。

表3 1930—1949年新闻著作出版数量

年份	数量	年份	数量	年份	数量
1930	19	1937	15	1944	15
1931	13	1938	14	1945	6
1932	8	1939	12	1946	13
1933	14	1940	19	1947	29
1934	5	1941	25	1948	10
1935	12	1942	15	1949	17
1936	28	1943	19		

根据出版图书的特点，这一时期可分为1930—1936年、1937—1949年两个阶段。第一阶段出版的新闻著作内容多样，对新闻知识的探讨更为详细，叙述方式多元。新闻著作不再是单一的学理式讲述，全民新闻素养的提升成为时代亮点，甚至有以讲故事的口吻来介绍报社新闻编辑程序的，面向学龄儿童、中学生的新闻学普及读物的出现。后一阶段受国际国内战争影响，新闻著作的研究主题相对集中。1937—1945年，"战时新闻学"为新闻学的主要研究对象，约占其间著作出版数量的三分之一。1946—1949年，新闻学的意识形态色彩明显，一部分是以宣扬三民主义新闻思想、由官方出版的包括政府新闻政策、条

例、章程为主的资产阶级立场的新闻著作，一部分是以介绍无产阶级党报理论、立场、方法为主的马克思主义立场的新闻著作。

总体上看，1930—1949 年的新闻学术知识体系的建设已经相对成熟，新闻著作在数量上一直保持稳定增长，在史论、业务等领域均有涉及，且不断有新研究领域被开发、新的研究视角被采用。可以说，这时期新闻学术知识体系的主干越发粗壮，且分支更为精细。

二、民国时期新闻著作的空间传布

民国时期，我国社会格局一直处在动荡的变革之中，政治、经济、文化的发展亦不均衡。就学术研究而言，其本身也存在地域上的差异。梁启超在《近代学风之地理的分布》一文中就论述过学术与历史地理之间的关系，严耕望曾在其文章《战国学术地理与人才分布》中首次提出"学术地理"① 一词，其于研究学术图谱在区域内的产生、变迁特征有莫大的辅助作用。虽然该文涉及的"学术地理"概念，更多是谈论学术人才分布与地理环境之间的关系，但对于著作在地理上的传布亦是"学术地理"的研究重心所在。

在《中国新闻学书目大全》与"民国时期新闻史料丛书系列"收录的将近400 种新闻著作中，有明确出版地记载的约有 350 种。对这些著作分析可知，新闻著作的出版地最先集中于少数几个大城市，如北京、上海，之后才以这类文化、政治、商业中心城市为基点向四周扩散。

（一）一个中心

上海从清末开始就已经是全国的新闻信息集散中心②，民国时期更是如此。自 1912 年至 1949 年，无论从数量还是质量上看，上海都绝对是中国的新闻著作出版中心。这一时期，上海出版的新闻著作约有 170 种，占整体出版量的 48%。除却完全为零的出版断层期，每一年都有新闻著作问世。民国时期我国出版社十之八九位于上海③，上海拥有当时国内最大书局商务印书馆、第二大书局中华书局、第三大书局世界书局。虽然新闻著作不是它们的出版重点，但由这三家出版的新闻著作占据上海新闻著作出版总量的 24%。另外光华书局、上海联

---

① 中华文化复兴与运动推行委员会：《中国史学论文选集 第三辑》，台北：幼狮文化事业公司，1983 年版，第 225-226 页。

② 马光仁：《上海新闻史（1850—1949）》，上海：复旦大学出版社，1996 年版，第 24页。

③ 宋原放：《中国出版史料第一卷现代部分（下册）》，济南：山东教育出版社，2001 年版，第 437 页。

合书店、生活书店、三江书店、大众书局、湖风书局、罗斯福出版公司、良友图书出版公司等商业性出版社都出版过新闻著作。

最重要的是，民国时期上海报馆林立，新闻人才汇集。上海基本集中了民国时期的著名报纸，《申报》《新闻报》《时事新报》等报纸发行量大，影响力遍及全国。上海的报馆也经常出版新闻著作，如申报馆的《申报概况》、新闻报馆的《新闻报三十年纪念》等，基本真实记录了报馆的历史沿革，保存了当时报馆运营、人事变动、组织形态等方面的珍贵史料。除此之外，一些报馆员工或报馆外派人员，将自身的从业经历和对新闻的思考倾注于著作中，书写了一批极具代表性的新闻著作，如周孝庵的《最新实验新闻学》（1928）、黄天鹏的《中国新闻事业》（1930）、胡道静的《上海新闻事业之史的发展》（1935）、如来生的《中国广告事业史》（1948）等，这些著作不仅细化了新闻学的研究领域，还扩大了新闻学的受众范围。

此外，上海教育事业繁荣，新闻研究如火如荼。当时上海不仅有大学开设的新闻系，如圣约翰大学报学系、复旦大学新闻系；专门的新闻学校，如上海民治新闻学院、上海新闻大学；亦有由报馆、社会服务社开办的新闻研修班、函授班等，如上海市私立申报新闻函授学校、上海文化服务社新闻讲习班。这些学校、系别、训练班培养了大量的新闻人才，讲授者也多数是报人、新闻学研究者，如郭步陶、谢六逸、赵君豪等。他们在讲授课程的同时也十分注意对新闻学的研究，不仅出版高质量的图书来论述自己的观点，亦编写相关讲义供学校使用。如《申报》创办的上海市私立申报新闻函授学校的《申报新闻函授学校讲义》，是学校教授为培训学生专业技能，供学生自习使用而编写的，内容涵盖了新闻理论、新闻写作、新闻出版、报刊发行、报社经营、记者通讯、广告学等方面，语言浅显易懂，是研究当时新闻教学用书的重要史料。

（二）两个重心，四周散布

北京与南京这两座城市是当时的出版重心。上海之外有出版地记录的288种代表性新闻著作中，北京出版的代表性新闻著作有33种，南京为26种，分别占新闻著作总出版量的9%、8%。而身为新闻出版重心的两座城市，在新闻著作出版上却有着完全不同的发展轨迹。

首先，就北京来说，民营主导，渐趋繁荣。

自1912年袁世凯在北京就任中华民国大总统到1928年国民政府立南京为首都，出版业一直受到北洋政府的压制。这一时期，北京仅有7种新闻著作出版，且出版渠道单一，集中于民间的新闻研究会与各类民营报馆。如徐宝璜的《新闻学》由北京大学新闻研究会出版，邵飘萍的《实际应用新闻学》由京报馆出版。

在 1928 年南京国民政府"统一全国"后，北京的新闻著作出版迎来了黄金发展期。这时期出版的新闻著作有 26 种，出版单位也不再集中于研究会与报馆，而是分散在各类出版机构中，如燕京大学新闻学系出版了学校演讲集、学生研究成果，北京实报社、北京新民报社等出版了各自的发展史，其余如立达书局、文兴书局等出版了一般性的新闻著作。

其次，就南京来说，官方主导，出版平稳。

南京成为民国时期的出版重心，是在东北易帜之后。与曾作为北洋政府中心的北京相反，作为国民政府所在地的南京，其新闻著作的出版一直处于一个比较平缓的态势之中。

进入 1930 年代之后，南京的新闻著作出版开始勃兴。在南京出版的 26 种新闻著作中，仅有 6 种由民营出版社出版，其余主要由南京政府、汪伪政府官方或下属的出版社出版，如 1933 年由南京中央宣传委员会出版的《关于新闻事业之法令章程》、1946 年由南京国防部新闻局出版的《美军新闻工作》等。在南京由官方出版的新闻著作中，阐释和服务政府相关部门新闻管理及政策需要的著作的比例很高。

在北京与南京之外，重庆、广州、成都、香港、天津也在新闻著作的出版中占有一席之地。重庆出版约占 7%，广州、成都均占 3%，天津、香港均约占 2%，其余城市如杭州、汉口、桂林、长沙、太原、上饶、贵阳、永安、武汉等，占比不足 1%。后期成长起来的这些出版地，尤其是重庆、成都、广州、香港等，与政治局势有着紧密关系。

自 1938 年南京国民政府迁至重庆后，一批出版社跟着搬迁，重庆本地一些有实力的出版社也开始大放异彩。作为新的政治中心，重庆的新闻著作出版也开始发端。1938 年至 1949 年，在重庆出版新闻著作的出版机构基本为民营出版社。成都则因与重庆相近，新闻出版也一并发展起来。

广州的民营出版业较为发达，但 1938 年前在广州出版的新闻著作数量并不多①，且其出版主要依靠各类印务公司、出版社，如广州新启明印务公司出版了李锦华、李仲诚合著的《新闻言论集》，广州纵横文化事业公司出版了余润棠的《新闻学手册》等。

---

① 广州市地方志办公室：《广州话旧——〈羊城今古〉精选（1987—2000）（下）》，广州：广州出版社，2002 年版，第 896-898 页。

至 1938 年广州沦陷后，一批文化界名人前往香港、桂林避难，香港有记录的新闻著作出版也基本出现在 1938 年之后。1938—1949 年，香港出版了大概 8 种新闻著作。而这些在香港出版的新闻著作的作者也多数为内地学者，如萨空了的《科学的新闻学概论》、张宗灵的《实用新闻学》等皆在香港出版。可以说，香港新闻著作的出现与内地局势的动荡和学者的迁移有很大的关联性。

总体来说，民国时期的新闻著作出版地，与当时社会的政治、经济、文化有着密切联系。作为经济中心的上海一直是新闻著作的出版重地，相比而言北京、南京的新闻著作的出版与其成为政治中心有着密不可分的关系，同时又随着政治中心的转变、文人的迁徙，重庆、成都、广州、香港、桂林、武汉等地亦开始有了新闻著作出版。

三、民国时期新闻著作学术知识特点

（一）知识脉络逐渐丰满，时代特色明显

民国时期出版的新闻著作，研究领域不断扩展，内容上持续创新，促进了新闻学术知识体系的繁荣。在不同阶段有着不同特征的著作，基本反映了民国时局和文化思潮的演变。

1912 年至 1921 年，受西学东渐的影响，对西方新闻著作的推介占了上风。这些来自西方的新闻学知识，拉开了当时知识分子对新闻学这一"新"学科系统研究的序幕。这时期最为典型的是 1919 年《新闻学》的出版。作为国人自撰的第一部新闻理论著作，徐宝璜的《新闻学》的框架则直接受到 1903 年松本君平的《新闻学》的影响。[①] 而涉及广泛的新闻业务知识，在 1913 年翻译出版的休曼的《实用新闻学》，其有关报纸实践工作的体系方法论述，基本构建起了中国近现代新闻工作者的理论基础[②]，对民国时期的新闻业务工作影响深远。

1922 年至 1929 年，本土新闻学开始酝酿，新闻知识脉络主干逐渐稳固。这一时期本土的专职作者越来越多，改变了我国新闻学最初以翻译、出版外国著作为主的情况。以现在的眼光看，从类型上说，这一时期出版的新闻著作基本覆盖了新闻理论、新闻业务、新闻史三个主要新闻学领域，在内容上开始结合业务实践与传统中国学术知识，令新闻学这一外来学科逐渐本土化。虽然尚有在引用、借鉴西方理论，但已经不再是盲目呈现，而更多地根据本土新闻事业

---

① 童兵：《中国当代新闻理论框架结构解读》，《新闻爱好者》2016 年第 3 期。

② 林牧茵：《移植与流变——密苏里大学新闻教育模式在中国（1921—1952）》，上海：复旦大学出版社，2013 年版，第 116 页。

的发展情况进行选择性使用。

这时期最典型的就是新闻史研究理论框架的建立，其中以《中国报学史》最具代表性。戈公振的《中国报学史》的写作框架，基本上是按照中国治史的方式来进行的。在对报纸展开分析时，他使用了官报、外报、民报、民国之后这样的划分方式，和西方新闻史中按照官方报纸、党派报纸、廉价报纸、商业报纸等划分方式完全不同，显示了中国本土的特色和思考。再如，蒋国珍的《中国新闻发达史》，将我国报纸划分为最早的中文报纸、"戊戌政变"与报纸、共和以后的中国报纸，最早将报纸发展与政治相关联。

在逐渐本土化之后，1930年到1936年，进入了对新闻学术知识体系的多元探索阶段。1930年代前半期，中国经济和政治局势相对稳定，新闻知识脉络的发展变得更加细腻。这时期，新闻学借助其他学科的情况比较突出，新闻学三大领域的研究成果更为丰富，出现了涉及报社经营、媒介批评、广告经济等的著作，如刘觉民的《报业管理概论》（1936）介绍报社组织经营，郭箴一的《上海报纸改革论》（1931）是第一本媒介批评著作，吴定九的《新闻事业经营法》（1930）是第一部系统论述报纸经营管理的著作①，谢六逸的《新闻教育之重要及其设施》（1930）论及新闻教育，《新闻语词典》（1933）是供民众查阅报纸用词的新闻工具书，聂世琦的《小学生新闻学》（1933）是目前已知最早面向小学生的新闻学科普书。新闻学知识的细化以及全新研究领域的开拓，都使这一时期新闻学的研究更加多样化。

1937年至1945年，对于新闻的研究重点有了巨大转变。在全国局势动荡的背景之下，这期间出版的著作，更多地紧跟社会现实，专注于对当代问题的分析，阐述与时代背景相关的内容。代表性著作主要集中在战时新闻领域。而在1945年之后的解放战争时期，出版重点则转向了涉及三民主义新闻思想与无产阶级党报新闻思想。以"战时新闻学"为例，这一紧跟时代出现的新闻领域分支，知识体系构建十分完备。任毕明的《战时新闻学》（1938）就率先对战时新闻学定义、性质以及战时新闻学理论等做了研究，深入探讨了战时新闻的理论问题。在理论之外，梁士纯的《战时的舆论及其统治》（1936）关注战时新闻宣传，张友鸾的《战时新闻纸》（1938）、程其恒的《战时中国报业》（1944）、吴好修的《战时国际新闻读法》（1941）等介绍战时新闻业务、政策、新闻读法。这时期的知识分子凭借长久以来对新闻学的研究，将自己的研究成果与时代需要相结合，从实践、理论上全方位构建了战时新闻学这一全新的研究领域。

---

① 钱承军：《吴定九与京报》，上海：上海远东出版社，2016年版，第56页。

可见，在新闻学引入我国、扎根本土之后，新闻著作的主题内容与时局和文化思潮的变化紧紧相关。这既是我国知识分子"入世""救世"等传统思想在学术上的体现，也显示出国人对新闻学这一西方知识体系的利用更加得心应手。可以说，经过知识传入、消化、吸收之后，新闻学的中国特色和时代印记逐渐明显，在这时期由新闻著作构建的新闻学术体系主干、脉络及各个分支，也甄于成熟。

（二）作者群体实践特征突出，新闻业务类著作占主位

民国时期新闻学术知识体系的建立和新闻著作出版的繁荣，与出色的作者群体是分不开的。这些作者大多从事新闻实践和教学工作，新闻著作质量有所保证，且都相对高产。

著名学者黄天鹏、谢六逸、任白涛、戈公振、邵飘萍等人贡献了多部新闻学经典。如在1930年代，单是由黄天鹏编纂的新闻类图书①就有将近20种，《新闻与新闻记者》（1922）、《中国新闻事业》（1930）、《新闻学名论集》（1931）等皆出自其手，其中既有理论性的著作，亦有关于新闻学知识的文章集合；四川成都新新新闻报馆编辑余戾林出版的十余种著作，包括《世界近代新闻界大事记》（1941）、《世界近代新闻界大事记》（1942）、《时事小词汇》（1945）等，大大丰富了新闻工具书的内容。这些报人、记者、通讯员、编辑等的著作，不论从数量还是质量上，都极大促进了新闻学在中国的发展和传播，于新闻知识体系的丰满起了莫大作用。

在新闻学者之外，亦有非专职研究新闻但有相关从业经验或学识的作者，如早期积极从事新闻工作后从事情报工作的袁殊，就有6种新闻著作出版，其中的《学校新闻讲话》（1932）一书为我国近代第一本系统论述学校新闻理论的著作；再如张九如、周翥青的《新闻编辑法》（1928），作者本为学校教员，但为培养孩童对编辑新闻的趣味，供给其编辑新闻的方法，而出版了面向儿童的新闻业务著作。

再从新闻著作类型来看，根据对400余种新闻著作的分析②，民国时期的新

---

① 包括署名为天庐、天庐主人、黄粱梦的著作。

② 其划分的新闻业务、新闻事业、新闻理论、新闻史、新闻记者、新闻工具书六大类目，是以《中国新闻学出版书目大全》为基准的。具体就大类下的细目而言，新闻业务包括新闻采访、写作、摄影、编辑评论、广告、发行等小类；新闻事业包括新闻政策、报社经营、新闻教育、广播事业等类目；新闻理论包括新闻理论性著作、新闻论文集；新闻史包括世界新闻史概况、中国新闻史概况、欧美新闻史概况、地方新闻史、传记与回忆录；新闻记者包括记者、通讯员两小类；新闻工具书主要有辞汇、语汇等类目。

闻业务类著作占整体出版数量的 30%，其后为新闻事业（28%）、新闻理论（25%）、新闻史（11%）、新闻记者（3%）以及新闻工具书（3%）。这一拥有出色业务能力的作者群体其实践性最直接体现在著作类型之中，他们最大限度地使用文字作为承载自己的思想的工具，将其思想推广至普通民众之中。

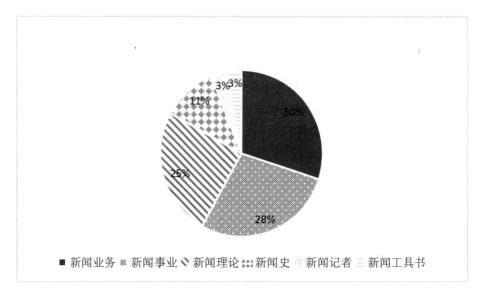

图 2　1912—1949 年新闻著作类型分布

　　民国时期，动荡的社会环境和读者对外部信息的迫切需要，催生了新闻业务一次又一次的变革。在这些变革之中，新闻业务亦越来越专业化、现代化。其在新闻著作中的体现，则是出现了一批将报业实践总结为理论经验，又反过来指导报纸业务的新闻业务类图书，如任白涛的《应用新闻学》（1922）、程仲文的《新闻评论学》（1947）等。占整体出版量 30%的新闻业务类著作，所涉及的领域可谓十分广泛，除采访、编辑、写作、摄影、评论等主要新闻业务门类之外，还有专门研究新闻资料储藏、报馆资料室建设、报纸文章读法的著作，如谢六逸的《新闻储藏研究》（1936）、《剪报经验谈》（1941）等书。同时，重视业务也体现在各类新闻教育培训机构的教材中。当时中国大学主张学习新闻的最佳方式是实践①，学校重视对采编新闻的训练，在教科书的编写上，也多重视这部分内容，如十六分册的《申报新闻函授学校讲义》就是由学校教授为

---

　　①　李金铨：《文人论政：知识分子与报刊》，桂林：广西师范大学出版社，2008 年版，第 281-309 页。

培训学生专业技能而编写出版的，以"养成营业与编辑地方报纸之人才，训练其采访与通信之技能"①。这些新闻业务类著作，不仅指导着新闻业务的变革，也彰显了报人记者为推动新闻学进步所做的努力。

处于新闻事业分类下的图书，主要是对相关的新闻政策、新闻事业经营管理方式等的发展情况进行一般性叙述，不做细致分析。新闻事业类图书的出版与当时的新闻活动、社会环境紧紧相连，涉及新闻法律、法令，报社经营、管理，新闻教育、广播、通讯社概况等著作，直观呈现了当时新闻学发展的样貌，为研究民国时期新闻事业的发展情况提供了大量的史实资料。

在 1912 年至 1949 年间，有将近 100 种新闻理论类著作出版，在出版数量上仅次于新闻业务类、新闻事业类。除经典如徐宝璜的《新闻学》（1919）、任毕明的《战时新闻学》（1938）这类由国人所著的新闻理论类著作之外，民国时期还引进、编译了一些国外的经典新闻理论类著作，如日本人杉村广太郎的《新闻概论》（1930），对中国新闻学发展初期理论建设起了较大的引领作用。日本人后藤武男的《新闻纸研究》就对新闻一词的字面来源、本质和新闻纸性质进行了辨析，认为"新闻是最新的事实"，新闻纸具有"商业化和公益化"两种性质，这些观点影响到了早期我国学者对新闻理论定义、性质的看法，黄天鹏将该书列入由他编著的"新闻学业丛书"系列。此外，新闻理论类著作亦有论文集这一形式，其倾向于将不同人的新闻理念汇集到一起来促进新闻学知识的传播。

新闻史著作在民国时期出版的新闻著作中占比 11%，其不仅局限于国内新闻史研究，亦有对欧美等地新闻史的介绍，如马星野的《英国之新闻事业》（1943）、美国人 Frank Luther Mott 的《美国的新闻事业》。此外，在全国新闻史研究之外，亦有地方新闻史著作出现，如项士元的《浙江新闻史》（1930）、胡道静的《上海新闻事业之史的发展》（1935）、秋虫的《武汉新闻史》（1943）。专史性的著作如黄天鹏的《新闻记者外史》（1931）和《中国广告事业史》（1931）、法国人淮尔的《日报期刊史》（1940）等。民国时期的新闻史著作虽然数量不多，但基本每个时代都有它的身影，为后世新闻史研究提供了翔实的史料支撑，彰显出特殊的价值。

民国时期，新闻记者类和新闻工具类著作共出版约 20 种。新闻记者类著作主要是对新闻记者所应具备的专业知识和业务能力的介绍，如汪馥泉的《记者

---

① 申报馆：《申报新闻函授学校讲义》，上海：上海市私立申报新闻函授学校，1935 年版，第 3 页。

常识》（1936）。新闻工具类著作主要收录报纸常用词、国际时事的解释词条，如戴广德的《新闻语汇》（1942），宾符、宜闲的《国际新闻辞典》（1943）；同时亦有一些手册类工具书，如《通讯员手册》（1947）、《新闻记者手册》（1947），这类手册一般都是为了记者、通讯员的工作能更好地开展而出版的辅助工具。

总体而言，1922 年起新闻著作的出版趋于稳定，以新闻业务类为主要出版重心的新闻著作慢慢拓展到新闻史、新闻理论等领域，著作类型全面开花，且拓展出了新闻记者类、新闻工具类等新领域，每一领域都有一定的出版数量，在主题内容上也变得更加细致。

四、小结：融会贯通，植入中国学术基因

学科是专门化的知识体系。学术著作的问世，是一门学科建立的重要标尺。[①] 通过对民国时期出版的新闻著作的分析可见，虽然新闻学是一门外来学科，但我国知识分子对新闻学的研究从最初就开始尝试与中国学术传统并学术环境相勾连，从最初的史论一体，到知识体系三大框架的形成，既融汇了西方新闻学概念，又选择性吸收，赋予其"救世"的内涵，并将自己的学术基因、史学框架融入其中，新闻著作的内容与时代相顺应，服务于现实的需要，最终构建起了我国新闻学术知识体系。

（原载《现代出版》2021 年第 1 期）

---

① 李秀云：《中国新闻学术史（1834—1949）》，北京：新华出版社，2004 年版，第 81 页。

中国近代新闻学期刊出版的历史脉络及学术引领 (1919—1949)

齐　辉　付红安

摘要：近代新闻学期刊的创办与发展对中国新闻学术与新闻教育具有举足轻重的作用。近代新闻学期刊对西方新闻业的动态引介，对中国本土新闻问题的关注与引领，为中国新闻学科建设积蓄了强大动能。从出版的历史脉络观之，近代新闻学期刊的兴起有着丰富的新闻史学意义：培育了中国早期新闻学研究社群，推广了新闻学术成果，提升了新闻业实践水平，它是孕育中国早期新闻学术成果的园地，是新闻学教育的试验田。

关键词：近代新闻学期刊　报学　新闻学

百年前的五四运动不仅为中国带来了"民主"与"科学"，同时也将学术期刊这种新型知识传播媒介引入中国。诚如民国新闻学者黄天鹏所言："五四运动后（中国）新闻事业已是一个新的时期，新闻学也有人出来提倡。"[①] 1918年，北大新闻学研究会成立，标志着新闻学这一新兴学科在中国萌芽；1919年4月20日，该学会创办的《新闻周刊》成为"中国最早的传播新闻学知识的业务刊物"；[②] 至1949年，中国陆续出版新闻学刊物30余种，它们在普及新闻知识、传播新闻学术、辅助新闻教育、指导新闻业务等方面发挥了至关重要的作用。中国新闻学期刊诞生于五四新文化运动洪流之中，值此五四运动爆发100周年与中国新闻学术期刊创建100周年之际，笔者系统梳理了近代中国（1919—1949）新闻学期刊出版的历史脉络，以期揭示中国新闻学期刊存在的学术张力与时代价值。

---

① 黄天鹏：《我从事新闻学术运动的经过》，《读书月刊》1931年第2期。
② 方汉奇：《中国新闻事业通史（第2卷）》，北京：中国人民大学出版社，1996年版，第103页。

一、中国近代新闻学期刊的兴起与出版脉络

清末民初新式学术期刊从西方引入并迅速成为推动中国学术转型的新机制。晚清时期，《申报》《时事新报》《清议报》等曾发表李提摩太、梁启超等人有关"报学"问题的论述。[①] 民国初年，新闻学期刊兴起的内外部环境已渐趋具备与成熟。就内部条件而言，自1918年始《东方杂志》即积极推介"新闻学"，先后连载《各省报业汇志》及徐宝璜所著《新闻学大意》等文章，将新闻学知识系统地引入中国，新闻学科的建设开始迅猛发展。再就外部环境而言，各新兴社会学科群起并立，催生了中国社会科学"期刊热"，新闻学期刊亦借此东风乘势而起。

五四之后新闻学科发展与新闻教育兴起对新闻学术研究形成倒逼之势，新闻学研究急需专业期刊提供理论支撑与学术引领。燕京大学李寿朋指出："中国需要一个标准较高的报学刊物，不自今日始，也不只是几个受过教育的人，不过多少年来，许多次的实验，始终没有令人满意的结果。"[②] 知名记者徐彬彬则认为："中国的新闻事业虽有几十年的历史，却没有研究新闻事业的一种学术的定期刊物。"[③] 报人张竹平更是感叹："（我）二十年来一桩念念不忘的心事，就是办一个专门研究新闻学术的刊物。"[④] 报人与学者不约而同地将新闻学期刊创办的滞后表现视为新闻业专业化发展的瓶颈，折射出民初报界与学界对于新闻学期刊的热盼。在新闻学界、新闻团体、新闻教育机构的不懈努力下，五四之后，中国新闻学期刊如雨后春笋般涌现。据笔者统计，从1919年北大新闻学研究会《新闻周刊》创办起，到1949年《报学杂志》停刊，在前后30年间中国共出版发行各类新闻学期刊30余种，其脉络大致经历从成长到繁荣再至沉寂三个时期。

（一）成长期（1919—1929）

此阶段历时十年，是中国新闻学期刊从无到有艰难探索的阶段，其突出表现为创办期刊少，刊期短，创办间隔周期较长。此阶段有4种期刊出版：1919年4月，北大新闻学研究会创办的《新闻周刊》；1924年8月，北京平民大学新闻系创办的"系级刊"；1927年1月，北京新闻学会创刊的《新闻学刊》以及

---

① 杨光辉等：《中国近代报刊发展概况》，北京：新华出版社，1983年版，第2页。

② 李寿朋：《报学：发刊词》，《报学》1941年第1期。

③ 笠丝：《二卷首语》，见黄天鹏：《新闻学刊全集》，上海：光华书局，1930年版，第355页。

④ 张竹平：《卷首语》，《报学季刊》1934年第1期。

1929 年 3 月，中国新闻学会在上海创办的《报学月刊》。北大《新闻周刊》创办五年之后北京平民大学新闻系才创办了中国第二种新闻学刊物《北京平民大学新闻系系级刊》。囿于无前人经验可循，两刊创办的主要目的是供学员熟悉新闻业务，而非新闻知识传播，故其内容以新闻时事为主，对中国新闻事业研究内容较少。①

这一时期真正对新闻学研究具有推动作用的当数黄天鹏于 1927 至 1929 年间辗转北平、上海两地创办的《新闻学刊》与《报学月刊》。在发行旨趣上，两刊都明确提出专注于新闻学研究的本土化与国际化。两刊栏目设置合理，内容充实，刊期稳定，其发行助推了民国新闻学研究的成长，引发了学界和报界的关注。办刊期间主编黄天鹏广约国内外报界名流为刊撰稿，又依托书局和报纸广告行销，运营方式的创新拓展了期刊的知名度与影响力。当时，《新闻学刊》被称为中国新闻学"破天荒之刊物"，② 而《报学月刊》则基本实现了"首析新闻本质，次述新闻纸与人生之关系"，"阐明新闻学本质，光扬新闻事业，唤起国人之注意与兴趣"的办刊初衷。③ 两刊的发行预示着中国新闻学期刊历经十年磨砺开始与中国新闻事业一道步入发展的上升期与快车道。

（二）繁荣期（1930—1945）

自 1930 年上海《记者周报》创办至 1945 年抗战胜利，前后历时 15 年。此阶段中国共创办各类新闻学期刊 20 多种，数量几乎占民国时期中国全部新闻学期刊的 2/3，以 1937 年为节点，又可分前后两个时期。

1930—1937 年，中国新闻学期刊出版在数量与质量上都得到了空前提升，逐渐得到学界的推崇与报界的认可。就时间而言，30 年代几乎每年都有刊物创办（见表 1）。而 1936 年国内更有 4 种新闻学期刊同时发行，显示了这一时期中国新闻学期刊出版的旺盛。就地域而言，此间新闻学期刊突破了北平和上海两大报业中心的局限，开始向福州、南京、广州等内地及沿海城市拓展。就发行周期来看，新闻学期刊摆脱了创办之初发行短暂的宿命，《新闻记者》《记者座谈》等读物都坚持发行两年以上。就办刊形态而言，30 年代新闻学期刊发行形态多样，除了周刊、旬刊、月刊、年刊、专刊等定期刊物外，还发行了大量纪念刊、辑刊、副刊等不定期刊物。就期刊内容而言，尽管南京《中外月刊》与

---

① 邓绍根：《中国新闻学的筚路蓝缕：北京大学新闻学研究会》，北京：清华大学出版社，2015 年版，第 214 页。
② 黄天鹏：《新书林故址题记》，见黄天鹏：《新闻学刊全集》，上海：光华书局，1930 年版，第 378 页。
③ 黄天鹏：《弁言》，《报学月刊》1929 年第 1 期。

杭州《新闻杂志》在"研究新闻学术，讨论新闻事业"之外还时而刊登"时事消息"，但绝大多数期刊都是以"新闻为本位"的专业期刊。例如，上海《记者周报》出版时强调要使"服务报界的人们"通过该刊"从精神上联络起来"。①《报学季刊》则立志办成一个"专供新闻事业从业员，以及对于新闻事业、新闻学术深感兴趣的人，发表研究的成果和讨论实际问题的定期刊物"②。而平津新闻学会会刊的宗旨则更为宏大，提出"研究新闻学术"的同时，以"增进言论自由，发展新闻事业"为期许。③ 值得注意的是，由于此阶段中国新闻事业与新闻教育高速发展，新闻院校与新闻团体成为中国新闻学期刊创办的绝对主力。依托社团和学校，新闻学期刊的发行大多有固定的场所和稳定的资金保障，从而推动了新闻学期刊出版的蓬勃发展（见表1）。

表1 1930—1937年新闻学期刊创办情况

刊名	创刊地	创刊时间	主办者
记者周报	上海	1930年5月18日	上海新闻记者联合会
明日的新闻	上海	1931年10月15日	复旦大学新闻社
新闻学周刊	福建	1931年5月8日	福建通讯社
新闻学研究	北平	1932年6月	燕京大学新闻学系
长沙新闻记者学会年刊	长沙	1933年3月	长沙新闻记者联合会
报学	上海	1933年7月	上海商学院新闻专修科
新闻学周刊	北平	1933年12月	世界日报社
集纳批判	上海	1934年1月	上海左翼记者联盟
记者座谈	上海	1934年8月	大美晚报
报学季刊	上海	1934年10月10日	申时电讯报
报人世界	北平	1935年8月	燕京大学新闻学系
中外月刊	南京	1935年8月	中央政治学校新闻研究会
广闻半月刊	广州	1936年5月	广东法科学院新闻学研究会
新闻杂志	杭州	1936年5月	正中书局
平津新闻学会会刊	北京	1936年6月	平津新闻学会

① 戈公振：《发刊的希望》，《记者周报》1930年第1期。
② 张竹平：《发刊词》，《报学季刊》1934年第1期。
③ 《前言》，《平津新闻学会会刊》1936年第1期。

刊名	创刊地	创刊时间	主办者
新闻旬刊	南京	1936 年 10 月	南京金陵大学新闻学会
报学半月刊	北平	1937 年 5 月	世界日报社
新闻记者	上海	1937 年 6 月	上海新闻记者社

1937—1945 年，新闻学期刊虽然面对辗转迁徙、资金匮乏、稿源不足、人员流动等诸多困难，却仍旧保持良好发行态势（见表2）。1938 年后，中国新闻学期刊大多因战争停办或内迁至西南地区，进入一个艰难发展的特殊时期。战时中国新闻业承担着对内动员民众投身抗战，对外打破日本新闻封锁的艰巨任务，救亡需要催生了一批以"战时新闻学"为内容的期刊。《战时记者》《新闻战线》《新闻学季刊》《新闻记者》等刊物围绕"国难与新闻事业""战时新闻检查与新闻自由""战时记者的培养"专题展开讨论，先后刊发《论战时指导工作》《抗战中的报纸》《报人在战时》《战时新闻记者的使命》等重要文章，全面论述了抗战新闻学的基本内容、原理和方法，在摸索战时新闻业发展规律与特点的同时，在实践层面引导中国新闻记者交流战争报道经验，致力于战时中国新闻宣传的热点问题。

表2   1937—1945 年新闻学期刊创办情况

刊名	创刊地	创刊时间	主办者
新闻记者	汉口	1938 年 4 月 1 日	中国青年新闻记者学会
战时记者	金华	1938 年 9 月 1 日	浙江省战时新闻学会
新闻学季刊	重庆	1939 年 11 月 20 日	中央政治学校新闻学研究会
新闻学报	成都	1940 年 10 月	四川大学新闻学研究会
新闻战线	重庆	1941 年 3 月	中国新闻学会
上海记者	上海	1942 年 6 月 20 日	上海新闻记者公会（伪）
中国新闻学会年刊	重庆	1942 年 9 月 1 日	中国新闻学会
新闻通讯	延安	1942 年 10 月	解放日报专版
新闻周报	重庆	1944 年 9 月 1 日	国民公报社

（三）沉寂期（1945—1949）

抗战胜利后中国新闻学期刊即转入沉寂，其发展萎缩甚至停滞。1946 年后，中国时局动荡，报业萎靡、纸荒严重使得新闻学期刊的出版和发行跌入低谷。这一时期创办的刊物数量少、周期短，再难现 30 年代新闻学期刊发行之盛况。这一时期创办的新闻学期刊主要有：1946 年，南京中央日报社的《报学》及上海前线日报社的《新闻战线》；1947 年，南京国立政治大学新闻学研究会的《新闻学季刊》与浙江新闻记者公会理事会的《浙江记者》；1948 年，华北日报社的《现代报学》及南京中央日报的《报学杂志》。

此阶段报社替代新闻院校成为新闻学期刊创办的主力。除了《新闻学季刊》为新闻院校创办外，其他刊物均为国民党中央及地方党报所包办。就地域而言，新闻学期刊创办重心从西南地区转移至南京。报业受纸荒和战乱的双重影响，自身经营尚难以为继，已无暇顾及新闻学期刊的经营和发行。这一时期南京《中央日报》创办的《报学》双周刊，《前线日报》创办的《新闻战线》，《华北日报》创办的《现代报学》，皆因纸荒肆虐，报纸缩版而裁撤停刊。① 至 1949 年，北方唯一的报学刊物《现代报学》停办，南京《中央日报》所办的《报学杂志》也随着国民党败亡大陆无疾而终，南北两大新闻学期刊停刊，既是近代中国新闻学期刊创办的终结，亦昭示着一个新时代的到来。

二、中国近代新闻学期刊的学术引领

从历史功用角度审视近代中国新闻学期刊，在其产生的 100 年历史里，刊载学术成果、交流学术心得、培育学术人才、传承学术创新的价值定位始终没有变更，只是在这段曲折中前进的历史里遭遇过挫折而已。无论学界如何评价此时期的新闻学期刊，是赞誉还是批判，它从鲜为人知到世人皆知的事实就在眼前，它引领中国新闻学传承文明、开拓创新的步伐自诞生之日已然迈出也从未停滞。

（一）近代新闻学期刊孕育了中国早期新闻学研究群体

新闻学期刊的创办和发展为中国早期新闻学研究者提供稳定的发表平台，以报业社团和新闻院校为中心，以期刊为媒介和载体，中国新闻学研究开始产生专业团队和知名学者。黄天鹏凭借在京沪两地创办《新闻学刊》《报学月刊》的经历，从一个默默无闻的"报馆撰述"成长为知名学者。其他各期刊亦成就了相当多的报界名人。20 世纪 20 年代《新闻学刊》有张一苇、徐宝璜、鲍振青、吴贯因等，30 年代《战时记者》有杜绍文、胡道静、赵家欣、邵鸿达等，

---

① 齐辉：《新闻纸荒与报界救亡——抗战时期中国报业的纸荒困局与报界因应（1931—1945）》，《西南民族大学学报（人文社科版）》2019 年第 1 期。

《新闻记者》有赵敏恒、陆铿、程其恒、赵炳烺等，40 年代《报学杂志》有孙如陵、武月卿、马星野、袁昶超等。

（二）近代新闻学期刊的集中地即中国报业发行与报学研究的中心

在北平，30 年代燕京大学新闻学系相继创办《报人世界》《报学》等高水平新闻学刊物，逐渐成长为民国新闻教育的翘楚。在上海，尽管复旦大学、沪江大学在新闻学期刊的创办上有着不俗的表现，但真正能够代表上海报业中心地位的刊物却是报业团体所办的《记者周报》与《报学季刊》。全面抗战爆发后，中国报业中心迁移至西南地区，《新闻学季刊》《新闻战线》的刊行，使得重庆成为战时中国报业和报学研究的中心。而抗战胜利后南京《中央日报》所办《报学杂志》，又使得南京成为战后中国新闻学研究的中心，引领了这一时期的新闻学研究的趋向。

（三）近代新闻学期刊尝试构建中国新闻学的研究问题与话语体系

20 年代中国新闻学期刊创办之初，《新闻学刊》《报学月刊》即致力于对中国新闻事业开展大规模的调查，着重于地方新闻资料的整理和搜集工作，力图全面掌握中国新闻事业的基本状况。这一时期中国新闻学期刊日渐成熟的一个重要标志是开始引领报业研究问题，主动发起新闻学话题的讨论。期刊成为促成学界共识，激发研究热点的引领者。这一时期上海《报学季刊》开展了对中国新闻业资料的详细调查工作。该刊专门开设了"调查与统计"专栏，着重刊登《华侨报纸调查》《各省市县新闻记者公会调查》《全国广告业调查》《上海等七市报纸调查》《中国新闻影片调查》等新闻调查资料。

（四）近代新闻学期刊对"战时新闻学"的研讨为抗战胜利贡献了巨大能量

日本全面侵华后，新闻学期刊力求通过业务的探讨，指导中国报界抗日救亡工作，以抗战为主题的新闻学期刊与新闻报道前赴后继。这一时期，《战时记者》《新闻战线》《中国新闻学会年刊》《新闻记者》相继创刊或坚持发行，它们亦不约而同地将"战时新闻学"研究视为中国新闻学界最为紧迫的课题。《中国新闻学会年刊》为此提出"在抗战宣传工作中建立中国新闻学"，"中国报人必须完成中国特有之新闻学以应我抗战建国之需"①。《战时记者》则登载《论战时指导工作》《抗战中的报纸》《报人在战时》《战时新闻记者的使命》等文章，系统论述战时新闻学的基本内容、原理与方法。重庆《新闻学季刊》从

---

① 中国新闻学会：《发刊词》，《中国新闻记者学会年刊》1942 年第 1 期。

1939 年创刊至 1942 年终刊，共刊发 67 篇论文，其中近半数涉及战时新闻政策、新闻编辑与采访、战地新闻技术。其中很多内容都被卜少夫《战地记者讲话》及胡道静《新闻史上的新时代》等专著收录。

（五）近代新闻学期刊热衷推介和吸纳国外新闻事业的制度、观念与技能

效法异域是近代新闻学成长的必然阶段。诚如燕京大学创办的《报人世界》所言，近代旧有之报学"内容缺乏系统的整理"，学术的"根基不稳"，"坐享欧美之成"就不失为"健全的办法"。为此，该刊"一面介绍，一面研究"，"拿中国的情形来对比，来试验。合者引用，不合者想法子改良从中找出路"。① 此种引介域外新闻学优秀成果为我所用的做法，虽不免被世人诟病为"抄袭"和"享受"，但也是基础薄弱的中国早期新闻学研究无法逾越的必经之路。40 年代末，中国新闻业日渐成熟，对国外新闻业也有了更为清晰的认知，新闻学研究也从单纯的新闻业务介绍转向对报业制度、新闻法律和思想观念的全面学习。此阶段各大期刊将研究和推介重点放在了对外国新闻法规、职业道德和报业精神等问题的研讨上，更有报人提出"报学研究国际化"的观点。《报学杂志》还为此相继推出《各国有关新闻法令汇编》，发起《我国应否参加国际新闻公约》的讨论，显示出中国新闻界参与建立国际新闻秩序与新闻理论建设的意愿。

（六）近代新闻学期刊成为新闻学研究成果交流的园地、新闻院校学生耕耘学术的试验田

《报人世界》发刊词言："我国报业虽与欧美诸国相差上不可以道里计，然而本身之长足进步，实不容否认。诸凡编辑、采访、传递、印刷各方面，今昔相较，轩轾立现。"② 行业发展催生学术交流需要，学者围绕新闻学纷纷著书立说，进而带动了五四时期中国新闻学研究的起步。五四之前，新闻学研究成果只能发表在综合文化期刊中，如戈公振的《中国新闻事业之将来》《中国报学教育之现状》，罗家伦的《中国今日之新闻界》，徐宝璜的《新闻学讲话》，刘陡的《新闻记者与道德》等影响巨大的文章，多发于《东方杂志》《国闻周报》《现代》《甲寅》等综合文化期刊。这些刊物内容五花八门，实难承担传播和振兴新闻学研究的重任。伴随着学术人才与学术成果不断增多，中国新闻院校迅

---

① 燕京大学新闻学系：《报人世界发刊词》，《报人世界》1935 年第 1 期。
② 燕京大学新闻学系：《报人世界发刊词》，《报人世界》1935 年第 1 期。

速崛起并成为新闻学期刊创办的主力，其中北京燕京大学新闻学系、上海复旦大学新闻系、南京中央政治学校新闻学系尤为热衷于"学刊"的创办经营。新闻院系所办期刊更偏重于新闻学理阐释、新闻史料整理和外国新闻学知识推介，与新闻团体侧重新闻业务交流和新闻实践的办刊倾向出现明显的分野。

三、结语

身处在近代中国社会的变局之中，新闻学期刊的发展长期存在重"术"轻"学"的倾向。作为"致用"之学，新闻学研究在相当长时期被国人赋予"新闻救国"使命，新闻学期刊所要面临的首要问题即回应报业面临的各种挑战，推动新闻业承担救国的使命。因之，学术研究视角多从"工具理性"的实用价值出发，缺少学理性探究。对此，民国时期新闻学期刊创办者亦有所反思，40年代《新闻学季刊》创刊号曾这样呼吁："中国自提倡新闻教育以来，专门之新闻学刊物，屡创屡停，今欲求一纯学术性之定期新闻学刊物，尚不可得。"① 此后的《报学杂志》在创办之初，也曾信誓旦旦地表示要致力于"建立新闻学术的系统"和"新闻理论的体系"，但在刊物创办之后却又不得不承认"中国新闻界待解决的问题太多，离开健全进步的理想还很远"，最终仍回到了指导记者"如何采编""如何报道"的老路之中，与其创办之初的设想相去甚远。整体回溯近代新闻学术期刊百年出版历程及所载内容，筚路蓝缕引领新闻学术研究值得肯定，但热衷解决问题却疏于理论体系的探索与建构，似乎亦成为近代新闻学期刊创办挥之不去的通病与宿命。

（原载《出版发行研究》2019 年第 11 期）

---

① 《卷首语》，《新闻学季刊》1939 年第 1 期。

从职业教育到爱国报国教育：香港早期新闻教育研究（1927—1949）

刘书峰

摘要：香港最早的新闻培训机构香港新闻学社于 1927 年开办，随后又有生活新闻学院、香港中华业余学校新闻科、香港中国新闻学院、达德学院新闻专修科、民治新闻专科学校香港分校等出现。香港早期的新闻教育多是提供短期职业培训，授课教师名流荟萃，均是当时在香港的较为资深的报人和知识分子，课程安排一直重视培养学生实际动手能力。香港沦陷前，新闻教育从惨淡经营到热情高涨，沦陷后被迫停办。战后，香港新闻教育在中共及左翼知识分子的倡议和组织下再度兴起，直到因"宣传政治"而被港英政府勒令停办。

关键词：香港早期报业　新闻教育　职业教育　爱国报国教育

引言

鸦片战争之后，香港被清政府割让给英国。在英国人的统治下，香港大部分时间是一个"无民主、有自由"的经济中心，成为东西方经济、文化交流的桥头堡。辛亥革命之后中国内地军阀混战，而"大英帝国于 1932 年签订了《渥太华协议》（*Ottawa agreement*，1932），作为受英国殖民统治的地方，香港的工业产品得以享有大英帝国特惠税（imperialpreference）的权利"①。香港工商业的繁荣发展产生了大量的投资就业机会，因此于 20 世纪二三十年代吸引了大批的内地尤其是广东移民。全面抗战爆发后，来自全国各地的难民争相逃港，仅 1937 年就有约 10 万难民涌入香港。虽然沦陷后香港人口大量减少，但抗日战争胜利后，由于国共内战，又有大批内地人士再次涌入香港。

人口的流动带来的是对信息的需求。从新闻传播事业的角度看，香港是中

---

① 王赓武：《香港史新编（上册）》，香港：三联书店（香港）有限公司，1997 年版。

国近代报刊的发祥地，如《香港船头货价纸》《孖剌西报》《华字日报》等，它们分别是中国历史上第一份中文商业报纸、第一份英文商业日报和第一份中国人自办的中文日报。香港的报刊无论体例还是内容，都成为中国现代报刊模仿的榜样。如上海《申报》创刊时即在《发刊词》中提道："新闻纸之制，创自西人，传于中土。向见香港唐字新闻体例甚善，今仿其意，设申报于上洋。""二战"前香港的报业市场十分发达，经历过"精英报业"时期、"党派报业"时期之后，进入较为商业化的"社经报业"时期①。当时的报业市场上既有宗教报刊，也有商业报刊；既有政党报刊，也有黄色小报。据日人统计，到 1941 年香港沦陷前，全香港共有 39 份中文报纸，7 份英文报纸，共 46 份②。抗战胜利后至 1949 年，香港不是国共重视的焦点，虽两方在港各有言论阵地，但香港的新闻事业在港督的治理下逐步平稳恢复。

　　鉴于香港新闻传媒的独特地位和作用，对香港新闻教育进行研究和介绍的文章或篇章不少，其中以俞旭、朱立、朵志群 1998 年的文章《香港四所院校新闻教育之比较》影响最大。该文作者为浸润新闻传播教育多年的著名教授，对香港新闻教育有参与、建构之功，是较早对香港新闻教育进行研究和反思的文章，后人之研究多引其史实、观点（如李家园《香港的新闻教育》）。然而，对香港新闻教育的发展历程，尤其是香港早期新闻教育的研究，并未受到中国乃至世界新闻传播学界的重视，极少有学者关注香港早期新闻教育的发展，现存资料多为对相关人物或院校的个别回忆或介绍，较少综合整理和分析。本文围绕香港新闻学社、生活新闻学院、香港中华业余学校、香港中国新闻学院、达德学院、民治新闻专科香港分校等个案收集资料，并对重点组织者（如黄天石、金仲华）、主要教师（如刘思慕、陆诒）等的回忆录或有关介绍文章进行重点比对，结合有关学生（如香港中华业余学校的金城、何赐乐，香港中国新闻学院的锺华、麦劲松、杨文炎、唐葆华、叶有秋，达德学院吴秉文、蓝威、李翼华、郑海鸥、张明生、吴平、陈燕芳等）的回忆文章，试图大体还原香港早期新闻教育的形态。其中，对香港中国新闻学院和达德学院的记载相对较多。有关香港中国新闻学院的，有锺华的文章《香港中国新闻学院》，以及四本内部出版物《历史·话旧·怀念——香港中国新闻学院纪念文集》《今昔依依——香港中国新闻学院校友通讯集》《情系中新——香港中国新闻学院创建 55 周年

① 李少南：《香港的中西报业》，王赓武主编：《香港史新编（下）》，香港：三联书店（香港）有限公司，1997 年版，第 497—521 页。

② 转引自李谷城：《香港报业百年沧桑》，香港：明报出版社有限公司，2000 年版，第 173 页。

纪念文集》《风雨历程——香港中国新闻学院创建59周年纪念文集》，收录了上百篇香港中国新闻学院师生的回忆文章、题词、诗歌等。有关达德学院的，影响较大的先有卢玮銮（小思）的文章《达德学院的历史及其影响》，后有刘智鹏的专著《香港达德学院——中共知识分子的追求与命运》（2011），后者对香港达德学院新闻专修科的资料收集较为详细，另外也有正式出版的四本纪念文集——《达德学院的教育实践》《达德学院建校五十周年纪念文集》《达德岁月：香港达德学院纪念集》《文化青山：香港达德学院概况》，记载了课程设置、回忆文章和有关照片等。更早的香港新闻学社、生活新闻学院、香港中华业余学校，以及开办时间较短的民治新闻专科香港分校资料则较为缺少。如有关香港新闻学社和生活新闻学院的资料，只能从后人对主要创办人黄天石的介绍和回忆文章中找寻线索。有关香港中华业余学校新闻科的主要资料，来自周佳荣、丁洁主编《陶行知与香港"中业"教育》中的各篇回忆文章与陶行知年谱进行比对。民治新闻专科香港分校的资料最少，学校创办人顾执中虽对学校的创办进行了描述，但实际负责人陆诒的回忆则仅有只言片语，幸有当时刊登学校招生广告的《华商报》为佐证。

总体而言，为了保存文献，研究香港早期新闻教育的发展历史，考述有关群体的新闻教育活动，本文从有关人士的回忆、当时有关报纸刊登的报道、当时的招生广告、有关人士的年谱长编、相关档案资料中搜集史料，探讨香港早期新闻教育的形态，以及具有怎样的特点，并结合当时香港社会发展状况、新闻界及从事新闻教育人士的处境与心态，分析香港早期新闻教育何以出现这种形态及特点，以期为学界研究香港早期新闻传播史提供参考。

一、香港最早的新闻"夜校"

香港报业虽然发达，但由于工作辛苦、收入有限，新闻从业者的地位始终不高，有钱的人家大都希望孩子去做医生、律师等职业，只有底层的家庭才会让孩子去报社工作。而当时报社用人一般也是先从校对做起，优秀的成为见习记者、助理编辑，再逐渐成熟。实际上，当时的报业远未达到成熟的境界，记者被称为"访员"，各报稿件大多采用自各通讯社。由于大多数人在进入报社前从未接受过专业培训，能否成长进步完全靠个人资质，因此报社十分需要专业的新闻教育机构。但从另一个角度讲，愿意从事报业并从底层做起的年轻人大多家境贫寒，无法支付高额的学费。在这种情况下，半工半读性质的"夜校"应运而生。

（一）香港新闻学社

香港第一家新闻教育机构是由小说家黄天石（笔名杰克）于 1927 年创办的"香港新闻学社"，该校于夜间上课，1931 年停办。

1927 年秋，黄天石联合《工商日报》的关楚璞、《循环日报》的何雅选、《华字日报》的劳纬孟、《香江晚报》的郑天健、英国路透社香港分社社长黄宪昭等人，共同发起成立香港新闻学社，黄天石任社长，关楚璞和何雅选为副社长，黄宪昭为教务长（后由郑水心接替）。设置课程包括：中国新闻史、欧美新闻史、新闻学理、新闻学概论、报业管理、出版法、采访术、编辑学、社论写作、政治逻辑、中国现代史、中国文学史、文学概论等①。除上述发起人之外，授课的教师还有新闻界资深人士如梁谦武、莫冰子、古爱公、谭荔琬、龙宝秀、邓稚援等②。

作为一所夜校，该校于晚上 7 时至 9 时上课，每周六次，学费 15 元，学员分甲乙两种，前者为正在从事新闻工作的半工半读者，后者为尚未从事新闻工作但有志于此的青年，第一期收学员 30 人。除此之外还设两年制的函授部，函授生超过百人。

除了上课之外，学校还设立了"南中国电讯社"供学生实习，这个电讯社设有电机，是香港第一家通讯社，通讯网达日本东京、美国纽约、英国伦敦等各大城市。"南中国电讯社"分中文部、英文部、日文部，分别由关楚璞、黄宪昭以及东京《日日新闻》驻港特派员日本人德富主持。在德富的帮助下，学生在通讯社的实习成果要为日本各大通讯社供稿。

作为香港第一所新闻教育机构，香港新闻学社有较为雄厚的师资、比较先进的实习设备和较好的实习机会，也确实培养出了符合当时需求的新闻人才。毕业的学生中，有《虾球传》的作者黄谷柳、报人麦思源、《星岛晚报》总编辑唐碧川、《经济商报》总经理叶飞絮、《华侨日报》文化版主编黄崧名等。

由于首创者黄天石一直对日本文化怀有热情，1926 年曾在云南军阀唐继尧的推荐下赴东京学习，但因语言不通加之身体不适仓促返港。然而黄天石一直不忘其志，跟随在日本出生的画家鲍少游研习日文并小有所成，终于 1929 年再度赴日。学校交由关楚璞打理，3 个月后该校因财政困难而停办。

（二）生活新闻学院

1937 年，曾参与香港第一所新闻教育机构香港新闻学社创办的香港《工商

---

① 杨国雄：《杰克：擅写言情小说的报人》，《文学评论》2020 年第 11 期。
② 邓善熙：《祖父邓稚援为梅兰芳首次访港演出写长诗》，《纵横》2009 年第 7 期。

日报》副社长关楚璞，与《循环晚报》总编辑黄育根、小说家、电影导演侯曜、专栏作家黎伯挺等，共同创办了香港第二家新闻教育机构"生活新闻学院"。①这所学院的办学模式与香港新闻学社类似，同样是在夜间上课，由报界从业人员授课。为了给学生创造实习的机会，学院开办了"杨秋通讯社"供学生实习，向香港各大报社供稿。学生还可进入《循环日报》参与校对、写稿、编辑等工作。除此之外，该校还经常邀请名人进行演讲，为学生开阔视野。后来，"生活新闻学院"改名为"香港文化事业社"，出版《廿世纪周刊》，并承办《循环日报》的副刊《香港文艺》和《儿童周刊》。

生活新闻学院学费 5 元，开办时学生仅 30 余人，3 个月后只剩下 15 人，半年后只剩下 7 人。由于学员不多，收入不足以支撑办学，连房租、杂费也难以支付，创办人空有一番热情却无力回天。1937 年冬，关楚璞应《星洲日报》社长胡昌耀之邀由香港赴新加坡担任《星洲日报》主笔。侯曜也专心于电影事业。香港第二家新闻教育机构也关门结业。

（三）香港中华业余学校新闻科

陶行知先生一生多次海外游历，1938 年 9 月 1 日在参加香港文化界为欢迎他归国举行的座谈会上，发表了被称为"回国三愿"的演讲。一是创立晓庄研究院培养高级人才；二是开办难童学校收容流离失所的儿童；三是在港举办业余补习学校。而这"三愿"中最早实现的是第三愿：成立了中华业余学校。当时，陶行知的许多时间和精力放在向全世界及中国各地传播其教育思想理念上，陶行知自己并未参与该校的具体筹办及运作，但这是他生活教育理论的一次重要实践，也使得陶行知的教育思想在香港更加广泛地传播开来。

中华业余学校于 1938 年 11 月开学，该校董事长为陶行知，校长吴涵真，教导主任方与严。因时局动荡，陶行知、吴涵真、方与严等人相继离港，无人主持校务，结果中华业余学校开办了两期，不到一年的时间，就于 1939 年夏停办。"二战"后香港教育需求增加，1948 年 8 月 10 日以中业学院的名称复办，以郭沫若为董事长、朱智贤为院长，后增聘黄绳为教务主任；次年成庆生接任院长、麦坚弥为教务主任。

---

① 一说为该校由侯曜任院长，于 1938 年新闻学院改为杨秋通讯社，1939 年得杜其章相助，将杨秋通讯社改为"香港文化事业社"，杜其章为董事长，侯曜负责社务。见陈正茂：《遭日军杀害的戏剧家——侯曜》，见《逝去的虹影：现代人物述评》，台北：秀威科技股份有限公司，2011 年版，第 81-82 页。

　　中华业余学校的具体领导工作是教导主任方与严抓的①。学生来自工厂、商店、银行、海关②。开设的课程有时事分析、政治经济学、新闻、文学、英文、日文、教育、戏剧、绘画等；每科授课共 24 小时，学生可以自由选科③，每晚上课。该校按学生程度分为甲乙丙三组，学生自由选课，另设讲座，邀请在港专家进行专题讲座。学费每期港币 5 元。根据学校成人性、业余性、在职性的特点，规定每 3 个月为一个学期；每学科教学时间，要求不少于 24 课时。1948 年复校的中业学院设英文、会计、教育、新闻、文学组。每星期一至六晚7 时至 9 时授课④。

　　中华业余学校贯彻陶行知的"生活即教育"的思想，实行"学做结合"，各科学员在科任老师的指导下，组织了各种教学做活动小组⑤。新闻科的教学也十分重视实践。据学生金城回忆，学校为了配合新闻、文学系的教学，专门拿出一些钱，办了《中业》杂志。那时经费困难，无法购买印刷设备，就通过关系在香港《星岛日报》馆印刷厂代印。学校在上新闻、文学课时，让同学们来《中业》训练、实践，学习了解编辑、组稿、铅字排版、清样校对、印刷、采访等方面的工作⑥。

　　中华业余学校有一支非常优秀的教师队伍，多是知名人士，据学生何赐乐、乔青回忆，当时教授新闻的老师有郭步陶、萨空了、恽逸群等，茅盾、楼适夷、林焕平等教文学课，金仲华、乔冠华、刘思慕、郑森禹等担任国际时事、政治经济等课程⑦。1948 年复课的中业学院同样有许多名师，如新闻群组授课老师

---

①　蔡自新：《香港中华业余学校的创办与结束》，见广州市东山区政协学习文史资料委员会编：《东山文史资料（第 3 辑）》，1994 年版，第 49 页。

②　中央教育科学研究所教育理论研究室《陶行知年谱稿》编写组：《陶行知年谱稿》，北京：教育科学出版社，1982 年版，第 82 页。

③　周佳荣、丁洁：《导论：陶行知・香港・中业教育》，见周佳荣、丁洁主编《陶行知与香港"中业"教育》，香港：书作坊，2010 年版，第 9-10 页。

④　徐润俭：《"中业"复校概况》，见周佳荣、丁洁主编：《陶行知与香港"中业"教育》，香港：书作坊，2010 年版，第 51 页。

⑤　方骏、熊贤君主编：《香港教育通史》，香港：龄记出版有限公司，2008 年版，第 221 页。

⑥　金城：《忆香港中华业余学校的生活片断》，见全国政协文史资料委员会编：《文史资料存稿选编・教育》，北京：中国文史出版社，2002 年版，第 662 页。

⑦　何赐乐：《中业指引我走上共赴国难的光明大道》，见周佳荣、丁洁主编：《陶行知与香港"中业"教育》，香港：书作坊，2010 年版，第 28 页；乔青：《忆"中业"早期创校经过》，见周佳荣、丁洁主编：《陶行知与香港"中业"教育》，香港：书作坊，2010 年版，第 31-32 页。

有《大公报》战地记者孟秋江等①。

小结

纵观香港最先开办的两家专门新闻学院以及香港中华业余学校新闻科，其办学模式基本相同，办学理念相似，均是新闻职业教育性质。从办学目标看，这时的新闻教育均是以培养新闻实用人才为目标，为的是满足当时香港报业发展的需要，解决学员个人的就业问题；从主办者和教员看，最早的两所新闻学院基本上都是香港资历较深的报界人士，而香港中华业余学校是一所综合类业余职业教育学校，新闻科是由越来越多的来港避难的中共及左翼知识分子和报人参与授课；从课程设置看，除了一般性的授课之外，主办者都特别重视实践，凭借教师自身在新闻界的影响力为学员提供实践的机会，而两所专门的新闻学院更是均办有通讯社；从最后的结局看，由于学员不足，加之主创者本身流动性较强，最终这几所"夜校"均因主办者离港、学费入不敷出而结业。总体而言，虽然这几所"夜校"开办时间均不长，但为香港新闻业培养了许多人才，开香港新闻教育的先河，而香港中华业余学校新闻科更成为中共及左翼人士在香港新闻教育的先声。

二、中共及左翼人士在香港的新闻教育

"二战"中，由于日本侵华危害了包括英国在内各国的在华利益，港英政府对待中共及各抗日爱国力量并未完全扼杀。但为了不得罪日本，港英政府也限制各种抗日力量的发展，1938 年 9 月，港府通过了一项《紧急条例》，宣布香港对中日的纠纷保持中立态度②。在新闻传媒方面，安排有专门的机构人员对报刊进行审查，规定凡"抗日""敌人""汉奸"等字样一律不许见诸报刊，只能删改为"××"或以方块代替。

抗日战争全面爆发后，中国共产党与国民党达成协议共同抗日，红军主力部队被改编为国民革命军第八路军，并在全国多处设立八路军办事机构。廖承志赴香港于 1937 年 12 月成立了八路军香港办事处（对外称粤华公司），负责中共在香港的联络与宣传。1941 年 8 月，中共办起了《华商报》，并与其他南下

---

① 徐润俭：《"中业"复校概况》，见周佳荣、丁洁主编：《陶行知与香港"中业"教育》，香港：书作坊，2010 年版，第 51 页。

② 叶德伟：《沦陷前夕港军的防卫情况》，见叶德伟等编著：《香港沦陷史》，香港：广角镜出版社，1982 年版，第 28 页。

来港的爱国知识分子保持密切联系，鼓励、支援他们办报办刊，这一时期，邹韬奋主编的《大众生活》，"茅盾主编的《笔谈》《文艺阵地》，郁风主编的《耕耘》，张明养主编的《世界知识》，张铁生主编的《青年知识》，马国亮主编的《大地画报》等，都相继出版"①。此外还有宋庆龄、何香凝两位夫人各自推动主办的《保卫中国同盟通讯》《侨胞》等。这一系列左派报刊的出版，改变了香港商业报纸一统天下的局面。

除此之外，商业报纸也因左翼知识分子的加入而一度改变面貌，如金仲华担任总编辑期间的《星岛日报》，以及杨刚、羊枣担任记者时的香港《大公报》等，通过创办进步专刊、发表军事及国际评论、刊登抗日爱国言论等，成为南下香港的左翼知识分子发表言论的园地。事实上，这种以商业报纸面貌出现的报刊因资金更为雄厚、发行量大，得以有实力冲击当时香港原有的华字、工商、华侨、循环等四大主流报纸。也正是金仲华、杨刚、羊枣等，通过《星岛日报》《大公报》等的影响力，得以假中国青年记者学会香港分会的名义，创办了中共及左翼人士在香港最早的专门的新闻教育机构——香港中国新闻学院，② 为中共及左翼爱国人士的新闻教育打开一片天空。

抗日战争胜利之后，香港中国新闻学院恢复。后来中共及左翼人士又开办了达德学院，其中也开设了新闻学系。上海创办的民治新闻专科也赴港开办分校。达德学院和民治新专香港分校的开办时间不长，在冷战的背景下，港英当局关闭达德学院，民治新专香港分校也自动结业，香港的新闻教育于 1949 年告一段落。

（一）香港中国新闻学院

香港中国新闻学院于 1939 年 4 月 23 日举行开学典礼，到 1941 年 12 月香港沦陷前夕办了三届。抗战胜利后，香港中国新闻学院于 1946 年 5 月复办，又开办两届，另于 1946 年 9 月和 1948 年 10 月开办了两次函授课程，1949 年新中国成立前夕结束。

香港中国新闻学院是由中国青年记者学会香港分会主办的。中国青年记者学会（简称"青记"）是在中国共产党领导下成立的新闻界组织，该会于 1937 年在上海筹备，1938 年 3 月 30 日在湖北武汉正式成立。"青记"创办初期会员

---

① 夏衍：《白头记者话当年——记香港〈华商报〉》，见南方日报社、广东《华商报》史学会合编：《白首记者话华商——香港〈华商报〉创刊四十五周年纪念文集（1941—1986）》，广州：广东人民出版社，1987 年版，第 3 页。

② 该校开办前三届时名为中国新闻学院，复办后两届名为香港中国新闻学院，本文统称香港中国新闻学院。

较少,仅数十人,后来发展到一千多人,分会遍及全国各地。1938 年 10 月 30 日,中国青年新闻记者学会香港分会成立,金仲华为分会会长。香港"青记"与总会及其他分会一样,主要活动包括创办刊物、成立图书馆等。金仲华担任《星岛日报》总编辑之后,即创《青年记者》专版,以青记香港分会的名义主编,并联络香港各方面知名人士成立的香港中国新闻学院。1941 年 5 月,中国青年记者学会香港分会召开临时理事会,认为因战时交通不便,香港与内地联系不易,故与总会脱离组织隶属关系,改名为"香港青年记者学会",并于 6 月向香港华民政务司备案①。虽然名义上脱离了组织隶属关系,但实际上改名后的香港青年记者学会其性质及与内地有关人士的来往并未有任何变化。如当年"九一记者节"时,香港青年记者学会组织纪念大会,主席团成员为范长江、叶启芳、恽逸群、乔冠华、林焕平,均是原中国青年记者学会的重要人物②。

香港中国新闻学院成立时,邀请曾任驻日本大使、时任全国赈务委员会副主任的许世英为董事长,邀请著名教育家陶行知担任副董事长,以香港《申报》总编辑、老报人郭步陶为院长,《星岛日报》总编辑金仲华为副院长,教务主任为《珠江报》编辑谭思文,实际操办者为金仲华,前三届始终未变。办学宗旨是:养成健全之新闻工作人员适应战时新闻事业上之需要。战后第四届、第五届及函授课程开办时,许多在战时撤离香港的教授未回港,第四届院长为刚刚离开《新生日报》的叶启芳、教务主任梁若尘,第五届院长为时任《华商报》总编辑刘思慕,教务主任为《华商报》编辑高天。1946 年开办的函授班及 1948 年开办的函授学院院长刘思慕,函授班主任杨奇,函授学院教务主任高天。办学宗旨改为:造就实际的新闻专业人才。

为香港中国新闻学院授过课的教师,前三届有郭步陶、金仲华、羊枣、许君远、楼适夷、梁式文、刘思慕、罗吟圃、吴范寰、梁若尘、乔冠华、郑森禹、王纪元、邵宗汉、叶启芳、潘朗、张问强、恽逸群、卢豫冬等,后两届有萨空了、叶启芳、梁若尘、高天、刘思慕、梁若虚、王家振、千家驹、俞鲤庭(笔名沙溪)、廖沫沙(笔名怀湘)、沈志远、黄药眠、赫生、韩北屏、陈文川、赵元浩、陆诒、邓楚白(邓家恺)等。并经常邀请在港名人讲座。

香港沦陷前环境复杂,如国民党在香港的党报《国民日报》始终敌视中共及其他党派所办的报刊,认为"青记"香港分会"最初完全在左翼分子控制之

---

① 《脱离总会组织关系 青年记者学会改变名称 经五分之四会员赞同 华民政务司准予备案》,《华商报》1941 年 6 月 23 日,第 4 版。

② 《香港青年记者学会昨隆重纪念记者节 温莎茶会中参加者达二百余人 范长江等分别恳切致辞互助勉》,《华商报》1941 年 9 月 2 日,第 4 版。

下，但《国民日报》号召其他拥护政府的报人，也一同加入，从他们手里夺回部分的控制权。那些非共党人也进入新闻学院任教……教授方面，非共的有王启煦（国民日报总编辑），唐碧川（当日的香港新闻社社长），谭思文等"①。但实际上，这几位也与中共及左翼人士有着千丝万缕的联系，如王启煦虽为陈布雷妻弟，但也是"青记"最早的发起人之一。

香港中国新闻学院的课程设置因各届教师不同而略有差异，主要有新闻编辑、新闻文艺、经济新闻、国际新闻、本国新闻事业、现代政治、报馆经营、新闻采访、军事新闻、资料整理、现代史、评论研究、新闻学概论、新闻史、社论研究、印刷常识、广告学、国内新闻、新闻文学、译电研究、近代国际问题研究等。

随着日本侵华脚步的加快，越来越多的失学青年从内地逃往香港，再加上原有的香港学生，香港中国新闻学院招生较之前的新闻"夜校"火爆。前三届招生分别达 78 人、73 人和 58 人，复办后两届分别招生 57 人和 48 人，函授班招生 30 人，函授学院招生 100 人②。中国新闻学院的入学资格规定一直是高中毕业或具有同等学力，但需经过测验。授课时间均为除周六、周日的每天下午 7 时起，前三届两个小时，后两届两个半小时。

香港中国新闻学院第一届 1939 年 4 月 24 日开课，实际授课时间 5 个月；第二届 1940 年 3 月 11 日开课，学制 4 个月；第三届 1941 年 2 月 1 日开课，学制 5 个月；第四届 1946 年 5 月 13 日开课，学制 3 个月；第五届 1946 年 9 月 14 日开课，学制半年。香港中国新闻学院在课程设置上特别重视实践。除了晚上上课之外，白天分组到《星岛日报》《大公报》《珠江日报》《华商报》等报馆去实习，校对、采访、编辑、写作、资料等方面均有涉猎。除此之外，还安排每个学习小组每周出版一份油印报，这样采访、写作、编辑、校对、排版、印刷等方面均能得到锻炼。第一届学员毕业后，学院由梁若尘、叶广良等创办了中国新闻通讯社，学员毕业后可以参与其中。虽然中新社初创时期条件十分简陋，学员们经验不多，写出的稿件也不尽如人意，但由于有其他学员毕业后赴内地工作，尤其在第一届学员中选派了八名毕业生组成粤北战地记者组，赴广东随十二集团军采访，可以比香港其他的通讯社获得更多国内新闻，且抗战旗帜鲜明，中新社遂逐渐站稳脚跟，坚持到香港沦陷前才告结束。

---

① 林友兰：《香港报业发展史》，台湾：世界书局，1977 年版，第 61 页。
② 锺华：《香港中国新闻学院》，见锺紫主编：《香港报业春秋》，广州：广东人民出版社，1991 年版，第 146 页。

（二）达德学院新闻专修科

达德学院是中共和左翼民主人士合作开办的高等院校①。抗日战争结束后，香港重新由英国管治，港英政府继续维持战前的自由贸易政策。战后的香港政治环境相对比较宽松，政府主要精力放在恢复社会秩序及发展经济上。国共内战开始之后，中共说服部分同情中共的民主人士及知识分子从内地转移到香港，这些人成为达德学院的主力。

1946 年 10 月 10 日，达德学院成立，陈其瑗任院长，陈此生任教务主任，杨伯恺任总务主任。设商业经济系、法政系、国文系，1947 年秋增设新闻专修班，1948 年下学期新闻专修班第二次招生。1949 年 2 月，港英当局突然下令关闭达德学院。

达德学院新闻专修班有三位专职教授，陆诒、梁若尘、张兆麟（刘乐扬）。新闻专修班学制一年两个学期，实行学分制，共 58 学分，课程包括新闻学概论、新闻写作、报业史、报业管理、速记学、社论写作、广告及发行、编辑术及实习、探访术及实习、摄影术及实习、电报技术、英文、中国近代史、世界近代史、中国地理、世界地理、伦理学、实用经济学及经济问题、法学通论、社会问题、心理学、时事研究、各国政府及政党等。从课程设置上看，专业课程中既有新闻理论类，也有新闻业务类，还有速记、电报等技术类；基础课程中则有中外史地、经济社会、法学心理；同时特别重视英文和时事研究，两个学期均有设置；除此之外，第二学期课程更注重实用性，尤其还增加了实习类课程，学以致用。

达德学院新闻专修班也十分重视交流与实践。据《达德岁月：香港达德学院纪念集》"大事记"记载，1947 年 12 月，新闻专修班同学与"民治新闻专科学校"同学交流，1948 年下半年至年底，三次前往文汇报、星岛日报、华商报实习参观，并由陆诒带新闻专修班同学前往"国货展览场"采访。12 月 20 日，香港《大公报》六位编辑来学院与新闻专修班同学座谈。除此之外，新闻专修班同学在教师指导下办一份校内报刊《达德新闻》。

（三）民治新闻专科香港分校

民治新闻专科是中国历史最为悠久的新闻教育学校。学校创办人为顾执中，曾在该校任教的有戈公振、翦伯赞、艾思奇、陈翰伯、郑振铎、陆诒、彭乐善

---

① 刘智鹏：《香港达德学院——中共知识分子的追求与命运》，香港：香港中华书局，2011 年版，第 12 页。

等，为中国的新闻传播事业培养了许多人才。民治新闻专科学校诞生于 1928 年，历经民国、抗日战争、国共内战与中华人民共和国，办学地点从上海到重庆，还一度在香港、缅甸仰光和印度加尔各答办学，最终于 1954 年停止招生。"文化大革命"结束后，几位老校友于 1983 年恢复民治新闻学校，顾执中也于 1985 年 10 月在北京复校，1998 年宣告结束。

有关民治新闻专科在香港办学的资料不多，据 1948 年 3 月 12 日刊载在《华商报》的招生广告看，民治新闻专科每期招生 20 人，要求高中程度有志于新闻工作的男女青年，上课时间为每晚 7 时至 9 时。据创始人顾执中回忆，1940 年他被国民党特务枪击受伤后曾逃往香港，虽然当时香港生活比内地舒服，他曾一度想把民治新专迁港复课，但多次考虑觉得不妥而未成行。国共内战开始后，民治新专的学生积极参加反独裁、反内战、反饥饿等示威活动，担心在上海被封，决定到香港设立分校。为募捐出力最多的是校董董德乾，一共一万几千元的港币大多数是他募捐而来。1947 年秋天，顾执中与陆诒、耿坚一起搭船前往香港，在分校的筹备工作稍有眉目后，顾执中、耿坚先后离开香港返回上海，民治新闻专科香港分校由陆诒单独负责。民治新专香港分校办到 1949 年春天结束，实际每期约收学生三十人[1]。

而据民治新闻专科香港分校的负责人陆诒回忆，他在香港湾的菲林明道租到一个四楼的楼面，办了民治新专香港分校。招收的学生都是职业青年，在晚上上课，学生人数少而且流动性大，办到 1948 年底即结束[2]。

陆诒一直与中共关系密切，国民党曾于抗战期间对陆诒进行调查，认为陆诒对国民党的抗战建国政策，一向"持反对态度，其平时讲课，每每均以批评为博得青年拥护之工具。而于苏联一切政策，无不心悦诚服，满口赞扬，是故该员思想左倾之问题，已属毫无疑问。同时，该员所请莅校演讲之人物与讲题，类多左倾份子及以攻击政府为职旨之材料…… 以此等人物主持该校，诚为危险也"[3]。

---

① 顾执中：《上海民治新闻专科学校的诞生与成长》，见中国社会科学院新闻研究所《新闻研究资料》编辑室：《新闻研究资料一九八一年第五辑（总第十辑）》，北京：新华出版社，1981 年版，第 199、205-206 页。

② 陆诒：《回忆香港〈光明报〉》，见中国人民政治协商会议全国委员会文史资料研究委员会编：《文史资料选辑（第八十九辑）》，北京：文史资料出版社，1983 年版，第 141 页。

③ 《军委会办公厅关于严加限制文化界人士购机票飞港活动的代电（1941 年 9 月 15 日）》，见中国第二历史档案馆编：《中华民国史档案资料汇编 第五辑第二编文化（二）》，南京：江苏古籍出版社，1998 年版，第 239 页。

此次陆诒去香港，也是在周恩来的指示和帮助下完成的。据陆诒回忆，1947年10月17日上午，他应范长江之邀赴马思南路中共代表团办事处谈话，得知周恩来要他即日离开上海到山东解放区工作。第二天得知国民党政府军队正在进攻烟台，遂令其改往香港找章汉夫安排工作。临行前，周恩来约陆诒谈话，说："你在上海新闻界目标较大，不宜久留，还是早点到香港去为好。"①

陆诒既是民治新专香港分校校长，也是达德学院新闻专修科专职教授，在他的安排下，两所学校新闻科的同学得以相互交流。据达德学院学生吴秉文回忆，"有一天，民治的同学来达德参观，互相学习。为了迎接民治的同学，新闻班课室里贴了标语、对联等，十分隆重。我只记得对联的下联是这样的：'要达德、要民治、还要团结'。此后我们一些同学也去过民治"②。

（四）小结

纵观以上三所新闻教育机构，香港中国新闻学院、达德学院、民治新专三者有着直接而密切的联系。首先，这三所学校的创办都与中共及左翼人士关系密切，尤其香港中国新闻学院，是在"青记"的直接领导下创办的，与中国内地各"青记"分会持一样的观点和行动。其次，三所学校的教师志趣相投、关系密切，如金仲华、乔冠华、张铁生等都是当时国际时事的著名评论家，常在一起聚会聊天。而当香港中国新闻学院的教师在达德学院开办后，原香港中国新闻学院的教师更是全部转入其中。如陆诒和梁若尘既是香港中国新闻学院第五届和第一届的教授，也是达德学院新闻专修班的负责人和专职教授，陆诒还是民治新专香港分校的创办人和负责人；曾任第五届香港中国新闻学院院长的叶启芳在达德学院讲英文，香港中国新闻学院教授千家驹、刘思慕等成为达德学院商经系教授，香港中国新闻学院教授高天成为达德学院法政系教授，香港中国新闻学院教授黄药眠是达德学院文哲系主任。除此之外，曾经在达德学院进行过政治类专题讲座的还有曾为香港中国新闻学院教师的萨空了（讲《关于国际关系》）、乔冠华（讲《国际国内形势》《人民战争的形势》《渡江前夕的形势》《伟大的战略决战》《将革命进行到底》）等。

三、香港早期新闻教育的特点

中国20世纪20年代至40年代的新闻教育，众多密苏里大学的中外校友来

---

① 陆诒：《文史杂忆》，上海：上海市政协文史资料编辑部，1994年版，第36-37页。
② 吴秉文：《达德生活的回忆》，见达德学院校友会编：《达德学院建校五十周年纪念文集》，广州：广东人民出版社，1996年版，第359页。

华参与创建新闻教育①，一般认为最先受到美国新闻教育的影响比较大，后来则逐渐由照搬密苏里模式到形成自身特色②。而以复旦大学新闻系的创立和发展为标志，中国新闻教育逐步摸索出一条适合自己的道路。以培养应用型人才为目的，以新闻知识与技能的教育训练为教学重点③。

具体到香港早期新闻教育，既不受港英官方的关注和影响，也并无内地那般受到美国新闻教育的巨大影响并依托知名高校开办学历教育，又有别于香港本地其他行业个体作坊式的口传心授，而是依托香港本地及来港的具有丰富经验的报人，结合动荡时期生活在殖民地的香港青年的实际，从解决生计入手，逐渐发展到施加思想政治影响，从而呈现出独有的特色。总体而言，教师方面名人荟萃，课程方面注重实践，学生方面热情渐高，课程方面从职业教育转向爱国报国教育，开办和结业则与主办者所拥有的资源息息相关。

（一）教师：名人荟萃

纵观几所新闻学院，无论首创者还是教员，大都是在新闻界较为资深者，许多还担任总编辑、主笔、经理等重要角色。如香港新闻学社创办人黄天石，年少成名、风流倜傥④，还曾任唐继尧的幕僚，是当时香港报界的一时之选，他的小说风行一时，有"南黄北张"之称（张即张恨水）。黄天石还创办了香港基荣出版社，专门出版自己的小说以防盗版。再如香港中国新闻学院，集中了一大批南下的优秀知识分子和报人。香港沦陷前的首任院长郭步陶德高望重，当时为香港《申报》总编辑，还曾任复旦大学新闻系和申报新闻函授学校教授；主持工作的副院长金仲华当时为香港《星岛日报》总编辑，同时协助好友邹韬奋办报，还坚持《世界知识》在香港的出版，并参加了宋庆龄领导的保卫中国同盟担任执委会委员。战后香港中国新闻学院复办，主办者也多为在各报主事者，如叶启芳、刘思慕、杨奇等。达德学院创办时，正值国共内战，大批民主人士、文化人士在中共的帮助下疏散到香港乃至东南亚一带。迁到香港的"中共的干部各有政治任务，在香港不愁出路；文化人则远离他们的活动地区，无法在原来的岗位上发挥他们的专长。这时候的香港正在努力恢复战前的活力，

① 罗文辉：《密苏里大学新闻学院对中华民国新闻教育及新闻事业的影响》，《新闻学研究》第四十一集，1989年版，第201-205页。
② 林牧茵：《移植与流变——密苏里大学新闻教育模式在中国（1921—1952）》，上海：复旦大学出版社，2013年版，第273页。
③ 李建新：《中国新闻教育史论》，北京：新华出版社，2003年版，第164-165页。
④ 黄苗子：《香江之恋——记我的童年之二》，《青灯琐记》，北京：大众文艺出版社，2001年版。

暂时并无足够的文教机构可以让这批文化人栖身。他们学有所成，是文教界一支高质素的团队，一所高等校院无疑就是安置他们的理想地方"①。以这种观点看，正是先有了这批无处安置的高素质人才作为基础，才成立了达德学院这所学校。如达德学院新闻专修科的主任陆诒，就是当时国际新闻社香港分社主任、《光明报》的主编，也是民治新闻专科香港分校的校长。

从师资来源看，这些名师大部分都是自内地来港的文化人。20 世纪 20 年代至 40 年代，香港人口的流动性非常大。在来来回回几次的迁徙中，有大批知识分子和报人往来于香港，这成为香港新闻教育得天独厚的优势。

（二）教学：重视实践

"由于受英国'文雅教育'思想的影响，港府办理的职业学校很少。……而香港作为一个商业社会，需要大量受过良好职业训练的初级技术人才，这项任务就历史性地落到了私立培训机构和企业身上。"② 由于"这一时期，香港培训新闻记者和传媒从业员一直奉行的是学徒制（apprenticeship），新闻教育多是提供短期职业培训课程"③。因此，无论是香港新闻学社、生活新闻学院，还是中共及左翼人士在港开设的新闻教育，都是职业教育性质的，以培养实用的新闻人才为目标。

作为职业教育机构，目标是培养能够动手的实用人才。从第一所新闻培训机构香港新闻学社开始，学院的主办者就积极为学员提供动手的机会。如香港新闻学社的"南中国电讯社"购买了无线电机，是当时的"高科技产品"，还请东京日日新闻驻港特派员日本人德富帮助，将学生在通讯社的实习成果为日本各大通讯社供稿。生活新闻学院则承办了《循环日报》的副刊《香港文艺》和《儿童周刊》，相当于学员直接参与当时香港最著名报纸的各项工作。中共及左翼人士主办或参与的三所新闻教育机构，则均开办内部刊物，由学员自己完成办报办刊的全部流程。如达德学院新闻专修科主任陆诒回忆说："说特点，只有一个特点，那就是理论联系实际。我们着重在新闻工作的实践中锻炼，以实践为准则。我们自筹经费，先办了一张油印报《达德新闻》，从 1948 年下半年开始改为铅印的小报，我们把全班同学分别安排在编辑、采访、评论和管理

---

① 刘智鹏：《香港达德学院——中共知识分子的追求与命运》，香港：香港中华书局，2011 年版，第 6 页。

② 方骏、熊贤君主编：《香港教育通史》，香港：龄记出版有限公司，2008 年版，第 220 页。

③ 俞旭、朱立、朵志群：《香港四所院校新闻教育之比较》，《新闻与传播研究》1998 年第 1 期。

（包括经理、印刷、发行、广告）等各部门，并且定期轮换工作。"①

在时局动荡、烽火连天的年代，学得一技之长，退可安身立命，进可报效祖国，重视实践成为当时新闻教育的唯一追求。也正因为如此，这些新闻教育机构十分重视学员的就业和出路问题，无论是"南中国电讯社""杨秋通讯社"，还是"中国新闻通讯社""粤北战地记者组"，某种程度上都是为学员毕业后寻找出路提供线索和帮助。这些新闻教育机构也确实为当时香港及内地包括东南亚培养了一批优秀的新闻人才。

（三）学生：热情渐高

香港最早的两间新闻"夜校"创办时，虽然中国内地时局动荡，但香港总体而言还算稳定。如前所述，当时香港报人的社会地位和收入并不算高，但由于其他更好的职业门槛更高，因此愿意投身报业的以中下层百姓为主，如香港新闻学社的学员黄谷柳出生于越南的农民家庭，学员唐碧川年少时也仅靠在港工作父亲的微薄薪水糊口②。这种情况就造成学员的来源并不稳定，学员一方面半工半读十分辛苦，另一方面对自己在报业的前途也并不明朗，仅作为谋生的手段而言，参加新闻职业培训的兴趣也就不大了。而且由于所收学费不高，教师仅拿象征性的收入，教师和学生的流动性均比较强。

然而时移世易，随着日本侵华脚步加快，怀着救国之心参与香港中国新闻学院的学员越来越多，前三届招生分别达78人、73人和58人，与之前香港新闻学社、生活新闻学院惨淡经营收场形成鲜明对比。加之香港中国新闻学院的师资力量雄厚，这也吸引了许多出身中产阶级乃至更加富裕家庭的学员参加，如第一届学员杜启芝、第二届学员黎士英等③。战后的香港中国新闻学院复办后，两届分别招生57人和48人，函授班招生30人，函授学院招生100人。而达德学院更是以强大的师资，吸引了大批华侨学生、内地学生、港九本地学生④。据1996年出版的《校友通讯录》统计，有姓名住址的学生为593人，失

① 陆诒：《发扬达德的好传统》，见达德学院校友会编：《达德学院建校五十周年纪念文集》，广州：广东人民出版社，1996年版，第248页。
② 唐锡良、郑寿稠：《报界名人唐碧川》，见中国人民政治协商会议广东省恩平县委员会文史资料研究委员会编：《恩平文史专辑 港澳台恩平人》，1992年版，第12-13页。
③ 麦劲松：《回忆杜启芝》，《情系中新——香港中国新闻学院创建55周年纪念文集》，1991年版，第131页；杨文炎：《默默奉献的风范——悼念黎士英同学》，《情系中新——香港中国新闻学院创建55周年纪念文集》，1994年版，第125页。
④ 蓝威：《峥嵘岁月 难忘的日子——忆香港达德学院的学习生活和革命活动》，见香港达德学院北京校友会编：《达德学院的教育实践》，北京：群言出版社，1992年版，第11页。

去联系的 88 人，已经辞世的 121 人，以上总共 802 人，其中新闻班至少有 58 人①。

从近现代历史上看，香港一直是一个避难的地方，每当内地政局不稳的时候，便会有许多同胞涌入香港。香港的新闻教育从惨淡经营到热火朝天，也是与中国内地形势的发展直接相关的。从香港人口数的角度看，1901 年新界纳入香港版图时，香港人口数为 283975，随着日本侵略中国的步伐，越来越多的人涌入香港，1937 年香港人口数为 1006982。这一数字到 1941 年香港沦陷前达到顶峰，为 1630000②。香港沦陷后，日本人将大批中国人遣返，只剩 60 万左右。抗战胜利后，国共两党内战又起，香港再度成为"避风港"。这次由内地迁至香港的难民更多，其中许多青年因战争而耽误了学业，希望在香港重新投入校园生活，但当时香港只有一所大学，吸纳能力有限，他们只能寻找这种业余性质的学校；还有一些知识青年来到香港后无事可做、报国无门，进入当时香港唯一培养新闻人才的中国新闻学院，就已经并不仅限于个人前途考虑，更有知识青年爱国救国报国之心在其中。中国的知识分子一向以天下为己任，而当时中国内地报业的经验已经证明报纸与政治时局有着千丝万缕的联系。因此，虽然当时香港的新闻业纷乱复杂，各种政党、利益关系复杂，但知识青年凭着一腔奋发报国的热情，香港的新闻教育也越发蒸蒸日上。

（四）课程：从职业教育到爱国报国教育

单纯从课程设置上看，香港新闻学社、生活新闻学院与中共及左翼人士开办的新闻教育比较类似，主要课程基本包括三类，一是新闻理论及历史课，如中国新闻史、欧美新闻史、新闻学理、新闻学概论等；二是新闻业务课，如报业管理、出版法、采访术、编辑学、社论写作等；三是其他文史基础课，如政治逻辑、中国现代史、中国文学史、文学概论等。唯一不同的是后者比前者多设置了有关时事政治的课程，如现代政治、近代国际问题研究等。面临国破家亡、国际形势日益复杂的局面，面向社会大众的新闻教育中增加类似课程也并不令人意外。然而，相似的课程设置不代表相似的培养结果，黄天石、关楚璞等人所办的新闻教育机构是为了培养了解报业运作、能够迅速参加新闻工作的熟手，而香港中国新闻学院以及达德学院，则在此基础上还具有更强烈的思想

---

① 《达德岁月》编委会：《达德岁月：香港达德学院纪念集》，广州：中山大学出版社，2004 年版，第 94 页。

② 丁新豹：《移民与香港的建设和发展——1841—1951》，《历史与文化：香港史研究公开讲座文集》，香港：香港公共图书馆，2005 年版，第 41 页。

性和倾向性。两所学校在中共的参与下，主导了其发展的方向。

香港沦陷前，中共有意识地将南下的文化界人士组织起来，虽然他们并不一定都是中共党员，但大多与中共各类秘密组织或中共党员交往甚密，如金仲华、刘思慕、高天、杨奇等，均成为香港中国新闻学院的办学主要力量。国民党方面也意识到这一问题，国民党军委会办公厅曾于1941年9月15日密电重庆卫戍总司令部，认为共产党"文化界活动分子，近以香港为其文化工作之根据地，对于后方从事艺术宣传工作之人员，多方诱惑其赴港，以期罗为己用。兹为谋有效之防制计，嗣后对于此类人员请求发给离渝执照，应请贵会转饬主管机关严加限制，必须持有所属机关正式证明档，确系因公赴香港者方允发给"①。香港中国新闻学院的学生经过老师们的熏陶，也多在思想上倾向中共或左派思想。如唐葆华回忆，1940年秋，在中共的组织下成立了"一个以中国新闻学院第二届部分学员为主，并有第一届、第三届部分学员参加，后来还吸收社会上要求进步的青年参加的爱国群众组织"② 政治经济研究会。他们毕业后还组织起来，学习革命理论，反对国民党政权。也有许多毕业生参加了中共在香港文艺界的组织"文通""文联""文生"③。

战后的达德学院更是如此。第一，学员中有许多本身在思想上倾向中共。有的是"在蒋管区里暴露了身份的革命分子和进步人士"④，有的是"由于参加学生运动，遭到了国民党的迫害，难于继续"⑤ 求学的中学生，大多数都是思想上本身倾向于中共的青年。第二，学校的创办与发展与中共有千丝万缕的联系。1946年6月中共在香港成立工作委员会，与左翼人士不约而同有了创办大学的念头，但由于中共无法公开活动，因此负责营运学校的主要是左翼民主人

---

① 《军委会办公厅关于严加限制文化界人士购机票飞港活动的代电（1941年9月15日）》，见中国第二历史档案馆编：《中华民国史档案资料汇编 第五辑第二编文化（二）》，南京：江苏古籍出版社，1998年版，第239页。

② 唐葆华：《"政经会"对我们的培育——回忆香港"政治经济研究会"》，见香港中国新闻学院校友会编印：《今昔依依》，1989年版，第36页。

③ 叶有秋：《光，总是要放射的！记"中新"第四届同学参加的革命文艺活动》，见香港中国新闻学院校友会编印：《今昔依依》，1989年版，第48页。

④ 蓝威：《峥嵘岁月 难忘的日子——忆香港达德学院的学习生活和革命活动》，见香港达德学院北京校友会编：《达德学院的教育实践》，北京：群言出版社，1992年版，第106页。

⑤ 李翼华：《达德给了我什么》，见达德学院校友会编：《达德学院建校五十周年纪念文集》，广州：广东人民出版社，1996年版，第279页。

士，他们来自"农工""民盟"和"民革"三大党派①。第三，中共以各种学习小组的方式，在潜移默化中影响学员的思想。1947年初，达德学院党组织更是根据中共南方局的决定，成立"新民主主义同志会"，后改成"新民主主义青年团"，各团支部由党支部直接领导。到1948年底在校团员已达180多人②。第四，中共党员参与授课，并在课程中加入政治思想学习的内容。如泰国民盟成员、原新加坡多家报社的特约记者郑海鸥回忆，除了专业课外，还有张明生老师讲授社会发展史，梁嘉老师讲思想方法论，并要听张铁生老师讲国际政治等基础课③。在他提到的这三位老师中，张明生、张铁生都是达德学院校内党组的成员④，梁嘉时任中共粤桂湘边区工委书记，当时在香港⑤。这种政治教育是过去香港新闻学社、生活新闻学院所没有的。

社会的需求是早期香港新闻教育发展演变的外在条件，而主办者教育理念的演变则决定了新闻教育往什么方向发展。早期香港新闻教育的办学理念，从最初的解决个人生计的职业教育，转向以爱国、报国为诉求的爱国报国教育，这种理念的变化，是与当时全中国的形势发展息息相关的。尤其学员们共赴国难、参与国家构建的热切期盼，都体现了香港参与国家发展的强烈愿望。

（五）开办和关闭：与主办者息息相关

香港早期新闻教育的开办或关闭，与主办者个人或团体所拥有的社会资源密切相关。香港新闻学社、生活新闻学院均为一群志同道合的报人自发开办，然而无论是黄天石、关楚璞还是其他主要参与者，大部分为单纯的报人或文人，即便在业内有一定名气，但在政商两界并无过人实力和影响。兴办新闻教育并不是仅凭有办报经验、行业人脉以及一腔热情就能成功的，还需要方方面面的资源。尤其在动荡的社会中，一旦遇到主办人变动或招生不足等无法预料的危机，抗风险能力不足的缺点使得新闻教育摇摇欲坠，最后只能关门大吉。这也是生活新闻学院、香港中华业余学校乃至后来的民治新闻专科香港分校等开办

---

① 刘智鹏：《香港达德学院——中共知识分子的追求与命运》，香港：香港中华书局，2011年版，第42页。

② 张明生、吴平、陈燕芳：《回忆达德学院党团组织活动》，见香港达德学院北京校友会编：《达德学院的教育实践》，北京：群言出版社，1992年版，第40页。

③ 郑海鸥：《教、学、做合一的新闻班》，见达德学院校友会编：《达德学院建校五十周年纪念文集》，广州：广东人民出版社，1996年版，第263页。

④ 张明生、吴平、陈燕芳：《回忆达德学院党团组织活动》，见香港达德学院北京校友会编：《达德学院的教育实践》，北京：群言出版社，1992年版，第102页。

⑤ 中国人民解放军历史资料丛书编审委员会：《解放战争时期敌远后方游击战争·粤桂湘地区》，北京：解放军出版社，2006年版，第242页。

不足一年即自然结业的根本原因。

与之相反的是香港中国新闻学院和达德学院，自创办时即十分注重吸纳各种社会资源。香港中国新闻学院开办时，除了有众多报人和知识分子保证教学水平之外，还邀请政界元老许世英、社会贤达教育家陶行知分别任正、副董事长，院长、副院长也是由香港当时实力颇为雄厚的《申报》《星岛日报》的两位总编辑郭步陶、金仲华担任。这种架构集政、商、学、报界于一体，加之背靠中国青年记者学会香港分会，得以从内地源源不断地输入人力资源，使香港中国新闻学院成为当时颇为稳定的新闻教育机构。达德学院更是战后中共和左翼民主人士一个成功的合作项目①，既有中共周恩来、董必武的幕后推动，也有国民党元老李济深、彭泽民、何香凝、司徒美堂等的直接支持，还有中国民主促进会、中国人民救国会、中国农工民主党等重要成员参与②，爱国将领蒋廷锴更是慷慨借出别墅作为校舍。除此之外，各位校董每人负责募捐一千港币以上，而首次募捐即筹集了大约两万元港币，用于修葺校舍、购买教学设备等③。

香港最早的新闻"夜校"均因招生不足、主办者意兴阑珊离港主动结束学校而告终，这显然是与主办者拥有的资源不足密切相关。而达德学院的关闭并非资源不足，而是因政治倾向过强被港英当局封闭。由于当时国共内战大局已定，中共并无强化在香港影响力的打算，逐步将在香港的有分量的中共党员和左翼民主人士送回内地，参与中华人民共和国的建立，甚至达德的许多学生也纷纷接受任务返回内地。无论教师或者学生，都视在香港的岁月为过渡时期，只要局面有利，他们都渴望返回内地为国家建设出一份力④。

结语

总体而言，随着日本侵略中国的进程，以及抗战胜利后国共内战的发展，除香港沦陷的三年八个月之外，香港社会对新闻教育的需求与日俱增，一方面，

---

① 刘智鹏：《香港达德学院——中共知识分子的追求与命运》，香港：香港中华书局，2011年版，第16页。
② 刘智鹏：《香港达德学院——中共知识分子的追求与命运》，香港：香港中华书局，2011年版，第25页；卢玮銮：《达德学院的历史及其影响》，见香港达德学院校友会福建分会编：《达德研究文集》，1988年版，第151页。
③ 刘智鹏：《香港达德学院——中共知识分子的追求与命运》，香港：香港中华书局，2011年版，第2页。
④ 刘智鹏：《香港达德学院——中共知识分子的追求与命运》，香港：香港中华书局，2011年版，第159页。

随着人口的迁徙，大量中文报纸创刊，来港求学的学生逐渐增多；另一方面，来香港避难的知名报人和知识分子增多，保证了师资的数量和质量。社会的动荡与各团体党派的不同利益诉求，使得香港报业需要大量的新闻人才。另外，"二战"后中共及左翼人士有意识在香港新闻教育中加入爱国报国教育，为战后建立政权培养力量、储备人才。

香港早期新闻教育也存在一些可以改进的问题。从香港新闻学社开始，一直到抗战结束后的达德学院，从黄天石，到关楚璞，到唐碧川，到杨奇，还有在这一动荡时期多次离港返港的报人及知识分子，如对新闻教育有过深入思考、经验丰富、德高望重的郭步陶等，他们的频繁互动使香港早期新闻教育有着藕断丝连的脉络与传承，也与内地新闻教育有着千丝万缕的联系，但他们始终没能建立起较为完善的新闻教育理论和实践的框架体系，尤其如何把中国内地乃至国外的教学经验和香港的具体实际相结合，统筹考虑师资队伍的建设与培养等。但考虑到当时这些主办者的过客心态以及与内地相比几乎毫不落后的师资与课程设置，这与香港早期新闻教育所取得的成就相比，可谓瑕不掩瑜。

总而言之，早期香港新闻教育留下哪些痕迹，后来者如何看待它所留下的回响，这些一直未受到应有的注意。尤其是港人近些年来一方面深入挖掘本土意识，一方面思索国家意识与认同的种种问题，香港新闻工作者更是对在外界影响下舆论收紧的种种表现感受越发强烈。在这种情况下，对早期香港新闻教育的研究，将为我们提供一些值得参考的视角和值得反思的内涵。

（原载《传播与社会学刊》2017 年第 39 期）